命是父母给的，运是自己争取的。
现在的时代变比越来越快，机会也
越来越多，保持开放的学习心念，
减少精神内耗，敢于尝试，你就可
能改变命运。

小 学 拔 尖 成 长 指 南

孩子开窍要趁早

海北老师 著

浙江教育出版社·杭州

图书在版编目（CIP）数据

孩子开窍要趁早 ：小学拔尖成长指南 / 海北老师著 .
杭州 ：浙江教育出版社，2024. 11（2025.6 重印）
-- ISBN 978-7-5722-8794-7

Ⅰ . G782

中国国家版本馆 CIP 数据核字第 2024TV4035 号

责任编辑	赵露丹	**美术编辑**	韩　波
责任校对	马立改	**责任印务**	时小娟
产品经理	张金蓉	**特约编辑**	陈阿孟

孩子开窍要趁早：小学拔尖成长指南

HAIZI KAIQIAO YAO CHENZAO: XIAOXUE BAJIAN CHENGZHANG ZHINAN

海北老师　著

出版发行	浙江教育出版社
	杭州市环城北路 177 号　电话：0571-88900883
印　　刷	河北鹏润印刷有限公司
开　　本	700mm×980mm　1/16
成品尺寸	166mm×235mm
印　　张	22.5
字　　数	300000
版　　次	2024 年 11 月第 1 版
印　　次	2025 年 6 月第 8 次印刷
标准书号	ISBN 978-7-5722-8794-7
定　　价	59.80 元

如发现印装质量问题，影响阅读，请联系 010-82069336。

序言

　　自 2020 年做抖音以来,我得到了数以百万计家长的认可和喜爱,对此我深感荣幸。

　　在育儿的过程中,许多父母都面临着诸多挑战,例如:如何规划孩子的小学六年?各个阶段应该培养孩子何种能力?孩子如何学习才更高效?我收到了大量家长在抖音后台的留言,他们的问题涉及方方面面,从每天的学习安排到孩子的未来规划,无一不在其列。

　　针对家长朋友们的疑问,我做了以下几个方面的工作。

　　首先,我为大家录制了三套课程,分别是幼儿园家长必修课、小学生家长必修课和初中生家长必修课,这些课程在各个自媒体平台上都可以观看。课程详细介绍了针对各个阶段孩子的学习规划、学习方法以及必须养成的学习习惯。我用平实的语言和实用的案例帮助许多家长解决了育儿过程中的疑惑。

　　这三套课程自推出以来一直备受欢迎,好评率甚至达 95% 以上。在学习这三套课程的过程中,许多家长反复观看,有的家长甚至看了三遍以上,并且做了详细的笔记,不断地加以消化吸收。遇到疑问时,他们还会通过私信向我提问,家长朋友们对孩子教育的这份认真让我备受感动。

其次，基于大家的问题，我每天都在不遗余力地提供解决方案，尽量做到细致周全，让迷惘的父母找到了方向。教育工作"隔行如隔山"，即便很多家长是行业内的精英，若非从事教育行业，也很难对其有全面的了解，遇到问题依然会束手无策。在我 14 年的教学经验中，我观察到：即便是教育工作者，能够同时具备高水平的教学、管理和家校沟通能力的人也并不多见。有些老师可能教学能力出众，但不擅长与家长沟通；有些或许擅长家校沟通，但教学和管理能力未必令人满意。因此，许多教师朋友也通过私信向我咨询教学、管理和家校沟通上的问题。

在这里，我要为这些不断学习的老师点赞，他们寻求多元途径解决教育问题的态度十分难得。在教育之路上，没有人能够解决所有问题，但持续寻求突破是我们应有的态度。因此，面对家长朋友们的各种问题，我从不敢怠慢分毫，每天一醒来，就有近百个问题等待我解答。

最后，我以直播形式在线解答家长们的问题。尽管我坚持每天制作视频，还是无法全面回答家长们留下的海量问题。因此，从 2023 年 11 月起，我开始了直播，这种方式显著提高了我的工作效率，使我能够更为充分地回答提问。从之前每天制作 80 多个视频，到现在日回复量达到数百个，不可否认的是，这是一项非常消耗体力的工作，但我甘之如饴，能够尽我所能帮助大家，再辛苦也是值得的。然而，我不得不面对的现实是：后台仍有成千上万的私信无法及时回复，有些问题积压已久，甚至无从查起，我为此深感抱歉。

有鉴于此，我做出了一个决定：白天通过直播和短视频回复问题，晚上则仔细阅读各位家长朋友的疑惑，以文字的形式记录下来并做出回复，这将发挥这些文字的最大价值，也是我着手撰写本书的根本动机。

本书主要聚焦为孩子打下坚实学习基础的小学阶段。在这一阶段，孩子应该重点关注学习技能、学习方法和学习习惯的养成，比如各个学科应该怎么学、如何预习复习、上课如何听课、如何记笔记、如何高效利用时间、如何高效完成作业、如何整理错题查漏补缺等，它们不仅有助于提高小学期间的学业成绩，也对孩子未来的学习生涯具有重要意义。

孩子进入初中后，学科数量会增加到七门，学习内容和作业量的双重增加，使得不具备时间规划能力的孩子手忙脚乱，无法应对，导致在初中阶段较难适应学习环境，成绩也因此下滑。即便是小学时期的学霸，也失去了绝对优势。这不仅缘于低效的时间管理，还与孩子的学习习惯有关。无法有效预习、不懂如何在课堂上做笔记、不知怎样复习课程……种种因素导致孩子无法充分消化当天所学的知识，以至于学业表现不尽如人意。孩子必须具备高效规划时间的能力，才能有效缓解各科学习的压力。因此，小学阶段对于孩子的培养至关重要，这也是我专注于解决此阶段问题的原因所在。

这本书的所有问题都来自家长的留言，我归结为八大类：家庭教育类、学业规划类、学习方法类、学习态度类、习惯养成类、性格养成类、能力培养类、家校合作类，每一个类别我会选取家长们询问较多的问题作答。针对每一个问题，我都会给予方法指导，并给出自己的看法或点评，以方便大家更好地理解。

目 录

01

家庭教育：
家长不开窍，孩子怎么可能开窍？

02

学业规划：
聪明决策，为孩子打好基础

01

家庭教育：

家长不开窍，孩子怎么可能开窍？

感受不到爱的孩子，不会长成你所期待的样子

> 只有爱是不够的，不表达出来，孩子会感受不到你的爱。所以你首先要减少自己内心的负面情绪，要多看到孩子的优点和积极面。
>
> ——心理学家杰弗里·伯恩斯坦

在一次与母亲的交流中，我曾问道："我从未听过您对我的肯定，也未曾得到过您的表扬，我做得不够好吗？"

母亲沉默了片刻，回答道："你外公就是这么教育我的嘛，要怎么表扬？"

母亲用一个反问句，把问题抛了回来，我顿时语塞……

事实上，在我担任班主任的这些年里，不断听到学生和家长的抱怨。学生觉得父母对自己干涉过多，为此烦恼不已，而父母则认为孩子不听话，经常与他们唱反调，表现得叛逆而难以管束。

这种亲子关系并非个案，而是一种普遍现象。

我常常向学生提出这样一个问题："你觉得父母爱你吗？"

不同的学生给出了不同的回答。有的孩子认为父母爱自己，有的说父母只在意成绩，有的说父母更关心娱乐活动，还有些孩子认为父母并不爱自己，因为他们总是挑剔自己的缺点。

许多家长给我发私信抱怨他们在家中面对的各种问题，感到自己无法有效地管教孩子，询问我应该如何应对。对此，我建议他们考虑让孩子住校，以减少家庭内部的摩擦，并更好地依靠学校的规章制度来规范孩子的行为。

然而，有些家长则坚持认为亲子时光至关重要，担心孩子住校会减少他们之间的交流时间，不利于培养亲子关系。一些家长即便选择了让孩子住校，仍会频繁地向老师询问孩子在学校的各种行为表现，如饮食、课堂纪律等。从这些行为中，我感受到了他们对孩子满满的爱。

然而，为何孩子依然感受不到父母的爱呢？究竟是什么原因导致了这种信息传递上的不对等呢？

实际上，孩子们有这样的表达和感受，并非因为他们不懂感恩。我们大多数父母在表达时过于含蓄，很少向孩子表达爱与欣赏。而孩子们对于爱的理解却是直观的。孩子们难以理解那种深藏心底的爱，因此，有的孩子会不断地抱怨父母对自己的漠不关心。正如一首歌所说，"爱你在心口难开"，许多父母的爱就是如此，深埋于心中，羞于表达，最终导致与孩子之间的隔阂。

对孩子的爱，必须大声说出来。

心理学家杰弗里·伯恩斯坦曾指出："只有爱是不够的，不表达出来，孩子会感受不到你的爱。所以你首先要减少自己内心的负面情绪，要多看到孩子的优点和积极面。"

我有这样一个学生，在别的家长眼中，他是个积极活泼的孩子，对别人也很有礼貌。然而在他母亲的眼中，他却是不爱清洁、不爱学习，总是令母亲失望的孩子。在一次家长会后，我与孩子的母亲进行了交谈。在谈话中，母亲一直抱怨孩子不爱清洁、回家不认真完成作业、过于好动等问题。孩子听到母亲的抱怨后脸色变得非常难看，低着头沉默不语。

母亲对孩子提出了严格的要求，这显然表现出她对孩子的爱，但是这样的爱，却成了刺痛孩子的刺。

为了缓解尴尬的气氛，我开玩笑说："孩子进步挺大的，刚进学校时周围是大块大块的垃圾，现在变成了小纸屑，进步可观。"母亲吃惊地问："啊？还有垃圾吗？"接着她又斥责了孩子一番，我只好转移话题。

在母亲持续的负面评价下，这个孩子变得极度缺乏自信心和安全感。他认为自己学习不好、生活习惯不好，简直一无是处，因此他的存在感非常低，甚至晚上独自在家时都不敢熄灯入睡，令人心疼。每次回到家中，他都会关起门，不愿与母亲交流，这让母亲感到失望和无奈。

然而，这个孩子真的一无是处吗？

事实并非如此。他是一个非常有爱心的孩子，乐于助人，而且他被选为英语课代表，是我的得力助手。在引导孩子的过程中，我一直坚持鼓励教育，只要看到孩子的优点，即使是微小的进步，我也会大加赞赏。因此，孩子开始慢慢认同并喜欢上了我，甚至亲切地称我为"大大"。他格外重视英语这门学科，在第一学期的期末考试中取得了全年级第一的好成绩，第二学期依然位列年级前三。

我有一个习惯，每天放学后都会留在办公室辅导孩子，结束辅导后才去吃饭，因此我的胃一直不太好。每天晚上我也会去查寝，而这个孩子总是等着我一起回寝室。

有一天晚上，由于辅导孩子的时间过长，我没有时间吃晚餐，胃有些不适。得知我没吃饭后，孩子从衣服口袋里掏出一个面包，递给我。他告诉我，他每天都会买一个面包放在口袋里，以备我没时间吃饭时派上用场。

听到他这番话，我不仅惊讶，更是感动，泪水止不住地涌出眼眶。这个孩子怎么会是母亲口中让人失望的孩子？他怎么会是一个不懂感恩的孩子？

第二天，我在班上分享了这件事，表扬了他并表达了谢意，教室里响起了阵阵掌声。我还将这件事写成了一篇小文章，发给了他的母亲。起初，他母亲表示很不可思议，反复向我求证："您说的是真的吗？"我肯定地回答："千真万确！"

从那以后，这位母亲对我充满信任，遇到任何教育问题都会来找我寻求帮助。我建议她要经常在家中表扬和鼓励孩子，有问题可以私下告诉我，我来教育和引导孩子。

有一天，她打电话给我，声音有些激动，一开始我以为是孩子在家做错了什么事，不停地安慰她。但她却说，她太激动了，因为她偷偷听到孩子给同学打电话，说自己最近很幸福。同学追问原因，孩子告诉同学，最近母亲对自己非常好，是他从小到大都没有感受到的好。她说着说着就哽咽起来。我想，这应该是高兴的泪水，也是悔恨的泪水。

她一定后悔，后悔曾经对孩子的苛刻要求，后悔对孩子的过度责备；也后悔一直以来对孩子的种种打击……

孩子的需求其实非常简单，只要父母给予肯定、欣赏和爱，他们就能够幸福到手舞足蹈。如果孩子无法感受到父母的爱，那么父母就必须审视自己的表达方式是否适当。许多父母倾向于使用"恨铁不成钢""为你好"等措辞，或者试图用嘲笑、讽刺、挖苦、反语等方式来刺激孩子，比如说：

"你这次居然考了 95 分，没有抄别人的吧？"

"你的习惯真是太差了，你看看隔壁××，习惯多好，你连人家的一半都比不上。"

"你不认真读书就算了，以后就扫大街吧！"

…………

然而，这种表达方式并没有使孩子变得更出色，反而让孩子对父母产生了仇视情绪，导致了孩子的叛逆心，以及对父母缺乏感恩之心。

家长们，不妨想象一下，如果我们的老板每天都指责我们，挖苦我们，从不认可我们的努力和进步，那我们会有何感受呢？这样的言语毫无温度。相反，它会让人感到尖酸刻薄，难以接受。这就是许多家长虽然对孩子关怀备至，用了很多心血教导孩子却未见效果，反而使孩子感到压抑逃避的原因。此外，这种言辞还会使孩子失去自信心，削弱孩子探索世界的好奇心，导致孩子缺乏安全感，出现心理问题。

爱，一定要大声说出来，并将其付诸实践！

大多数的家长都比较含蓄，羞于表达，无法将心中对孩子的爱大声说出来。为了调和并促进亲子关系，我经常为大家提供平台，大声表达对孩子的爱。

每次的班会课，我会转述父母对孩子的爱，让孩子知道父母对自己的真实态度。我还会为父母和孩子提供互动平台，比如每年的感恩活动。我们班的感恩活动一直是全校最大的感恩活动，反响非常不错。家长们十分支持这项活动，家委会主动牵头，每位家长准时参加，座无虚席，有的家长还会将孩子的爷爷奶奶、外公外婆带到现场，一起参与孩子成长中的关键瞬间，看得出家长对孩子的成长极其重视。在感恩活动前，我会安排家长和孩子互相写信，表达彼此的感激与心声，为感恩活动的第三、四个环节做好准备。

感恩活动的第三、四个环节，是最为感人的。

第三个环节题为"爸爸妈妈，我想对您说"。在这个环节，孩子会对父母表达感激之情，说出他们的爱，并且站起身来对爸爸妈妈说出自己的心里话。最开始，孩子们不敢主动起身表达心声，担心会让父母不开心，或是被父母责骂，在我的不断鼓励下，孩子们一个个站起来，勇敢地说出了藏在心里的真心话。很多孩子在这个环节中说出了平时不敢开口说的话：

"爸爸妈妈，你们可不可以不要管我太多？我能够安排好自己的学习，你们可以不要天天催我吗？"

"妈妈，我真的不想去补课，你可不可以不要给我报这么多补习班？"

"妈妈，我觉得您不是那么爱我，我觉得您更爱弟弟！"

…………

从孩子们的发言中，我听到了很多委屈和诉求。很多父母低下了头，显然在认真思考孩子所说的话，或者反省自己的教育方式，看得出家长们在这个过程中很受启发，也很有收获。

第四个环节叫作"孩子，我想对你说"。这个环节非常催泪，很多父母和孩子哭得稀里哗啦。在这个环节中，父母们针对孩子们的发言逐一做出回应，并坦诚地表达自己的真实感受。起初，许多父母都不愿意站起来发言，他们观望着，希望有其他家长能够先行示范。率先站出来的往往是父亲，而母亲们则显得更为羞涩。听了父亲们的发言，母亲们也渐渐兴奋起来，争先恐后地表达内心的想法。很多父母讲道：

"孩子，爸爸妈妈对你严格，给你报辅导班，是希望你学习进步，爸爸妈妈不知道你不喜欢，对不起，我们会尊重你的意见。"

"孩子，妈妈是很爱你的，就是不知道如何表达，以后有什么事情，你直接告诉我好吗？"

…………

给我印象最深刻的是一位军人父亲。这位父亲高大健硕，看起来十分威武，他一直在部队，很少回家，妈妈一个人照料孩子的生活和学习。对此，他十分内疚。他借这次机会，表达了对女儿的歉意，并坦陈了自己的无奈。他的言语温和而真诚，眼中含泪，目光始终专注地投向女儿。女儿瞬间破防，眼泪夺眶而出。我想，这是委屈的眼泪，委屈爸爸很少在家陪伴自己，委屈自己遇到困难时少了爸爸的鼓励和支持。我想这也是惊讶的泪水，惊讶于一向威武的军人父亲，竟也能说出这么温柔的话语。我想这更是感动的泪水，感动于父亲远在部队仍时刻挂念自己。

这个环节的意义在于：父母们将平时不能言说或者羞于表达的爱，统统表达了出来，打消了孩子们认为父母不爱自己的念头，让孩子更加理解家长，更能体会他们的用心，这样，亲子关系就能一点点地得到改善。

所谓教育学首先是关系学，只要关系到位了，很多教育问题也就迎刃而解了。其他班级的手机管控问题，在我们班上压根不是问题，孩子在学校及家里都会主动上交手机，也不会沉迷于游戏，父母和孩子的关系也变得十分融洽。

爱，一定要大声说出来。

藏在心底的爱，固然可贵，但是不被孩子感受到的爱，终归是父母的一厢情愿。

大声说出来的爱，才能让孩子真切地感受到，才能让父母和孩子双向奔赴。

因为被浓浓的爱包围着，我们班的孩子变得懂得感恩。在教师节、父亲节和母亲节，孩子们会用感恩信或卡片来表达对老师和父母的感激之情。许多父母收到这些感恩信和卡片后都会第一时间分享给我。有的孩子会将手工折的花朵送给老师，也会回家为父母做饭、给父母洗脚，甚至利用假期到爸爸公司帮忙。

每当我听到家长分享孩子们的这些举动时，我都由衷地为他们感到高兴，因为他们的爱得到了回报。我坚信，在这个世界上，没有哪个父母不爱自己的孩子，也没有哪个父母是不需要孩子肯定的。

当下的社会充斥着各种焦虑，父母对孩子的教育焦虑尤为突出。学习似乎成了许多孩子唯一的使命，成绩则成了衡量孩子的唯一标准。我深知，这种焦虑的背后是父母深沉的爱，因为在我们的传统观念中，一直认为"万般皆下品，唯有读书高"。父母希望孩子能够出人头地，认为只有通过学习这条路才能实现出人头地。然而，很多父母并不清楚孩子真正需要的是什么，于是他们将自己的焦虑转移到了孩子身上，这种方式的爱，很可能会适得其反。

其实，除了学习成绩，孩子还有很多值得父母肯定的地方。孩子的每一次进步，都应该被看到；孩子的每一句暖心的话语，都值得被感激；孩子的每一个才能，都需要被欣赏；孩子走的每一步，都是上天最好的安排。不管是谁，如果天天被批评和指责，都会反抗，这就是很多家长眼中的叛逆和不服管教。当这样的亲子关系成为常态，家里的气氛一定是乌烟瘴气的，久而久之，很多孩子就会自暴自弃，成为名副其实的"问题孩子"。

在教育孩子的过程中，父母应该善用两种"镜子"：一种是显微镜，另一种是放大镜。用显微镜来发现孩子的闪光点，哪怕是微小的进步，也应该认真挖掘。接着，用放大镜来放大这些优点，给予肯定和表扬。我一直坚信"优秀的孩子是夸出来的"，无论是在学业上还是在其他方面都是如此。

当孩子的优点得到关注、认可和表扬时，他们的自信心就会增强，而这又会促进学习，同时，表扬孩子还能改善亲子关系，一举三得。

我们一定要明白：

养孩子如照镜子，我们摆出什么样的姿态，就会得到什么样的反馈。

当孩子感受到父母满满的爱时，他们才会有满满的幸福感和安全感，他们才会学着用同样的方式去爱父母以及其他人。

所以，要学会用正确的方式，毫不吝啬地表达对孩子的爱。

爱孩子，就一定要大声说出来！

艰难的教育抉择：父母陪伴和教育条件，哪个更有利于孩子？

海北老师，我和老公在乡镇上班，这边收入有保障，但是教育条件一般。孩子马上上小学了。孩子的奶奶一个人在城市，我现在犹豫，是让孩子待在我们身边，在乡镇上小学，还是让他跟着奶奶在城里上小学，我和老公频繁回去陪伴？如果跟着奶奶，我又担心奶奶管束不了他。又或者我辞掉这边的工作去陪读，但是这样的话就要另外租房子，换工作，一切都要从头再来。您说应该怎样选择呢？

——家长留言

孩子教育是一项艰难而复杂的任务，涉及孩子的成长和未来。

这位妈妈所面临的问题十分具体。在乡镇，有稳定的收入来源，在城市，有更好的教育资源，也有奶奶的照顾和陪伴。

是否应该让孩子在乡镇小学就读？

是否应该让孩子在城市跟着奶奶？

是否应该辞去自己的工作全程陪读？

这需要仔细权衡各方面因素，选出对孩子最为有利的方案。本文将详细论述这三个选项的利弊，以帮助有类似境况的您做出明智而符合家庭需要的决定。

♥ 选项一：让孩子在乡镇小学就读

在乡镇上小学，孩子上学距离近，父母有更多机会提供陪伴。但乡镇小学的教育条件相对一般，您担心教育资源的匮乏可能会对孩子的学业发展产生影响，这让您对孩子在乡镇小学就读产生犹豫。此外，在乡镇，孩子可能较难接触到多元文化，缺乏城市中的丰富体验。

♥ 选项二：让孩子在城市跟着奶奶

让孩子在城市跟着奶奶，也是一个有利于家庭的选择。城市的教育资源通常更为丰富，可以提供更好的学习环境。但问题在于，奶奶是否有足够的精力和管束能力来照顾小学阶段的孩子？父母频繁回城看孩子也是一种弥补，但您担心这是否足以弥补长时间的亲子分离所带来的影响。

♥ 选项三：辞去工作全程陪读

辞去工作全程陪读是最直接的亲子陪伴方式。不仅您能够亲自参与孩子的学习和成长，而且解决了教育资源不足的问题。然而，这也涉及另外租房、换工作等一系列的生活变动，可能带来一定的家庭经济和生活压力。

相信这也是很多父母面临的问题。为了谋求更好的职业发展和物质条件，许多父母不得不背井离乡工作。这意味着一个棘手的问题：是将孩子带在身边，还是将其托付给爷爷奶奶？这位妈妈提出的三种方案，正是许多父母在面对这一难题时需要考虑的。

这三种选择各有利弊。在做出决定之前，必须全面考虑各个选项的优劣。我撰写本文，并非要说服这位妈妈选择我认为正确的决定，而是想让她明白，在做出决策之前，必须全面考虑各个选项，比较哪个选项带来的负面影响较小。

第一，一定要参考孩子的需求和适应性，这是做出决策的核心。了解孩子更适应哪种环境，需要倾听孩子的心声，也要考虑孩子的性格、兴趣和适应新环境的能力。孩子是更喜欢宁静的乡镇生活，还是更愿意接触城市的多元文化，这将对决策产生重要影响。

有些孩子由于长期与父母生活在一起，因此会对父母产生较强的依赖性，他们可能不愿意离开父母，独自前往一个不太熟悉的地方。虽然有老人的陪伴，但奶奶无法完全取代父母的角色。特别是对于那些离开父母后，可能会出现分离焦虑的孩子，这会使他们郁郁寡欢，难以专注于学习。这类孩子通常具有较弱的适应能力，没有父母在身边，他们很容易困在这种情绪中无法自拔。然而，如果孩子渴望城市生活，热衷多元文化，愿意前往奶奶身边，并对新学校抱有期待，那么问题相对容易解决。

因此，在做出决定之前，必须与孩子进行充分的沟通，了解孩子的意愿，并考虑孩子的性格和适应能力，做出综合考量。

第二，深入了解乡镇小学的教育质量是决策中至关重要的一步。父母需要深入了解乡镇小学的师资力量，包括教师的教育背景、教学经验以及是否拥有专业资质。教师的素质将直接关系到教育质量。父母还要对教学计划和学科设置进行调查，包括是否符合国家标准，以及学科设置是否丰富多样、学科广度和深度如何。对这些方面的了解将有助于判断孩子在该乡镇小学是否能够得到全面的教育。

比较乡镇和城市的教育资源也是必不可少的一环。父母可以详细比较两者在课程设置、学科覆盖和教学设施等方面的差异。这将有助于权衡不同环境对孩子教育的影响，确保孩子在所选择的环境中得到充分的发展。如果乡镇教育和城市教育相差并不是那么大，那么父母可以通过一些手段进行弥补。比如父母在家给孩子讲解知识并验收过关，如果有能力，还可以帮助孩子查漏补缺并拔高培优。有一句话是这样说的：小学靠家长，初中靠老师，高中靠自己。小学阶段，需要父母帮助孩子培养各种习惯，在学业上给予充分的帮助，初中更重要的是老师的引导，而高中主要靠孩子的悟性，靠孩子自己解决问题。

所以，家长的作用，在很大程度上能够弥补教育资源不平均的问题。如果自己辅导不了，可以准备学习机，跟孩子一起学习。当然，也可以在寒暑假时，把孩子送到奶奶家，提前给孩子准备一些学习资料（比如线上有一些学习资源就很好），在玩耍放松的同时，也不耽误孩子的学习。这些都是有效的方法，可以减少教育差距带来的影响。

小学阶段，父母陪孩子度过，初中阶段，再考虑送孩子进城读书，因为初中择校是很重要的，好的学校、好的老师，会带给孩子更多好的方法，在学业上，孩子也会更加得心应手。初中阶段，父母可以选择寄宿制学校，孩子每周回家一次，父母利用周末时间和孩子团聚，毕竟这个阶段的孩子已经趋于独立，父母太多的关注反而会带给孩子一些不必要的负担。

第三，还需要重点评估的是奶奶是否有足够的能力和意愿来照顾孩子。首先，需要考察奶奶在城市的支持能力。包括详细了解奶奶是否有其他亲戚或社区资源的帮助，以确定奶奶是否处于一个能够为孩子提供全方位支持的环境中。其次，需要评估奶奶的身体状况，是否有足够的体力来照顾小学阶段的孩子。此外，心理准备也是需要详细考虑的因素。要考虑奶奶是否有足够的心理准备来照顾小学阶段的孩子，包括对于孩子成长过程中面临的挑战和需求的理解，这可以为孩子提供更为稳定和支持性的家庭环境。

这里需要强调的是，老人带孩子，更多情况会是一种溺爱状态。因此，老人带的孩子多数情况下没什么规矩意识，行为习惯较差，与人相处上也存在较大的问题。在学业上，老人通常给予不了帮助与支持，他们也不会对孩子的心理情感有足够的重视。当然，这仅仅是部分情况，具体问题具体分析，有一部分老人也是有足够能力教育好孩子的，这需要父母详细了解，切莫人云亦云。

第四，辞去工作去城里陪读，需要考虑这一决定带来的生活变动以及对家庭经济的潜在影响。辞去工作进城陪读意味着需要重新安排生活，包括另外租房和换工作。这些生活变动，涵盖从新居选择到工作搜索的所有细节，务必全面了解这一决策可能带来的实质性变化。

除此之外，还需要权衡这些生活变动对家庭经济的影响。辞去工作和重新安排生活可能对家庭收支结构带来影响，包括生活成本的增加和可能的收入减少。如果这一决策让家庭经济负担变重，那就并不利于家庭长期和谐的发展。同时，需要考虑您和丈夫是否愿意承受这些生活变动带来的压力，是否有足够的心理和情感准备来迎接这一改变，这些都是做出这个决策前必须探讨的问题。

留言中的这位妈妈如果得不到丈夫的支持，夫妻矛盾也会由此产生。再次提醒，这个决策一定是在全面深入了解的基础上做出的，以最大限度地减少负面影响，保障家庭的稳定和幸福。

第五，需要对家庭未来发展进行考虑。这一环节涉及孩子的教育、您和丈夫的事业发展等多个方面，需要在长期规划的基础上找到一个平衡点。

首先，对孩子的教育进行详细规划。考虑您希望为孩子提供何种教育环境，包括学科设置、师资力量等。明确您对孩子未来学业的期望和规划，有助于确保决策与孩子的教育利益相一致。

其次，需要考虑您和丈夫的事业发展。了解您和丈夫对事业发展的期望和目标，以便制定决策时兼顾事业和家庭的平衡。

在制定长期规划的过程中，需要思考在两地之间找到一个平衡点。考虑您和丈夫是否有可能在不同地方工作，以及如何协调工作与家庭的关系。这一方面的考量有助于找到一种既能保证孩子的教育，又不影响您和丈夫事业发展的平衡模式。

最后，一定要确保决策符合家庭整体利益，为家庭未来提供一个可持续的发展方向。

在做出决策之前，留言妈妈一定要和丈夫进行深入的沟通，这一步至关重要。

综合考虑了各个因素和各个方案之后，共同制定一个能够满足家庭需要的方案，做出一个明智而全面的决策。

其他父母在做决策时，切莫人云亦云，大家务必结合自身情况，从以上五个方面考量，选择最适合自己的决策，将负面影响降到最小。

全职带娃困境：付出了这么多，为什么孩子不感恩？

海北老师，我女儿 8 岁，二年级，成绩还好，我不会给孩子太大压力。但是，孩子虽然只有 8 岁，生活中问题却有一大堆：凡事都会跟大人反着干，平时不好好说话，吃饭叫不动……

我辞职在家全职陪伴她，为了争取时间，早晨我都边叫她起床边给她穿袜子，最后孩子却不懂感恩！

——家长留言

我一直不太赞同妈妈辞去工作全职带娃，因为这样做很难不让自己的生活变成一地鸡毛。

有妈妈给我留言，做全职宝妈后，完全失去了自己的生活，就连逛街都成了奢侈。孩子上学放学，都是自己接送；全家人的生活起居，都是自己照顾；孩子的功课作业，都是自己辅导……

有的妈妈留言抱怨丈夫嫌弃自己没有收入，他要承担整个家的开支，压力很大。还有妈妈说，自己辛辛苦苦带娃，结果因为孩子成绩不理想，丈夫横眉冷对，自己感觉身心俱疲。

这位留言的妈妈似乎陷入了另外一个困境：为孩子付出了很多，孩子却不懂感恩。看得出来，这位妈妈内心相当受伤。

确实，现在的孩子，似乎变得不像我们小时候那么懂得感恩了。父母的辛勤付出，他们似乎觉得理所当然；老师的谆谆教诲，他们似乎嗤之以鼻；别人的帮助，他们似乎不以为意。这些行为，都是缺乏感恩之心所导致的。

懂得感恩，是一个人非常重要的品质，也是个人自我意识的基础。

感恩，也是一种社交技能，它包括对他人的尊重、欣赏和回报。如果孩子缺乏这些技能，可能导致对他人的付出漠不关心，对规则和他人的期望产生抵触情绪，在人际交往中往往显得粗鲁、自私，难以建立健康的人际关系。正如这位妈妈所说，孩子凡事都跟大人反着干，平时不好好说话，这就显示了孩子在与人相处中的粗鲁与无礼。

懂得感恩的孩子通常能够更好地认识到自己所受到的支持和帮助，并因此产生一种渴望回馈社会的责任感。而缺乏感恩之心的孩子对社会的参与感较为淡漠。除此之外，**不懂感恩的孩子缺乏对自身价值的真实认识，难以建立积极的自我认知**。这可能影响到孩子的自信，导致自尊心的下降。他们也更容易陷入焦虑、沮丧和孤独等消极情绪中，可能对其心理健康产生负面影响。不懂感恩的孩子不理解老师的辛勤付出，对学业也缺乏热情。

感恩也是一种可以培养的习惯。

如果孩子没有感恩意识，那一定是父母没有给孩子播下感恩的种子，忽视了对孩子的感恩教育。所谓知己知彼，方能百战不殆，只有知道了孩子缺乏感恩之心的原因，我们才能更好地培养孩子的感恩意识。

那么，孩子为什么会缺乏感恩之心呢？我认为有四个原因。

孩子不懂感恩的原因

原因一：学习至上，感恩教育让了路

在当前社会，家长普遍表现出对孩子学业成绩的过分关注。家长或许是受到传统的"万般皆下品，唯有读书高"观念的影响，使得学业成绩成为判定孩子成就的主要依据。这种功利主义的思维，将学业成绩视为孩子未来的唯一决定性因素，而忽视了其他方面的潜在价值。

然而，过度注重孩子的学业成绩而忽视了感恩教育及其他方面的教育是不明智的。

学业成绩只是孩子综合素质的一部分，而感恩教育不仅关乎孩子积极向上的心态，更直接关系到孩子对于自身成长和他人付出的认知，这是实现孩

子全面发展的重要一环。

在追求卓越学业成就的同时，我们更应该考虑孩子的全面发展。我还记得我的高中班主任非常极端地说过这样一句话："知识越多越反动。"这句话当然很片面，我们不妨把它"翻译"一下：如果一个孩子光有知识而缺乏良好品质，他很可能会走上极端的道路。

在教育孩子的过程中，家长应该审慎对待过分追求分数的观念，不应过度放大成绩的重要性，而应全面培养孩子的品德，比如感恩意识。只有在这个基础上，我们才能德智并举，让孩子在成长过程中学会双腿走路。

原因二：父母包办，孩子觉得理所当然

我们都知道，父母对孩子的爱是无条件的，这样的父母是值得尊敬的。

但是，很多父母将这种爱发展成了溺爱。孩子起床穿衣穿鞋，很多父母在百忙之中为其代劳；整理书包、准备文具，很多父母包办；做饭洗碗、打扫清洁，家长们为孩子扛下了所有……

我们回头看本文开头那位妈妈的留言，从她的话中，我们看得出，孩子除了学习不错外，其他很多方面是没有达到这位妈妈的期望的。她说："（孩子）凡事都会跟大人反着干，平时不好好说话，吃饭叫不动……"估计在孩子达不到妈妈的要求时，妈妈主要靠批评、靠催促，甚至还亲自动手为孩子代劳。

当孩子起床磨蹭时，妈妈的代劳，不是出于溺爱孩子，而是因为不信任孩子。妈妈日常习惯于言语打击，孩子便学会了顶嘴、和妈妈反着干，甚至不理睬妈妈。

每次开家长会，都有家长告诉我：孩子在家除了学习，不用干其他事情。洗衣做饭、打扫清洁，似乎与孩子完全不相干。我给孩子们布置的德育作业，比如回家为爸爸妈妈做一顿饭，有的妈妈很乐意为孩子代劳，孩子只是负责摆拍即可，因为他们觉得把时间浪费在这些琐事上得不偿失，毕竟学习才是第一要务。

记得以前读到过这样的新闻，孩子上了大学，想吃妈妈做的馄饨，妈妈从很远的家中打车过去，给孩子送上了热腾腾的"妈妈牌"馄饨。还有一位

妈妈坐飞机去孩子的大学，只为给孩子清洗堆积如山的衣物，因为孩子除了读书，啥也不会干。看到这样的新闻，同样作为家长，你是感到吃惊还是觉得熟悉？

父母对孩子溺爱，总认为孩子还很小，什么事都不让孩子做，都由父母包办，家长这样无条件地付出，孩子只会觉得理所当然，只会一味地要求和索取，怎么可能会感恩呢？

原因三：条件变好，一切来得太过容易

物质条件的优越，给孩子提供了太多的便利，容易导致孩子感恩之心的缺失。当孩子在物质上得到满足时，可能把享受到的一切视为理所当然，失去了对父母辛勤付出的体谅。

在很多家庭中，父母因为深爱孩子，往往会无条件地满足孩子的需求，包括索要各种物品、想去外面旅游，以及参加各种各样的活动。

有一个学生家长，从农村艰苦的环境中成长起来，通过努力拼搏考上了北京某所知名大学，毕业后从事着让大家羡慕的工作，收入也十分可观。他对我说："我以前受过的苦，不希望我的孩子再承受一遍。"因此，他无条件满足孩子。孩子想要买的玩具，他一一奉上；孩子想去的学校，他通过各种渠道，把他送去；孩子想要吃、想要玩，他也都带孩子去吃去玩。

长此以往，这个孩子对很多东西都提不起兴趣。爸爸为他提供帮助，他觉得是理所当然的。爸爸给他定学习目标，他会跟爸爸讲条件，甚至向爸爸索要礼物，这显然是以自我为中心，缺少感恩意识的表现。

回想过去的生活，困苦和不易使得我们对每一份温暖和关爱格外珍惜。每到过年，能穿上新衣服，能吃上糖果和一桌好菜，内心的喜悦会持续很久。每次生日，父母花"巨资"买来了蛋糕，我们会感动到流泪。父母咬着牙给买的四大名著，我们会珍藏好久好久，看了又看，品了又品。物质的稀缺使得我们更加懂得感恩，懂得珍惜父母的每一份心意。

所以，孩子不懂感恩，很大程度上是因为过于优越的物质条件，使他们很少有感恩的机会，他们无法体会父母付出的艰辛，不懂得美好生活的来之不易。

原因四：缺少引导，孩子不理解为何感恩

在孩子的成长过程中，感恩并不是一种自然而然产生的品质，而是需要家长有意识地加以引导和培养的。

有一些父母认为孩子还很小，会随着时间的推移自然而然地学会感恩；或者选择在孩子稍大一些后再进行感恩教育，因为他们认为小孩可能不能理解感恩的真正含义。

尽管孩子在一开始可能并不理解感恩，但家长需要在孩子心灵中播下感恩的种子，而这可以从教孩子学会说"谢谢"开始。家长应该引导孩子，在每次为他们哪怕是做了一点小事的时候，如倒水、拿筷子等，都要要求孩子表达感谢之情；当孩子收到礼物或压岁钱时，也要教会孩子说"谢谢"。

尽管这只是感恩意识的初步体现，并不能代表孩子已经完全理解感恩，但这些点滴表达将为培养感恩观念奠定基础。

不仅要教孩子感谢别人，更重要的是让孩子理解为何要感谢别人。这就需要引导孩子去看到别人为其付出的艰辛和劳苦。

比如说，奶奶为全家准备了丰盛的晚餐，家长不仅要引导孩子表示感谢，还应该解释其中的辛苦，如："今晚的菜真好吃呀！奶奶为我们准备这些菜花了很长的时间，上午出去买菜的时候下着大雨，奶奶的衣服都打湿了。宝贝，奶奶是不是很辛苦呀？"

通过这样的引导，孩子可以更深刻地理解感恩的含义。

然而，在实际生活中，家长往往忽视了这一点。有些父母可能认为自己应该为孩子做这些事情，将注意力过度集中在孩子的学业上，而忽视了培养孩子感恩意识的重要性。这种忽视导致孩子无法真正理解为何要感恩，从而可能产生一种理所当然的心态。

为了避免这一情况，家长应该将感恩教育贯穿于孩子的整个成长过程，让孩子认识到别人为其付出的心血，从而树立正确的感恩观念。

全方位的感恩教育

教育孩子，不能只看重学业成绩，其他方面的教育，如感恩教育，也是

极其重要的。

感恩，既是一个人最核心的品质之一，也是一种社交技能，它可以是性格的一部分，也是一种可以培养的习惯。

因此，父母要有意识地培养孩子的感恩意识，将感恩这颗种子播种下去，让其生根发芽并茁壮成长。

那么，父母要怎么做才能培养孩子的感恩意识呢？下面五个方面的工作，可以做起来。

表达感谢，回馈他人

培养孩子的感恩意识是一项重要的任务，旨在塑造孩子的人格，使其懂得感激他人的付出，并愿意通过同样的方式回馈社会。这一过程必然是在与他人积极互动的情境中完成的。

首先，鼓励孩子表达感激之情是培养感恩意识的第一步。当孩子在日常生活中受到他人的帮助、关心，或者收到礼物时，家长可以积极引导孩子表达感激之情。

例如，在学校里，孩子的朋友主动与他分享文具，家长可以鼓励孩子主动表示感谢。另外，写感谢信也是一种有益的方式，通过亲笔书写，孩子将更深刻地体会到感谢的含义。

其次，同理心的培养也是感恩意识培养中不可或缺的一环。引导孩子关注他人的情感变化，可以帮助他们理解他人的需求和感受，从而培养出同理心。

例如，当孩子的同学遇到困难时，家长可以与孩子一同体会对方的感受，并鼓励孩子主动提供帮助，使孩子在亲身经历中学会共情和关爱他人。

除此之外，培养孩子的回馈意识是感恩教育的另一个重要方面。通过引导孩子去关注社会和他人，让他们认识到自己的成长和发展离不开他人的支持和帮助，从而培养他们的回馈意识。

比如，当看到老奶奶在过马路，可以让孩子主动提供帮助，搀扶老奶奶安全走过马路。来自老奶奶的感谢能让孩子认知到自己对他人及社会的价值，由此不断增强自己的回馈意识。

当孩子年幼时，他们通常以自我为中心，因此，需要通过良性互动来引导他们扩展关注的范围。在家庭和学校等环境中，家长和老师可以创造机会，让孩子与他人进行积极互动。

通过这样的互动，孩子将更容易看到他人对自己的付出，学会及时表达感激之情；看到别人的情感和需求，并为其提供关心和帮助。这样，孩子就会逐渐形成感恩的价值观和行为习惯。

父母示范，以身作则

在培养孩子感恩意识的过程中，家长的以身作则起到至关重要的作用。

家庭是孩子成长的第一课堂，而家长则是最重要的引导者和示范者。孩子从小就在家庭环境中接触到各种价值观和行为模式，其中，家长的言传身教成为孩子性格养成的重要因素。特别是在感恩意识的培养方面，家长通过自身的言谈举止直接塑造了孩子的品德观念。因此，要培养孩子的感恩之心，家长需要在日常生活中以身作则，为孩子树立正面的榜样。

首先，父母应该注重家庭内部的相互关爱和尊重，使孩子在家庭中感受到温暖的氛围。通过对长辈的尊敬和关心，父母向孩子传达了对家庭成员的感激之情，使孩子懂得尊重和珍惜家人。当家人遇到困难时，父母的坚定支持和积极解决问题的态度是重视亲情关系的真实体现。父母的榜样行为让孩子在亲身经历中感受到感恩的重要性。

其次，家长处理邻里关系的方式也能够成为孩子学习感恩的榜样。通过与邻里相互帮助，父母向孩子传递了对社区支持的感激之情，培养了孩子关心他人、主动奉献的品质。

在日常生活中，父母还可以通过参与公益活动、慈善事业等方式，向孩子展示社会责任感和关爱他人的精神。这样的榜样行为将深深植根于孩子心中，使其在成年后能够继续传承和弘扬感恩之情。

总的来说，父母的榜样行为对于培养孩子的感恩意识起到了关键性的引导作用。通过亲身参与建构亲情关系，孩子能够更深刻地理解感恩的内涵，形成积极向上的品德和行为。

生活不易，自己经历

绝大多数父母对孩子的爱都是无条件的，都想把世界上最好的给孩子，因此父母都愿意为孩子提供好的生活条件。但是这不代表只给孩子创造顺境，把所有的风吹雨打都挡在门外。亲身感受过生活不易的孩子，更能够养成感恩意识。

家长可以通过与孩子分享自己工作的艰辛来引导他们。父母承受着来自工作的各种压力，但他们回家后，依然尽量在孩子面前表现得轻松愉快，这容易让孩子忽视父母的付出。如果父母能够偶尔与孩子分享一些自己的困扰，孩子会更加体谅父母，学会从父母的视角看待问题，培养出感恩之心。

父母也可以带孩子参观自己的工作环境，让孩子亲身感受工作的状态，不仅能拉近亲子关系，还能让孩子真切地体会到工作的不易。

另外，通过参与感恩活动，家长能够带领孩子亲身体验感恩的意义和价值。可以组织一些志愿活动如帮助邻里或关爱老人等，让孩子参与其中，将感恩的理论概念转化为实际行动，从而让孩子更深刻地理解感恩的内涵。

总体而言，要让孩子在感受生活美好的同时，直面人生的艰辛和不易，这是培养感恩之心的有效途径。通过这样的教育，孩子将更全面地理解自己的所得，并从内心产生真挚的感激之情。

家庭责任，学会分担

家庭是孩子成长的最初场所，感恩意识正是在这个小社会中培养的。在家庭中，父母有责任引导孩子正确看待事物，让他们从小学会感恩。分担家庭责任是一个行之有效的手段，孩子在参与家务活动的过程中，会逐渐明白家人的爱与付出。

首先，父母不应事事"有求必应"或"无求先应"，这样的教养方式容易使孩子得"公主病"或"王子病"。父母应该判断孩子提出的要求是否合理，如果不合理，就应该拒绝，并向孩子解释原因。这有助于让孩子明白在家庭中，没有什么是理所应当的，他们也有责任和义务为家庭贡献一份力量。父母可以适时地"示弱"，将孩子力所能及的任务交给他们，让他们从小就懂得奉献与努力的意义。

其次，要在家里培养孩子做家务的习惯。这并不是要让孩子承受过重的负担，而是让他们在力所能及的范围内参与家庭事务。通过简单的家务活动，如摆餐具、拖地、整理床铺、收拾书房、照顾宠物等，孩子能够体验到付出努力的艰辛，从而更加理解所有任务的完成都需要辛勤劳动。这不仅培养了他们的责任心，还让他们享受到了通过劳动获得回报的满足感。

通过这样的家庭教育，孩子将从小树立正确的价值观，明白自己的所得并不是理所当然的，而是建立在亲人关怀和自己努力之上的。这样的培养方式将为孩子的成长奠定坚实基础，使其具备独立、负责、感恩的品质。

正向反馈，有效激励

培养孩子的感恩意识是一个系统而持久的过程，而在孩子表现出感恩行为后，父母的正向反馈是至关重要的一环。

这种反馈不仅是对孩子行为的肯定，更是对其内在品质的认可和激励。行为主义心理学认为，正向反馈有助于建立行为和刺激之间的联系。

当孩子得到积极的反馈时，他们会更愿意重复这种行为，这在感恩意识的培养中尤为关键。通过语言和物质奖励的双重刺激，孩子将深刻感受到感恩行为所带来的喜悦和满足，从而愿意更频繁地表达感恩之情。

首先，通过语言激励，强化孩子好的行为。当孩子分担家庭责任、帮助他人或做出其他感恩行为后，父母应该用言辞来表达对孩子的赞美和感激之情。这不仅是对孩子善行的认可，也是告诉他们这样的行为是受欢迎的、受重视的。

其次，用好物质奖励，与语言激励相得益彰。在这里，物质奖励并非单纯的回报，而是为了加强正向反馈。可以让孩子列出自己的愿望清单，当孩子完成感恩行为后，适当地给予他们期望已久的礼物，这会增强孩子对感恩行为的积极认同，使其产生良好的行为习惯。

当然，父母在运用物质奖励时必须注意度的掌握，过度的奖励可能导致孩子只关注外在回报而忽视行为的本质。因此，物质奖励应该成为激励手段的一部分，而非唯一的手段。

总之，父母在孩子做好人好事，或做出感恩行为后，通过积极的言辞和适度的物质奖励，可以有效地强化这些积极行为，从而培养孩子的感恩意识。这种正向反馈的方法不仅有助于孩子的成长，也有助于他们在社会中形成积极向上的品格。

美国总统罗斯福家中曾经失窃，朋友们都试图安慰他，罗斯福的回复耐人寻味，他说：

"我很平安，感谢上帝。因为：第一，贼偷去的只是我的东西，而不是生命。第二，贼只偷去部分东西，不是所有。第三，做贼的是他，而不是我。"

可见，罗斯福是一位十分懂得感恩的人。

感恩，是一种心态，更是一种品质。

懂得感恩的人，会更加积极乐观，能够更好地处理生活中的各种关系，因此也更有可能获得成功。

所以，在教育孩子的过程中，家长一定不要忽视了孩子感恩意识的培养，要让其成为一个有温度的人。

失衡的教育分工：爸爸不管孩子教育，怎么办？

老师您好，我儿子8岁，上小学二年级，从小都是我在照顾他。在学习方面我抓得比较严，只让他在周末看一会儿电视，周六玩半小时手机，他的成绩一直保持在95分以上。

11月初，因为我生完二胎回娘家坐月子，孩子由他爸爸和爷爷奶奶照顾，孩子考试成绩明显下降，只能勉强考到90分。而且孩子每天玩手机看电视，甚至早上吃饭的时候都要玩平板电脑，中午吃饭也要看电视，和我在的时候形成了鲜明的对比。我给他爸爸说了不要让孩子玩手机和平板电脑，可孩子爸爸不是很配合。

我现在很焦虑，不知道该怎么引导孩子，怎么解决这类问题。

——家长留言

这位妈妈的留言，道出了多少妈妈的无奈。

一个家庭中，如果爸爸在教育上是缺位的，大概率会有一个焦虑的妈妈以及一个有问题的孩子。这位留言妈妈所描述的"孩子行为习惯及成绩的变差、妈妈教育的无奈与焦虑"，或多或少是爸爸教育缺位导致的。

这不是个例，而是一种普遍现象。

在公立学校做老师的时候，我发现一个有趣的现象：每次开家长会的时候，爸爸到场的不到30%。也就是说，50个孩子的班级里，参会的爸爸还不到15位。这让我产生了一个假想：我们国内的大多数父亲，都是不管孩子教育的。

带着这个假想，我查了查相关数据，有了这样一个发现：

全国妇联和国家统计局在 2020 年对中国妇女社会地位进行了调查，这项调查显示我国家庭中父母双方共同照料孩子的家庭只占 7.5%，父母双方共同承担教育活动的家庭也仅为 11.7%。数据显示，0 ~ 17 岁孩子的作业辅导主要是由母亲承担的，占到了 67.5%，而大部分父亲更专注于家庭发展的物质条件，参与家庭教育的深度和广度都比较有限。

这些数据揭示了家庭中父母在子女成长过程中参与度的不平衡，尤其表现为父亲缺乏对孩子的生活照料和学业辅导。

导致这种现象的原因很多，大部分是观念上的，也有客观的。比如有的父亲认为教育孩子是母亲的责任，自己的责任主要是给家庭提供物质上的支持；有的父亲不了解自己的参与对孩子的成长意味着什么，他们也缺乏足够的教育知识，不知该如何参与孩子的教育活动；还有的父亲则面临着工作或其他生活上的压力，导致他们没有时间参与进来；当然，也不排除有些妈妈过于强势，已经包办了一切，或者父母双方教育理念不一致。这些都会减少父亲参与孩子教育的热情和可能性。

父亲缺位的影响

不管是什么原因，父亲缺位都会给孩子带来伤害。我国著名的青少年儿童心理教育学家李玫瑾教授就对这种"丧偶式育儿"现象进行了严肃的批评。她认为，爸爸长时间缺席孩子的教育和成长，会给孩子造成如下的问题。

父亲缺位会影响孩子正常性格的塑造

李玫瑾教授指出性格是个体在面对外界事物时的应对方式，而这种方式是通过后天的教育逐渐养成的。孩子接受不同的教育，势必塑造出不同的性格，而那些在成长道路中缺失了父亲陪伴的孩子可能会出现相当多的性格缺陷。

这种缺陷可能表现为孩子容易产生自卑感，当他们与同伴玩耍时，他们之间免不了相互交流，不可避免地会对各自的家庭背景加以比较。缺乏父亲陪伴的孩子容易缺乏底气，觉得自己不如别人，长此以往，孩子很容易形成自卑的性格。

喜欢大包大揽的母亲往往表现得刚毅坚决，但她们的这种特质与父亲独有的阳刚之气并不一样。因此，由母亲单独抚养的孩子往往呈现出性格较为柔弱的特征。女孩可能表现得温柔而易哭，而男孩则更容易受到影响，缺乏阳刚气质，显得过于顺从。

缺乏父亲的参与还会对孩子的性别认同产生影响，特别是在性别角色塑造方面。有些男孩比较"娘"，或者是在心理上认为自己是女生，这往往与家庭中男性角色的缺失有关。

父亲缺位会造成孩子的情感缺失

父爱对于孩子安全感和稳定感的形成至关重要，如果缺乏这种情感支持，可能使孩子在人际关系中感到不安和孤独。每个人都有情感需求，如果父亲缺位，孩子的生活自然就少了来自父亲的关爱，这是母爱无法代替的。对女孩来说尤其如此，长期缺乏成年男性的关怀，可能导致她们在青春期时更渴望来自异性的关爱，从而增加早恋的可能性。

自尊心受损是情感缺失的另一种表现。父亲的支持和认同对孩子的自尊心有着积极作用，有助于形成健康的自我认知。在缺乏父亲关注的情况下，孩子可能容易陷入自我怀疑，并对自身价值缺乏信心。

此外，情感缺失还可能对孩子的情感调节和处理能力产生负面影响。没有得到足够的情感支持，孩子难以有效地处理情绪，更容易陷入情感波动和挫折感中。这会影响孩子在学校和社交场合中的表现，甚至对其心理健康产生负面影响。

父亲缺位会影响孩子的家庭观念

孩子如果长时间看不见父亲的身影，可能会在形成家庭观念上产生偏差。家庭是孩子成长的第一社会，家庭观念直接影响到孩子对于婚姻和家庭的认知。如果父亲在家庭中的角色较为单薄，孩子对"家庭"的认知就是不完整的，他会认为家庭不需要父亲的参与，从而导致对家庭的信任度下降。

除此之外，由于缺乏父亲在家庭中的积极角色，女孩可能对婚姻生活产生疑虑，当她成年后，容易对婚姻产生不信任感甚至恐惧情绪。她会认为家庭并非一个完整、稳定的单元。而男孩则容易缺乏对于家庭的责任感，因为他没有在家里得到父亲的正面引导和示范，对于自己在家庭中的责任认知不足。

由此可见，父亲在家庭中的积极参与对于孩子形成正确的家庭观念至关重要。父亲的存在和角色发挥不仅对孩子的心理健康有益，也有助于塑造他们对家庭的正确认知，为他们未来的婚姻和家庭生活打下坚实基础。

当然，父亲的缺位还会产生其他问题，比如孩子更容易养成不良的行为习惯，因为他们缺乏对行为后果的清晰认知；缺乏父亲的监督和鼓励还可能导致孩子学业表现的下降，因为父亲能给孩子更清晰的目标感和方向感，让他们的内心充满动力。

来自父亲的教育和陪伴，既是孩子的需求，也是父亲的责任。苏霍姆林斯基曾说："没有时间教育子女，就意味着没有时间做人。"这句话听起来虽然刺耳，但一语中的。中国古人也有类似的说法，比如"养不教，父之过"等，这些话语都强调了父亲教育的重要性与不可替代性。

所以，爸爸们一定要多参与到家庭事务和孩子教育中，给孩子一个完整的家庭环境，让他们感受到父母完整的爱。我给妈妈们三个建议，希望能对大家有所帮助。

给妈妈的建议

妈妈要学会"闭嘴"，学会示弱

很多父亲在孩子教育上缺位了，这是不争的事实，很多人将这种现象称为"丧偶式育儿"或者"诈尸式育儿"。尽管有很多妈妈给我留言，询问孩子的教育问题，但同时也有不少爸爸留言诉说自己的无奈。从他们的留言中，我看到了爸爸们不愿意参与孩子教育的一些原因。

有些爸爸诉苦说：自己不参与孩子的教育，并不是因为工作忙没时间，而是不赞成孩子妈妈的教育方式，因为妈妈管得太细碎，大包大揽之下，自己无从插手。有的爸爸则反感孩子妈妈将孩子的时间安排得过满，总是无比焦虑地为孩子报班买资料，他们对这种揠苗助长式的教育不太赞同。还有的爸爸表示妻子过于强势，总是嫌弃自己是在给她添麻烦，甚至吐槽爸爸是"猪队友"，在这种情况下，爸爸只能选择置身事外。

我有个朋友就曾向我这样抱怨过："孩子他妈天天叨叨'丧偶式育儿'，说得好像我真的死了一样！"其实，我这个朋友也是很重视孩子教育的，他愿意花几万块钱让孩子参加游学夏令营，只不过在强势的妈妈面前，他同样选择了沉默。

很多妈妈喜欢转发"爸爸陪伴非常重要"之类的文章给丈夫看，也经常抱怨他们管得少，最要命的是，她们还经常把自己的丈夫和别人的丈夫进行对比，并毫不掩饰地夸奖别人的丈夫管教孩子的方法得当。这像极了妈妈们抱怨孩子不爱学习，并把自己的孩子和别人的孩子进行比较的做法，大家想想，这样做的结果是什么？孩子不爱学习了，叛逆了，甚至回家后就将自己关起来。这跟爸爸们的情况不是一样的吗？

要想改变这样的情况，妈妈一定要学会"闭嘴"，要学会示弱。这意味着妈妈在爸爸参与孩子教育时，不要过于唠叨，或者指手画脚，而是要给予爸爸更多的自主权。比如，孩子希望拼一个新的玩具拼图，过去常常是妈妈负责这类教育活动，现在，妈妈可以主动退后一步，对孩子和爸爸说："这个拼图对我来说有点难度，爸爸有超级大脑，可以陪宝贝一起玩，肯定会更好玩。"妈妈如果能将主导权让给爸爸，就能给予爸爸和孩子更多的相处空间，他们可以相互配合完成拼图。

这样做可以激发爸爸的责任感和主动性，让他更自信地参与孩子的教育。

通过这样的亲子活动，爸爸和孩子之间能够建立起更紧密的联系，妈妈也为家庭创造了更加和谐的教育氛围。

妈妈要学会表扬和鼓励

很多爸爸在孩子的教育中渴望发挥更积极的作用，表达自己的关爱和陪伴，但往往面临妈妈的不尊重和批评，这种困扰成为阻碍父亲投入的一大障碍。

还是以我上面提到的朋友为例：

在一个周末，我这朋友突发奇想，决定带孩子去户外进行探险，试图创造一次有趣的学习体验。在整个过程中，孩子玩得很开心。没有补习班，没有电子产品，只有亲近自然和接受挑战。

虽然孩子玩得很开心，但回到家后，妈妈却并不关心孩子的快乐和收获，而是责备爸爸为何将孩子的衣服弄得这么脏，还抱怨爸爸不管孩子的作业而带孩子出去疯玩等。这样的反应让爸爸感到自己的努力没有得到应有的认可。长此以往，持续的责备和批评慢慢削弱了爸爸的积极性，他也就不再主动做类似的事情。

一个爸爸给我留言说，自己想要与孩子共同尝试烹饪，想为孩子打造有趣的厨房时光。然而，当妈妈看到厨房的凌乱时，她选择了批评而非鼓励，使得这位爸爸感到十分沮丧。爸爸的初衷其实是通过烹饪活动培养孩子的兴趣，促使他们在共同的体验中建立亲子关系。然而，妈妈在看到凌乱的厨房后未能理解爸爸的用心，而是选择了指责，这让爸爸感到自己的努力被贬低，降低了他参与亲子活动的积极性，因为他可能感到自己的行为不被接受，失去了对未来尝试亲子活动的信心。这种负面情绪可能会在父亲与孩子的互动中投射出来，影响他们之间的关系。

为了改善这种情况，妈妈可以选择更积极的方式表达自己的观点。比如，她可以赞扬爸爸为孩子创造愉快时光的尝试，强调他的用心和参与。在面对厨房一片狼藉的时候，妈妈可以这样说："你们的这种烹饪方式，我还从来没用过，太有创意了，看着就很有意思。下次我也要试试，宝贝，你和爸爸一起教教妈妈可以吗？"然后，妈妈可以结合自己的厨房经验，提出建设性的解决方案，并邀请他们一同清理厨房。

通过共同努力解决问题，不仅可以改善厨房的状况，还能够增进家庭成员之间的合作和默契。合作清理厨房的过程可以成为一次家庭合作的经历，使家庭成员更加紧密地联系在一起。

海蓝博士在《不完美，才美》中提到，爸爸有着独特的方式来爱孩子，而如果一味按照妈妈的方法和意见来教育孩子，那么孩子可能会感觉自己有两个妈妈。所以，妈妈一定要多鼓励父亲用自己的方式去教育孩子和陪伴孩子，妈妈要做的，就是及时退场，像球迷那样用支持和欣赏的态度为场上的球员呐喊，这样，他们才会卖力地踢球，才会更愿意参与下一场比赛。

妈妈要和爸爸约定专属的亲子时光

爸爸们总是很忙，忙着工作，忙着挣钱，因此很少有时间陪伴孩子。妈妈在理解爸爸的同时，也不要忘了爸爸在孩子教育中的重要作用。

为了避免家庭亲子活动和爸爸的工作冲突，妈妈可以和爸爸约定专属的亲子时光。在这段时间中，妈妈全程不用参与，把所有时间留给爸爸和孩子，让爸爸陪孩子做他喜欢做的事。

在和爸爸约定专属亲子时光时，一定要将具体事宜尽量罗列清楚。这主要是因为爸爸比较注重大的方向，加之爸爸平时很少管孩子的教育，可能对很多小细节并不是很清晰。在陪伴孩子的时候具体要做什么，要做到什么程度为好，妈妈都要尽可能地罗列具体，避免爸爸达不到妈妈的预期。

在罗列具体事宜的时候，要注意以下三个方面的内容。

首先是约定时间

妈妈可以根据双方的日程和孩子的需求，制订一个合理的亲子活动计划。活动可以每周一次，也可以每月一次，具体频率可根据工作和家庭情况而定。

妈妈可以提前告知爸爸亲子活动的具体时间，以便爸爸提前安排，将这段时间预留出来。这样的约定有助于避免时间冲突和减少工作压力，提高亲子活动的成功率。

其次是确定地点

当和爸爸约定专属亲子时光时，妈妈除了确定具体的时间，还应该确定好地点。选择合适的地点对于共度亲子时光同样至关重要，不仅有助于提升活动的质量，还能够为爸爸和孩子创造更加愉快的亲子体验。

妈妈可以考虑在家里的特定区域，如客厅或书房，进行一些亲子活动。这种环境相对私密，适合进行一些亲密性强的家庭互动，例如共同制作手工艺品、阅读故事书，或是一同观看电影。

此外，家庭以外的场所也是一个不错的选择。可以前往电影院观看一场儿童电影，或是到图书馆挑选喜欢的图书，也可以选择在公园里进行户外活动，比如骑自行车、散步、玩耍等。这样的亲子时光不仅能让孩子感受到不同的环境刺激，也有助于促进亲子关系的发展。

最后是规划内容

在和爸爸约定专属亲子时光时，详细规划活动内容是非常重要的一环。制订明确的计划，可以确保亲子时光有明确的方向和目标，同时还可以为爸爸提供具体的指导，使得活动更有秩序和趣味。

妈妈要告知爸爸具体该做的事情，比如陪孩子完成一张语文试卷。在这个过程中，爸爸在一旁安静看书，不允许使用手机。在试卷完成后，爸爸和孩子一同订正试卷。完成试卷的订正后，进入下一个环节，如带孩子出去打半个小时篮球。明确活动的内容，确保爸爸了解要做的事情。

亲子时光结束后，妈妈要充分肯定爸爸的付出和努力，不仅要看结果，更要看过程中的参与程度。如果能够给予表扬和积极的反馈，爸爸会更愿意积极参与到下一次的亲子活动中。

这样详细的规划，不仅为爸爸提供了清晰的指导，也使得整个亲子时光更具有组织性和目标性。在活动中，鼓励和正面反馈将激发爸爸更多地投入和参与，从而促进亲子关系的良好发展。

妈妈一定要注意，这个专属亲子时光不论时间长短，都应该是爸爸和孩子两人的亲子时光。妈妈一定要退居幕后，妈妈只是这场活动的策划者，而不是参与者。

村上春树在《海边的卡夫卡》中说："孩子就像一棵小树苗，家庭环境就是浇灌的水。如果水质过差，最终树苗不仅不会成为参天大树，还会枯死。"

好的家庭环境，一定是爸爸和妈妈共同参与营造的，在这样的环境中，孩子才能变得更自信、更优秀。

为什么管得越多，孩子反而越差？

海北老师：

　　您好！家有四年级的娃，数学、语文 80 多分，数学计算题出错，填空题、应用题看题目不仔细（其他科目也几乎都这样），每次的错题我都让他重新整理，结果发现下次遇到同样的题目，还是错。语文错别字也是一样，让他订正多次，再听写还是会错。老母亲心力交瘁，就算每天提醒他易错点是什么，该如何注意，他还是记不住。

　　我几乎每天都要提醒他字要写规范，提醒了会写好，不提醒仍旧乱写。写不好我就罚他重新写，费时费力。写作业的时候，他人确实坐在那里，可心思不知道在哪里。老师说他上课不专心，经常开小差。他爸说我平时管得太多了，该放手了，真的是这样吗？希望您有空能指导一下，感谢您。

——家长留言

　　从这两段留言中，我读到了这位妈妈的无奈。

　　相信这是一位对孩子教育很上心的妈妈，也是一位为了孩子全情付出的妈妈。

　　从这位妈妈的描述中，我感觉到这个孩子的问题很多：注意力不集中，学习兴趣和动机不足，学习习惯不好，学习方法不佳。一个孩子但凡有其中一个问题，在学习上都很难取得优秀的成绩。

　　小学阶段，在父母的敦促和鞭策下，孩子的学习表现可能还能维持在不错的水平，一旦没有了父母的监督，表现就不尽如人意了。

这位妈妈无力地说道："老母亲心力交瘁，就算每天提醒他易错点是什么，该如何注意，他还是记不住。"

问题的根源在哪里？

正如这位有智慧的爸爸所说："（你）平时管得太多了，该放手了。"

父母过度干预带来的负面影响

确实，所有的这些问题，其实都是妈妈过度干预所导致的，这就是所谓的好心办了坏事。

父母对孩子的学习和生活过度干预，会带来哪些负面影响呢？我觉得主要有以下七个方面的影响。

一、自主性减弱：过度干预可能导致孩子缺乏自主性，他们可能习惯于依赖父母的指导和决策，难以独立思考和解决问题。这会影响他们在未来面对挑战时的应对能力。

二、责任心下降：过度的控制可能让孩子失去对自己行为和决策的责任感。如果一切由父母决定，孩子可能不会承担后果，导致责任心下降。

三、自信心受损：过度干预可能导致孩子缺乏对自己能力的信心。如果他们不断被告知应该怎么做，而不是自己尝试独立解决问题，他们可能会对自己的能力感到怀疑。

四、产生抗拒情绪：孩子可能对过度控制产生抗拒情绪，他们可能感到被束缚、受限，从而导致与父母的关系紧张。这种紧张关系可能影响他们的心理健康和家庭和谐。

五、学习效果下降：过度的帮助和指导可能妨碍孩子的学习。如果父母为孩子做了太多事情，孩子可能会错过学习的机会，无法真正理解和掌握知识。

六、社交技能受限：过度干预可能限制孩子与同龄人和外部世界的交往。他们可能缺乏与他人建立关系和解决冲突的经验，这对社交技能的培养不利。

七、创造力受阻：过度的控制可能扼杀孩子的创造力和想象力。在有着过多规定的环境中，孩子可能难以发展自己的独立思维和创造性思维。

从这位妈妈的留言中，我们不难看出，孩子的学习自主性很不足。他做题不仔细，即使妈妈多次讲解和纠错，还是不能解决原有的问题。他没有养成良好的学习习惯，需要妈妈不断地催促。如果妈妈监督到位，孩子就能做得不错，一旦妈妈不在身边，学习效果就大打折扣。可见，孩子变成了是为妈妈学习，他的责任心下降，对自己的学习和行为并不负责，只是应付了事。

孩子这种破罐子破摔的态度，无疑是对妈妈的无声反抗。或许是妈妈什么都管，或许是妈妈力求完美，使孩子的学习兴趣以及内驱力受到了极大的破坏。这样抗拒的情绪，让孩子的学习表现比较糟糕，妈妈感到非常不满意，并由此产生无力感与焦虑情绪。

这位爸爸对孩子现状的把控还是比较到位的，要解决这些问题，妈妈一定要在生活上和学习上学会放手。解决问题需要采取一系列渐进式的步骤，大家千万不要期待有什么三招搞定教育问题的速成法，孩子问题的形成都是长期累积的，同样地，解决问题也有个长期的过程，毕竟冰冻三尺非一日之寒。所以，一定要做好打持久战的准备。

学会放手

我给大家十点建议，帮助父母朋友们学会放手，以便促进孩子自主性和独立性的发展。

自我反思

自我反思在父母的教育过程中是至关重要的一环。父母应该审视自己的行为，并认识到这些行为可能对孩子的成长和发展造成潜在的负面影响。

父母需要反思自己是否在孩子的学习和生活中过度介入，包括是否频繁为孩子做决策、过度监督学习进度、不给予孩子独立空间等。这位妈妈发私信给我，就说明她已经在反思自己的行为，这是很好的开始，意识的转变才能带来行为的改变。

父母需要关注孩子的反馈和情感状态。如果孩子表现出对过度干预的不满或抗拒，父母应该及时关注并做出调整。孩子的情感反应往往是对父母教育方式恰当与否的一种明示，父母应该倾听并理解孩子的感受。这位妈妈在教育过程中明显忽视了孩子的情绪反馈，他那无声的抗拒，就说明了妈妈的教育方式存在问题，她的干预过多了。

另外，父母还可以从孩子的独立性和问题解决能力方面进行反思。如果孩子在这些方面显示出不足，可能是因为长期以来受到了过度干预，缺乏自主发展的机会。

最后，父母在反思中应该明确教育的目标。自己是否过于追求完美，导致对孩子的干预过度，而忽略了培养孩子自身的优势和兴趣？通过明确教育目标，父母可以更有针对性地制定教育策略，避免过度干预的发生。

制定适度的规矩

制定适度的规矩是在家庭教育中找到平衡点的一项关键举措。规矩的存在有助于塑造孩子良好的行为习惯，但同时，过于严格的规矩也可能对孩子的成长产生负面影响。因此，在制定规矩时，父母需要慎重考虑，制定规矩旨在培养良好习惯而非过度限制孩子的行动。

规矩应当与孩子的年龄和发展水平相匹配。对于较小的孩子，规矩可以相对简单明了，侧重于培养基本的生活习惯和礼仪。对于较大的孩子，则可以适度提高规矩的要求，以培养更高层次的责任感和自律性。规矩的设定要考虑到孩子的实际情况，以促进他们的全面发展。

规矩应当有助于培养良好的习惯。通过制定规矩，父母可以引导孩子养成一些良好的行为习惯，如按时完成作业、整理个人物品、保持卫生等。这些良好的习惯将成为孩子未来生活和学业中的重要支持，有助于他们在各个方面取得更好的表现。这位妈妈的日常教育明显缺少了规矩，从而处处都需要管束孩子。没提醒孩子的地方，他不能做好；没陪在身边做的时候，他也做不好。这何时是个头呢？只有明确规矩，让孩子知道什么可做，什么不可做，事情应该怎么做，做事情后的奖励和惩罚是什么等，父母才能摆脱时时刻刻的监督和约束。

然而，规矩也要有弹性，要给予孩子一些自主权。过于刻板的规矩可能使孩子感到束缚，积极性也随之降低。父母可以在制定规矩时留出一些空间，让孩子参与其中，倾听他们的建议，并在适当的情况下给予他们一定的决策权。这有助于培养孩子的自主性和责任感，提高他们解决问题的能力。

一定要注意，规矩的制定应当是一种积极的引导而非过度的限制。过于苛刻的规矩可能导致孩子产生反感，甚至逆反心理。因此，父母在制定规矩时应当注重情感沟通，解释背后的原因，并在可能的情况下与孩子协商，使规矩更具可接受性。

建立开放的沟通渠道

建立开放的沟通渠道是构建良好亲子关系的关键一环。父母与孩子之间的沟通应该是开放和真诚的，这有助于双方建立信任、增强理解和产生共鸣。

父母要确保孩子知道他们的声音是被重视的，可以通过表达对孩子看法的兴趣和尊重，鼓励他们分享自己的感受和想法。这种开放的态度会让孩子感到自己在家庭中是有价值的成员，而不仅仅是被告知要做什么的对象。

父母还应当倾听和尊重孩子的意见。在沟通中，不仅要给予孩子表达的空间，还要真诚地倾听他们的声音，理解他们的立场。父母可以通过提问、回应和参与孩子的对话，传递出对孩子意见的认真态度。从这位妈妈的留言中，我发现她包办了孩子的学习，错题是妈妈让孩子整理，错字也是妈妈让孩子订正，在整个学习过程中，压根没有倾听孩子的声音。记得一位名人说过这样一句话：你告诉我，我忘记；你教我，我记住了；你让我做，我会了。可见，妈妈的做法还停留在这位名人所说的第一步，正因如此，孩子做错的题才会反复错。要解决这个问题其实很简单，就是听孩子说，让孩子给妈妈讲题，妈妈要做的就是认真听讲，提出自己的疑问，引导孩子深入学习，这就是"费曼学习法"。

在建立开放沟通渠道的过程中，父母还需要注意表达自己的理解和支持。当孩子愿意表达自己的感受时，父母可以通过积极回应、鼓励和理解，传递给孩子"我在这里支持你，我明白你的感受"的信息，从而加强亲子关系的紧密程度。

设定合理期望

设定合理的期望是父母教育中至关重要的一环，可以有效促进孩子的健康成长和学习发展。在设定期望时，父母需要考虑孩子的年龄和发展水平，确保期望既具有挑战性又不至于过高，以免给孩子带来心理压力。

了解孩子的年龄和发展阶段对设定合理期望至关重要。不同年龄段的孩子具有不同的认知、情感和生理特点，因此，设定的期望应该与其身心发展水平相匹配。这位妈妈对孩子的年龄和发展阶段的认知是不清楚的，你要让一个四年级的孩子100%不错，那是不可能的。别说是孩子，就是作为父母的我们，也不能保证我们的计算每次都对。

在孩子犯错之后，不应该苛责孩子并惩罚孩子，而是要看到孩子错误背后的原因，再对症下药。如果计算容易错，看孩子是不是没有把大数乘除法的计算流程搞懂，是不是打草稿太过凌乱，出现数字誊抄错误，等等。如果孩子大数乘除法的计算流程没有搞懂，那么搞懂这个流程就是近期要完成的小目标；如果孩子因为草稿不规范而计算出错，规范打草稿就是近期要完成的小目标。由于孩子的认知能力不够，对于计算出错的原因，他并不能够清楚认知，这需要父母的引导，鞭辟入里，才能够对症下药，实现目标。

除此之外，设定合理期望时还需要与孩子进行充分沟通。父母应该了解孩子的兴趣和目标，与孩子共同商讨并设定期望，让孩子参与其中，增强其对目标的认同感。通过开放的对话，父母能更好地理解孩子的期望，并及时调整目标，以适应孩子不断变化的成长需求。孩子应该有长期与短期的学习目标，比如孩子存在计算问题、错别字问题，我们就把解决这类小问题作为每日目标，一个一个去攻克。家长要和孩子共同商量如何攻克它们，用多少时间攻克它们，鼓励孩子一步步打怪升级，而不是指责孩子做不好，或者是批评惩罚孩子。

鼓励自主决策

鼓励孩子进行自主决策是培养其独立性和责任感的重要手段。在学习和日常生活中给予孩子一些小的决策权，可以促使他们逐渐形成独立思考和自主行动的能力。

在学习方面，父母可以鼓励孩子选择适合自己学习风格的方法。例如，对于一个学习问题，可以让孩子决定是通过阅读书籍、上网查找资料还是向老师请教来解决。这样的自主决策不仅能够提高孩子对学习的主动性，还能够锻炼他们的信息获取和处理能力。这位妈妈采取了最为费力不讨好的方式，结果非但孩子学习没搞好，亲子关系也变得很糟糕。何不让孩子自己寻求途径解决问题呢？当孩子主动向父母寻求帮助的时候，再和孩子一起探讨，而不是父母亲自上阵，用并不专业、并不科学的方式横加干预。父母要做的，就是为孩子提供各种资源，方便孩子查阅和使用。

日常生活中的小决策也是培养孩子独立性的有效途径。父母可以让孩子参与制订周末的活动计划，包括目的地和活动的内容等。孩子可以从中学会权衡利弊、综合考虑，并最终做出决策，这有助于培养他们的决策能力和责任感。

自主决策还可以锻炼孩子解决问题的能力。当孩子面临困难或挑战时，父母可以引导他们思考解决问题的方法，并鼓励他们尝试不同的方案。这不仅能够培养孩子的创造力和解决问题的能力，还能够提高他们的抗压力和适应性。

最重要的是，在鼓励自主决策的过程中，父母要给予足够的支持和指导，确保孩子在进行决策时，能够得到必要的信息和反馈，避免因为缺乏经验而犯错。同时，父母可以从孩子的决策中发现他们的优势和不足，为后续的培养提供更有针对性的帮助。

给予选择权

给予选择权是培养孩子自主性和决策能力的重要方法。在适当的范围内，给予孩子一些选择的权利，不仅能够满足他们的需求，还能够培养他们在决策过程中的自信心和独立思考能力。

父母可以在学习方面给予孩子一定的选择权。例如，对于特定的学习任务，可以让孩子选择使用哪种学习方式，是阅读、观看视频，还是亲自实践。这样做不仅能够满足孩子的学习偏好，还能够激发他们对学习的主动性，提高学习效果。这位妈妈如果觉得自己不能够很好地解决孩子的问题，大可寻找更多的资源和途径，让孩子选择适合自己的方式解决问题，比如看视频课、刷试题等。

在兴趣爱好方面也可以给予孩子选择权。父母可以鼓励孩子选择自己感兴趣的兴趣班或课外活动，让他们在培养兴趣的同时，学会权衡和做出决策。这有助于培养孩子对自己兴趣的认知，增强他们的自主性。

在日常生活中，父母也可以通过给予孩子一定的选择权来培养孩子的决策能力，比如，让孩子选择今天晚上吃什么样的晚餐，或者周末去哪个公园玩。这样做可以培养他们权衡利弊、考虑后果的能力，为日后面对更大的决策奠定基础。

值得注意的是，父母需要在合理范围内给予孩子自主权，避免出现选择权范围太大或太小的问题。在孩子做出选择后，父母可以与他们讨论选择的理由，引导他们思考不同选择会产生的后果，从而加深他们对决策过程的理解。

培养解决问题的能力

父母在孩子遇到问题时，不仅要提供支持和指导，更要给予他们克服困难的机会，以此培养他们解决问题的能力。这位妈妈无疑是一位勤快的好妈妈，为孩子的错误辛苦了半天，但是却剥夺了孩子自己解决问题的机会，这并不利于孩子的成长和发展。

首先，当孩子遇到问题时，父母可以通过询问问题、给予提示或者分享一些解决问题的方法，激发孩子主动思考和寻找解决方案的意愿。这种引导式的方法有助于激发孩子的学习兴趣，培养他们主动探索和解决问题的能力。这就避免了像留言妈妈那样自己劳心劳神，而孩子却无动于衷的尴尬局面。

其次，父母在提供支持的同时，要避免立即替孩子解决问题。这样的做法有助于培养孩子独立思考和应对挑战的勇气。当孩子面对问题时，给予他们一定的自主权，让他们在不断尝试和失败中积累经验，提高他们的问题解决能力。

父母还可以鼓励孩子将问题分解为小部分，逐步解决。这有助于降低问题的复杂性，让孩子更容易理解和应对。通过分步解决问题，孩子能够逐步建立起解决问题的思维框架，增强他们的分析能力。比如像前文提到的计算问题，到底是计算本身的问题，还是计算流程的问题，抑或这两方面的问题都存在，只有一个一个地攻克，才能将问题彻底解决。

在整个过程中，父母要保持耐心和鼓励，不断强调问题本身是学习和成长的机会。父母的支持和鼓励能够帮助孩子建立自信心，同时培养他们积极应对困难的心态。

培养责任感

培养孩子的责任感是家庭教育中至关重要的一环，通过让孩子承担一些家务劳动，如整理自己的房间、洗碗、打扫等，可以有效促进他们责任心的形成，培养他们的独立性。

让孩子承担家务劳动能够让他们更好地感受到团队合作的重要性。在家庭中，每个成员都有自己的责任，孩子通过承担家务劳动，能够深刻地体会到每个人的努力都对家庭的运作有着积极的影响。这样的体验有助于培养孩子的协作意识，使他们更加愿意为实现共同目标而努力。

让孩子参与家务，可以培养他们的责任心。当孩子意识到自己有一定的责任，需要对家庭贡献一份力量时，他们会更加认真地对待自己的任务，从而养成积极主动的态度。这种责任感的培养有助于孩子在学校和社交场合中更好地履行义务，提高他们的社会适应能力。

另外，参与家务还能够培养孩子的独立性。让孩子学会一些生活技能，如整理自己的房间或洗碗，能够提高孩子自主解决问题的能力。这种独立性的培养不仅对家庭有益，更能让孩子在学校和社会中展现出自信和成熟。

最后，让孩子参与家务，还能够促进他们的成长和发展。在家务劳动中，孩子可能会遇到各种问题和挑战，这为他们提供了解决问题的机会。通过面对困难、克服障碍，孩子能够培养解决问题的能力，为将来的学业和职业发展打下坚实基础。

表扬和鼓励

基于这位妈妈的描述，不难看出孩子在妈妈的过度干涉下，自信心受到影响并由此产生了抗拒情绪。要改变这一情况，妈妈需要调整态度，少一些批评和指责，多一点表扬和鼓励，这在培养孩子的自主性和独立性方面十分重要，不仅能够增强孩子积极行为的持续性，还有助于培养他们对自主性的认同感和积极性。

表扬和鼓励是建立积极激励体系的有效手段。当孩子表现出独立和自主性行为时，父母要及时给予肯定，让孩子感受到他们付出的努力十分有价值。这种积极的激励有助于激发他们更多的积极行为，从而形成良性循环。

强调孩子的成就可以增强他们的自信心。表扬孩子独立完成了任务，不仅能让孩子感受到自己的价值，还培养了他们面对问题时的自信心。这种自信心是孩子独立解决问题和主动承担责任的动力源泉，有助于他们更好地适应学业和生活的各种挑战。

通过表扬和鼓励，父母能够让孩子懂得自主的重要性。当孩子展现出自主决策和独立思考的时候，父母应该与他们分享这种积极行为对未来的价值，这种理解有助于孩子形成积极的人生观和学习态度。

最后，表扬和鼓励应当是真实和具体的。父母要在孩子表现出自主性时，提供具体性的肯定和鼓励，避免过于敷衍的奖励。真实反馈更能让孩子感受到自己的努力和付出得到了认可，从而更有动力保持独立性的表现。有的父母经常说孩子哪儿哪儿都是问题，没有值得表扬的地方，那么，就请大家拿起"显微镜"去寻找孩子的进步之处，哪怕只是细微之处，也要不吝赞美，当孩子尝到了进步的滋味，相信我，他会爱上它的。

寻求专业帮助

如果父母在处理孩子问题时感到束手无策，或者被负面情绪困扰，寻求专业帮助是一种明智的选择。专业帮助不仅有助于解决具体的问题，还能够提供一些建议和策略，帮助父母更好地应对孩子的行为挑战。

专业帮助提供了客观的观察和分析。专业心理咨询师或家庭辅导员具有丰富的经验和专业知识，能够对孩子的行为问题进行客观、深入的观察和分析。通过他们的专业视角，父母可以更准确地了解问题的根源和影响因素，为制定有效的解决方案奠定基础。

专业帮助能够为父母提供个性化的建议。每个孩子都是独特的，其行为问题的背后可能存在不同的原因和因素。专业咨询师能够根据孩子的具体情况，为父母制定个性化的解决方案，全面考虑孩子的性格、兴趣和家庭环境等因素，提供更符合实际情况的建议。而我在这里给出的建议和方案是针对大众的，因此越详细越好。可见，这里的一些建议不一定能够快速高效地解决留言妈妈的问题。这些建议就像是中药，虽然药效好，但是见效可能不是那么快。专业帮助的优势就在于是对症下药，可以立竿见影。

专业帮助还提供了有效的沟通渠道。专业心理咨询或家庭辅导是一个开放、安全的沟通空间，父母可以坦诚分享自己的困惑和担忧。与专业人士的交流有助于缓解父母的焦虑感，让他们更冷静地面对问题，从而更好地支持孩子的成长。留言妈妈当下处于一种焦虑状态，对孩子的批评和苛责不仅在孩子的教育问题上适得其反，亲子关系还会受到破坏，真是得不偿失。

最后，专业帮助有助于建立积极的家庭氛围。通过专业咨询，父母可以学到一些有效的家庭管理和育儿技巧，帮助自己更好地与孩子沟通、建立积极的亲子关系。这对于孩子的健康成长和心理发展都有着积极的影响。

通过以上一系列方法，父母可以逐步减少对孩子的过度干预，为孩子的成长创造更为积极的环境。建立开放的沟通渠道、设定合理期望、鼓励自主决策、给予选择权、培养解决问题的能力、培养责任感、制定适度的规矩、表扬和鼓励，以及在必要时寻求专业帮助，这些方法共同构建了一个有益于孩子成长的教育框架。

通过鼓励孩子自主决策和给予一定的选择权，孩子将逐渐培养起自主性和责任感。通过积极的沟通，父母能够更好地理解孩子的需求和想法，使家庭关系更加和谐。同时，设定合理期望和制定适度的规矩，为孩子提供了清晰的指导，让他们在规范的环境中学会自律。

总而言之，父母的目标是培养孩子独立思考、主动学习的能力，使他们能够在未来更好地应对各种挑战。逐步减少过度干预，不仅能够促进孩子的自主发展，还能为他们打下坚实的成长基础。让我们共同努力，创造一个既温馨又有利于孩子成长的家庭环境。

过度干预的危害：为什么越管越出错？

> 老师您好！我儿子上五年级，他比较叛逆，跟我对着干，嫌我经常说他、经常催促他去学习，还骂我，我现在应该怎么办？
>
> ——家长留言

从做自媒体以来，我收到的私信多达几十万条，家长留言的主题五花八门，排在前三的问题，分别是孩子的学习问题、孩子的习惯问题以及亲子关系问题。

经常有小学生家长对我抱怨：孩子才四五年级，就感觉进入了青春期，特别叛逆。家长说一句，孩子可以顶五句，有的孩子直接对父母冷处理，一副"你爱说你说，我不搭话"的态度。

首先，我想"恭喜"这位家长，你家宝贝进入青春期前期了。在 7 ～ 12 岁这个阶段，孩子对自己的认识更为深入，包括学业、兴趣爱好、人际关系等方面。他们开始形成自己的价值观和角色认知，同时可能更加关注他人对自己的评价。

他们的自我意识开始觉醒，对很多事情都有了自己的想法和主张。尤其现在的孩子受到更为多元的社会环境影响，身体发育也更为提前，孩子自然更早进入了青春期。

在青春期这一重要的成长阶段，孩子经历了身体、心理和社交各方面的巨大变化，伴随而来的是对自己身份的重新认知和对外部世界的探索欲。这个时期，孩子逐渐脱离了过去对父母的过度依赖，表现出更多对自由的渴望。

这种变化反映了他们渴望独立和自主的心理需求，他们希望能够按照自己的意愿行事，摆脱父母的过多干涉和束缚。

这种"争权"其实不是逆反，而是一种成长。

除此之外，孩子在身体和大脑方面都经历了巨大的变化。身体的发育和性征的出现，使他们对自己的身体有了新的认知。同时，大脑的发育也带来了情绪上的波动，使得他们变得喜怒无常。从成年人的角度来看，这些变化可能显得微不足道，但对于孩子来说，这是一场身心的青春风暴，对他们的情感和行为都产生了深远影响。

这一时期的变化对于家长来说也是一个挑战，他们需要理解并尊重孩子的需求，同时给予适当的关心和指导。在这个成长的过程中，父母的角色逐渐转变为陪伴者和引导者，应该更加注重与孩子的平等沟通，促使他们树立正确的价值观，培养应对复杂社交关系的能力。

这是家庭关系演变的必然过程，但是很多家长并没有及时调整与孩子的关系，依然按照过去的管教方式，事无巨细地管束着孩子。

我发现一个很有意思的现象，我们70后、80后的父母，以前忙着做自己的事情，对我们的管教其实并不算多，至少和现在比较起来算是小巫见大巫了，我们反倒没有因为他们的"疏忽"而变得叛逆，大多数家庭都有较好的亲子关系。反观现在的孩子，生活条件更为优越，父母也有了更多的时间和精力来管理孩子的学习和生活，但是，孩子仿佛并没有因为父母的全身心关注而变得更加快乐，反而越发叛逆。

究其原因，我认为有以下两点：

其一，父母把某些问题看得太重，常常反应过度。

其二，父母在面对问题时不知所措，变得非常焦虑、暴躁。

把问题看得太重，我认为主要是因为父母在遇到问题时太急于下结论，并习惯于先入为主，对人和事快速定性，而不是冷静下来，多一些倾听，去发掘这个问题背后的原因，以此做出理智的评判。这就让很多父母在处理孩子问题时，表现得十分暴躁和焦虑，因此导致了亲子关系的紧张与隔阂。

这里我想给大家分享一个故事。

我第一次当班主任的时候，管理方式也跟大多数家长一样，说得多管得多，并且经常不问缘由地把某些学生骂得狗血淋头。后来，一件发生在我和班长之间的事情，让我彻底改变了这种教育方式。

这要追溯到我做班主任的第二年，因为做班主任时间不长，我对班级管理投入了非常多的精力，然而，由于没有管理班级的经验，我对孩子们的管教方式主要是三个字：快、狠、准。什么意思呢？就是在遇到问题的时候，不等孩子开口，我就一顿输出，让孩子无力招架，最终被迫接受我的说教。

我曾有个习惯，每天放学后我不会直接去吃饭，而是为有学业问题的孩子提供辅导，直到晚自习结束。这样的习惯让我的胃逐渐出现了问题。一天，我的胃病犯了，班长看到后上来询问我的情况，并为我端来了一杯热水。我的欣慰之情溢于言表，感觉为班级奉献再多也是值得的。

然而，第二天上晚自习时，班长却迟到了五六分钟，气喘吁吁地跑进教室，我的心情瞬间跌入谷底。我气愤地对班长进行了一番口头训斥，他听着我的责备，眼里含着泪水，显得很是委屈。骂完之后，他默默地回到了座位。晚自习结束后，班长提着书包匆匆离去。我回到办公室后，发现桌上有个面包和一张字条，上面写着班长的名字和迟到的原因。

原来他因为在回教室的路上想起了我没吃晚餐而胃痛的事，匆忙跑去小卖部给我买了面包。学校小卖部离我们教室有一段距离，来回多花了他几分钟的时间。看到字条上的文字，我既感动又自责，如果当时问清楚原因，或许就不会无缘无故地责备孩子；如果我不在意班级考核分数，或许就不会伤了他的心。

尽管道歉时他表示不介意，但这件事让我深刻领悟到，遇事先放下评判，多倾听、多观察、多询问，方为真正的教育之道。

因此，当看到这位家长的留言时，我发现在教育孩子的过程中，她和我犯了同样的错误。为了避免发生这样的问题，我向大家提四点建议：

良好沟通，和孩子做朋友

教育学，首先是关系学。

要想教育孩子，首先得建立良好的亲子关系，这才是有效教育的基石。当孩子不再愿意与父母沟通时，即便父母付出再多的努力，也难以达到期望的效果。因此，亲子关系的质量直接关系到家庭教育的成败。

在青春期，孩子们最讨厌被过分强调学业，这容易导致孩子产生逆反心理。良好的亲子关系建立在积极但不失松弛的沟通之上。如果父母想要与孩子建立更为亲密的关系，就应该多聊一些他们感兴趣的话题。

例如，如果孩子喜欢打篮球，父母可以主动询问孩子对于篮球的兴趣，了解一些篮球明星、比赛规则等内容，甚至可以陪伴孩子一同前往篮球场，亲身体验打篮球的乐趣。

在日常生活中，可以在孩子放学回家的路上聊一些学校里的趣事，或者关注一些轻松幽默的话题，让沟通更加轻松自然。重要的是，当孩子选择与父母分享一些学校发生的趣事，或者自己为之"疯狂"的事情时，父母不要急于妄下评判。随意地评头论足甚至批评，会使孩子产生抵触情绪，最终导致沟通中断。

尤其是在涉及孩子的人际关系、恋爱经历等私人话题时，父母更应该慎重对待，不要表现得过于武断和蛮横。在这些时候，倾听和理解比批评更为重要。若父母专制，很可能会使孩子逐渐关闭与父母的交流之门。

因此，建立亲子关系的关键在于：在适当的时候选择倾听、理解，而非过度的批评和指责。

只有当孩子把父母当作"自己人"的时候，教育才能真正生效。

学会闭嘴，接纳孩子的情绪

当父母看到孩子各种问题的时候，难道要放任不管吗？

父母这样做是不是不负责任的表现呢？

事实上，在教育孩子的过程中父母往往过于负责，过度地干预和过多地说教成为一种常见的教育方式，往往使孩子感到压力巨大，导致他们与父母的沟通变得困难。

这种管教方式的错误在于，父母言之过多，导致孩子的自我认知逐渐受损，他们对与父母交流的兴趣也在逐渐减弱。父母的评判和说教让孩子对大道理产生抗拒，使得教育变得苍白无力。

在面对孩子的问题时，父母需要先学会保持沉默，这意味着父母应该学会包容和接纳孩子表达出的各种情绪。

孩子可能会对班上的某位同学有好感，也可能讨厌某个老师，这些情绪都是正常的，就如同我们很难喜欢一个随时给我们增加工作负担的老板一样。当孩子表达某种情绪时，急于灌输道理往往会适得其反，因此父母应当接纳这些情绪，为孩子提供一个安全的情感空间，使他们不会感到无助。

然而，接纳孩子的情绪并不意味着接纳其所有的行为。在这个过程中，父母可以明确告诉孩子：

"你可以喜欢这个女同学，但是不能有不适当的行为。"

"你可以不喜欢班主任老师，但必须对老师保持尊重。"

"你可以不喜欢大人的一些做法，但是必须尊重我们，告诉我你的真实想法。如果我们有错，我们会进行调整。"

这种交流方式营造了一种容错的氛围，让孩子可以大胆地表达内心真实的想法，同时也为父母和孩子共同寻找解决问题的方法提供了可能。

因此，想要成功教育好孩子，父母首先需要学会保持适度的沉默，同时要善于接纳孩子的各种情绪，创造出一个既允许孩子表达真实想法又容许犯错的教育环境。

这种基于理解和接纳的教育方式能够促进积极的沟通，培养孩子的自我认知，帮助孩子健康成长。

适当放权，给孩子有限的选择

孩子渴望掌权，这是青春期常见的叛逆表现。

在这一过程中，放权成为应对叛逆的最佳途径，但放权并非意味着放任不管，而是应该采用一种"有选择的放权，有选择的制约"策略。

这种方法可以更好地满足孩子的需求，建立起亲子之间的信任，有效缓解家庭冲突。

放权的核心在于给予孩子选择权，但选择的范围是有限的。孩子渴望选择，但选择过多也会导致选择困难，甚至做出违背底线的选择。

因此，放权应该在家长能够接受的范围内，以避免出现极端或不负责任的行为。

给予孩子有限的选择不仅体现了对孩子的信任，还将带来积极效果，因为有了被弃选项的对比，孩子更容易对自己的选择感到满意。

比如，放学回家后让孩子选择做作业的时间："你想休息半个小时再做作业，还是做完作业出去玩半个小时？"

这样的二选一抉择，更容易得到孩子正向的反馈。做作业是一个必选项，是孩子不可逃避的，但是做作业的时间却是可以选择的。让孩子选择做作业的时间，不仅体现了对孩子的尊重，还让孩子有了对作业的掌控感，这有助于他们更加积极和认真地完成作业。

如果孩子不配合怎么办呢？父母可以倾听孩子的诉求，在理解孩子的基础上，让孩子明白父母与孩子是盟友，而非对立双方。

父母可以问孩子："你今天是因为太累了想多休息一会儿吗？那我们多休息 20 分钟，怎么样？"

这种谈话方式是在告诉孩子：你有权做选择，并且在如何接受事物方面也有权利。

在应对叛逆的孩子时，如果父母只是一味地命令、说教，很难起到实质性的作用，反而会引起孩子更为反叛的情绪。相反，如果父母能适度调整高高在上的姿态，与孩子平等对话，则更容易打破僵局，缓解孩子的叛逆情绪。

与孩子平等对话，意味着在亲子关系中营造一种合作和理解的氛围。

如果大家玩过蹦床，就很容易理解这一点，当你的冲击力越大时，你就会被弹得越高。

应对孩子的叛逆行为也是一样，如果家长用力过猛，只会激发出更强烈的反弹。而采用轻柔的沟通方式，则更有可能引导孩子朝着积极配合的方向发展。

这种平等的亲子关系不仅有助于缓解家庭紧张气氛，也有助于引导孩子的行为回归正途，实现家庭的和谐与稳定。

相信孩子，实现孩子的自我管理

在教育孩子的过程中，我们的最终目标是培养他们具备独立、快乐生活的能力。这需要一种高水平的教育，也就是将一切建立在对孩子的信任之上。

信任孩子意味着我们相信他们有足够的能力，能够通过自己的努力找到适合自己的生活方式。这种信任不仅仅是对孩子行为的信任，更是对他们潜力的信任。

比起直接提供指导，父母更应激发孩子对生活和学习的兴趣，让他们在探索中发现自己的优势和兴趣所在。这样的教育方式旨在引导他们走向自我发展之路，让他们的才能和激情得以充分发挥。

在这个过程中，父母的角色是关键的。通过给予孩子充分的关爱和支持，父母可以为他们创造一个安全、温暖的环境。当孩子感受到这种关爱和支持时，他们会更愿意主动追求自我发展，并在生活中迎接各种挑战。

这是一种相信孩子自身力量的体现，相信他们能够在这个过程中茁壮成长。这也是为什么我经常对学生说："你最近在阅读方面进步很大，我说过你可以的，要继续加油哦。"

只要相信孩子，他们就可以把不可能转变为可能，他们就可以带给我们足够多的惊喜。

信任孩子，并相信这份信任的力量，是实现良好教育的关键所在。高水平的教育并不仅仅停留在对孩子行为的引导和说教上，更是一种心灵上的沟通，而这种沟通建立在信任的基础上。

当孩子步入叛逆期，他们渴望更多的自由和尊重，这时传统的说教和约束很难深入孩子的内心。面对这个阶段的挑战时，父母需要进行一场教育方式的转变。

学会闭嘴，倾听孩子，尊重并接受他们的各种情绪成为关键。

在可控的范围内给予孩子更多的选择权，为他们打造一个宽容且安全的港湾。

在这个过程中，父母不仅要学会放权，更要学会相信孩子，相信信任的力量。这份信任不仅是一种心灵上的支持，更是激发孩子内在动力的关键。

通过这样的教养方式，父母最终能够帮助孩子实现自我管理，成为有独立思考和处理问题能力的个体。

这是亲子关系更上一层楼的新起点，也是帮助孩子健康成长的关键所在。

02

学业规划：

聪明决策，为孩子打好基础

家长工作地点变迁，孩子该何去何从？

海北老师，您好！我的两个孩子（11 岁和 6 岁）都出生在江苏，我们在江苏生活了十年，因为老公工作调动，去年我们让孩子转学到了山东。今年，老公又调到了广东，我们商量后决定，由我带孩子回四川绵阳老家上学，从此开始了异地婚姻。老大现在上小学五年级，老二刚上幼儿园大班，孩子爸爸一年能回来两三次。现在我和孩子们都挺怀念在江苏全家一起生活的时光，而且我个人感觉，江苏的教育模式更好，现在孩子学习压力也挺大，变得有些叛逆，导致我很后悔当初所做的决定。当初没有考虑周全，现在进退两难。因为在市里借读，孩子需要考上城区的中学，否则就要回乡下上学，如果去广东，第一担心频繁转学会影响孩子学习，第二担心老公那边工作不稳定。我想请教一下老师，我现在这种境况，有没有更好的对策呢？

——家长留言

这位家长朋友遇到的问题十分典型。在家庭面临地理分离、异地婚姻和子女教育转变的复杂情况下，父母如何在困境中找到更好的解决办法，以满足孩子的教育需求、实现家庭的稳定发展？

这个问题涉及多个方面，包括家庭成员的情感关系、孩子的学习和生活环境、家庭的地理位置变动以及不同地区教育模式的评估。解决这一问题需要在综合考虑家庭成员意愿、孩子的学业情况、职业发展前景等因素的基础上，制定一套全面可行的生活和教育规划。

对于这个家长的问题，我从以下三个方面谈谈我的看法。

频繁转学，对孩子有什么影响？

这位家长的问题，也是我们众多父母面临的问题。我们知道，完整的家庭对孩子的学习和成长至关重要，而稳定的学习环境，对孩子的学习和成长也会产生重要的作用。然而，由于父母工作的调动，很多孩子不得不跟着父母频繁转学。环境变化让很多孩子难以适应，因为不同省份、不同学校的学习模式和学业压力不尽相同。那么，频繁转学对孩子会产生怎样的影响呢？又有怎样的策略来应对这样的问题呢？

频繁转学对孩子的成长和发展确实会产生深远而复杂的影响，这种经历将对他们的学业表现、社交能力、情感健康以及整体适应能力产生影响。

首先，频繁转学可能导致学业上的断档，因为不同学校在教学内容、进度和教学方法上存在差异，使孩子很难快速调整和适应。不同学校的教学水平和难度也可能存在差异，孩子需要一定时间适应新的学科难度。一旦孩子在新的班级中没能找到自己的位置，不能快速融入，他的内心就会产生巨大的落差。要应对这样的变化，家长在转学前，可以了解目标学校的教学计划，为孩子提前做好衔接准备。进入学校之后，要实时了解孩子在学校的具体表现，还要与老师保持沟通。

这样做有两个目的：第一，这可以让老师更多地关注孩子的学习和其他表现，以便给孩子提供有针对性的辅导，帮助孩子尽快适应新的教学模式；第二，对孩子关注度的增加，可以快速建立老师和孩子的情感纽带，让孩子尽快融入班级。

其次，频繁转学可能使孩子难以建立稳定的友谊，导致出现社交障碍，影响他们的人际关系。很多孩子中途进入一个新的学校，很难快速地融入新班级，因为班级里的小团体已经形成，孩子在新班级更多的是个局外人，尤其对于性格内敛和敏感的孩子而言，更是难以打破这样的僵局。在这个过程中，孩子需要不断适应新的班级和同学，不断地做心理建设，不断地进行思想斗争，这可能对他们的社交能力和情感健康产生负面影响。这也是为什么很多孩子转学后，一段时间之内都会情绪低落，学习成绩也会随之下滑。

要解决这个问题，学校可以提供导师或同伴支持系统，帮助新生更快地融入学校社交环境。如果没有这样的系统，家长可以多与班主任沟通与交流，请他多与孩子交流，不管是课上的互动，还是课后的聊天，还可以拜托老师给孩子提供为班级服务的机会。除此之外，父母要多鼓励孩子主动参与学校和社区的活动，以扩展社交圈。

最后，频繁转学可能使孩子感到不安全，缺乏对学校和同学的信任感。频繁转学意味着孩子需要不断适应新的学校、新的师生关系以及新的学习环境。在之前的学校里，孩子可能已经形成了一种稳定的学习和社交状态，但频繁转学打破了这种稳定性，使得孩子感到不安全。因此，面对新环境和新同学，孩子可能感到有压力，不能快速融入新的班级和新的环境，这可能会对孩子的自尊心造成伤害，使他们怀疑自己的适应能力。这需要家校合作，共同帮助孩子克服困难。家里要建立稳定的日常生活模式和家庭环境，为孩子提供安全感；学校也应该设立心理健康支持系统，给孩子提供辅导服务，但更重要的还是老师主动和孩子展开积极互动，在班内举行破冰活动，引导其他同学快速接受新同学，这样有爱的环境会减少孩子的不安全感，使其快速建立对老师和新同学的信任感。

频繁转学对孩子的影响是多方面的，包括学业、社交、情感和整体适应能力等方面。为了帮助孩子更好地适应这种变化，家庭和学校需要密切合作，提供全方位的支持和关爱。这不仅包括提供学业上的帮助，还包括营造良好的社交环境、关注孩子的情感健康，以及加强整体适应能力的培养。通过共同努力，我们可以帮助孩子克服频繁转学带来的挑战，促进其全面健康地成长。

缺少家长的教育，对孩子有哪些影响？

在英国时，我和几个朋友聊天，他们对中国的快速发展给予了高度肯定，也对中国人吃苦耐劳的精神高度赞扬。但是有一件事情，他们不能理解，就是为了挣钱，很多人熬夜加班，失去了陪伴家人的机会，甚至会为了工作，夫妻长期分居两地，导致整个家庭不完整，孩子常年得不到爸爸或妈妈的陪伴。这几位英国朋友表示："你们中国人爱的不是家庭，爱的不是伴侣和孩子，而是钱。这不是生活，或者说这不是我们理解的生活。"

是啊，为了生计，我们不得不做出违背自己意愿的决定。就像留言的这位妈妈说的，为了工作，爸爸从江苏调到山东，之后再调往广东。这给家庭带来了极不稳定的因素。现在，妈妈带着两个孩子在四川上学和生活，但是孩子很怀念在江苏时，全家人共同度过的美好时光，加上学业压力，孩子产生了叛逆情绪。这种情况的产生，或多或少受到了家庭教育中父亲缺失的影响。其实，父亲在家庭中扮演着不可或缺的角色，他不仅给予全家人经济支持，还提供情感关怀、性别榜样等。

下面，我将对这些影响展开更为详细的论述。

1. 父亲扮演着孩子性别榜样的重要角色，这对孩子性别身份的认同和性别角色的塑造至关重要。缺少父亲的陪伴，可能会导致孩子对自身性别的认同感到困扰，因为他们缺乏一个性别身份模型来引导他们的成长。这可能影响孩子对于男性或女性特质、责任和行为的理解，使其性别角色的形成出现偏差。

2. 父亲扮演着提供独特情感支持的角色，包括提供温暖的父爱、安全感以及稳定性。这些支持对于孩子的情感发展至关重要。严父的形象往往能为孩子提供安全感和稳定的情感氛围，一旦缺失，可能使孩子感到情感上的空虚和不安。孩子需要在家庭中感受到被爱和被理解，这有助于促进他们自尊心的形成和情感的健康。比如留言的这位妈妈说的，儿子因为学业压力的影响，加之思念一家人在一起的时光，故而变得有些叛逆。如果有爸爸的陪伴和情感支持，这样的问题就能得到很大的改善。

3. 缺少父亲的教育可能导致家庭教育方式相对单一，因为父母双方通常有着不同的教育风格和方法。父亲常常在家庭中扮演严格的教育者角色，强调责任感和独立性，而母亲则更注重温暖的关怀。缺乏父亲的教育参与，可能会阻碍孩子的全面发展，使他们无法充分受益于双亲之间多元化的教育观念。这种单一教育方式会使孩子在面对复杂的社会环境时，缺乏良好的适应能力。

4. 父亲在孩子的社交生活中扮演着重要的角色，他们能够为孩子在处理同龄人关系、建立友谊、学习合作和竞争技能方面提供帮助。缺少父亲的参与可能使孩子在与同龄人交往时面临挑战。他们在处理男性友谊、团队合作和解决冲突方面，容易缺乏一些必要的技能，因为这些技能通常是在与父亲的互动中学到的。

5. 缺少父亲的参与可能使家庭中的教育期望和压力主要集中在母亲身上，使她面临更大的教育责任和心理压力。这会导致母亲感到负担过重，使她很难平衡好工作与家庭。

要解决这些问题，父母一定要做好交流和沟通，在孩子的教育过程中，充分发挥各自的作用。如果父亲不能陪伴左右，就一定要经常性地通过各种手段，提供必要的情感沟通和支持，比如每周几次的电话聊天，家庭成员重要日子的问候等，这些都可以让孩子感受到父爱就在身边。在缺失父亲教育和陪伴的情况下，其他家族成员，比如家族中的其他男性榜样，可以发挥关键作用，通过提供额外的情感支持来弥补父爱的缺失，维护孩子的情感安全，提升孩子的社交能力、适应能力和责任意识。

家长工作频繁变动，孩子读书何去何从？

这位妈妈说了一个很现实的问题：爸爸工作频繁变动，到底是为了孩子的教育而牺牲父亲的工作，还是为了父亲的工作而让孩子频繁转学，抑或是牺牲亲情，分居两地？我们的传统观念强调建功立业，因此事业在成人的眼中显得尤为重要。这就不难理解为什么很多父母为了职位的晋升或是事业的更好发展，选择长时间地加班，甚至到外地工作。如果想要将工作频繁变动对家庭的影响降到最低，我们应该怎么做呢？

首先，我们要明白一个道理：父母在孩子身边，亲子关系并不一定亲密，父母不在孩子身边也不一定和孩子疏远。有的父母虽然每天都在孩子身边，彼此之间的矛盾却很多，关系并不和谐。比如很多父亲下班回家，不是躺着玩手机，就是躲到房间里玩游戏，更有甚者，可以待在洗手间长达数十分钟。他们和孩子之间并没有有效的沟通，连基本的陪伴也谈不上，这样的情况下，父亲不可能和孩子建立亲密的关系，也很难积极正向地影响孩子。

有些父母虽然不在孩子身边，但每次难得的回家时间都能和孩子相处融洽。这说明，父母是否在身边并不必然影响亲子关系。对于父亲在异地工作的家庭，妈妈无须过度焦虑和担心，关键在于如何通过切实行动让孩子感受到来自父母的爱。

那么，针对父母一方在外地工作的情况，是不是一定要让孩子频繁转学到新工作地点呢？或父母为了陪伴孩子，是不是就必须放弃更好的工作机会呢？当然，如果能够在家附近找到和外地工作差不多收入和发展前景的工作，留在家陪伴孩子肯定是最优选。但是，如果外地的工作能够给家人带来更有保障的生活，为什么不去呢？我一直强调：有了更好的工作，才能让孩子生活得更好，并受到更好的教育。

怎么做才能最大限度地减少异地工作带给家庭及孩子的负面影响呢？以下五方面的工作，家长们一定要做到。

1. 让孩子知道为什么父母要去外地工作

决定是否前往异地工作需要全家人共同参与决策。只有在家庭成员达成共识、相互支持的情况下，才能够长期保持良好的家庭关系。如果配偶或孩子对此有异议，建议先进行充分沟通，争取得到大家的理解和支持。因此，解释为何要去外地工作对于孩子而言变得至关重要。

从这位妈妈的留言可以看出，父亲并没有很好地告知孩子自己去外地工作的原因。父母不能简单地告诉孩子自己是为了挣更多的钱，因为这可能会影响他们的金钱观，让他们误以为在父母的眼中，金钱比陪伴更为重要。从孩子的角度来看，他们更关心的是为什么父母不能陪在自己身边。因此，建议从更宏观的角度来说明为何要前往异地工作，比如，从事土木工程的父亲可以告诉孩子，自己这样做是为了祖国的发展，为了共同的大家庭等。这样的解释能够更好地让孩子理解异地工作背后的意义。

2. 找机会带孩子去爸爸（或妈妈）工作的地方看看

当我们思念某人时，常会想知道此刻他身在何处，正在做些什么。对于孩子而言，如果没有亲身去过父母工作的地方，这种想象就缺乏具体的画面和基础。

这位妈妈讲到孩子很思念一家人在江苏的生活，这是因为孩子和父母在江苏的生活相当具有画面感，孩子对父亲现在工作的地方一无所知，也就只能缅怀过去了。因此，我们应该尽量创造机会，让孩子去父亲工作的城市旅游，亲眼看看父亲工作的地方，以及他的生活环境。这样，下次孩子想念父亲时，就能够想象出父亲是在一个怎样的环境里工作，坐在一个怎样的工位前。这样的经历可以使孩子更加具体地感受到父亲的工作场景，增强他们对父亲思念的真实感。

3. 父母和孩子的交流不能中断

父母应争取每天都留出一段时间，与孩子进行视频通话，保持与孩子的亲密交流。尽管每次交流时间有限，但我建议父亲（或母亲）应避免过度专注于孩子的学业情况，尤其是避免谈论考试分数。相反，应该聊一些更轻松的话题，比如孩子最近喜欢玩的游戏、正在阅读的书籍，以及在学校发生的趣事。这些话题可以加深爸爸（或妈妈）和孩子之间的了解，增进感情。至于学习方面的问题，就交给妈妈（或爸爸）去管，毕竟孩子学业上的事情，只有身边的人最了解，爸爸（或妈妈）在交流时，应该更注重与孩子之间的亲情沟通。

4. 重要日子尽量赶回来团聚

"每逢佳节倍思亲"，这句诗深刻道出了华夏儿女对团圆的渴望。大家普遍期望在重要的日子，如传统节日、亲人生日时，能够与家人共度美好时光，一家人团团圆圆。尤其在孩子生日那天，孩子自然期盼着能与父母一同庆祝这个特殊的日子。其他节日如中秋节、端午节、春节等，同样也蕴含着国人对团圆的期待。因此，无论是哪个节日，我们都应珍惜团聚的机会，共同创造美好的回忆。

5. 对工作有提前规划和整体规划

不同阶段的孩子对父亲（或母亲）不在身边的接受度并不一样。小学阶段相对顺利，孩子能够较为容易地与爸爸（或妈妈）保持良好的沟通，因为他还对爸爸（或妈妈）不在身边对自己的影响懵懂不知。然而，一旦进入中学，青春期的孩子将迎来叛逆期，亲子沟通障碍增多，他不再那么容易接受爸爸（或妈妈）不在身边的现实。因此，父亲（或母亲）应该对自己的工作有一个整体规划，在异地工作多久，准备晋升到什么职位，何时准备回到配偶和孩子身边等，这些都要提前规划，不能走一步算一步。

如果已经结束异地工作，回到家中，父亲（或母亲）也需要花费较多时间帮助孩子适应新的生活方式，因为有了父亲（或母亲）每天在身边陪伴，生活方式将发生较大变化，需要避免孩子对新生活的不适应。父亲（或母亲）要确保在回归家庭的过程中，为孩子提供足够的支持与关爱，以帮助他们平稳度过这个转变期。

这五个方面都做好了，能够有效地增加孩子对爸爸（或妈妈）的理解，减少孩子因父亲（或母亲）在异地工作而产生怨恨情绪，降低叛逆行为发生的概率。我们一定要记住，父母即使每日与孩子在一起，也不代表就能和孩子建立起亲密关系。只要父母与孩子之间有足够多的交流和沟通，就能让孩子感受到满满的爱，物理上的远近并没有我们想象中的那么重要。我在此也真心希望，每个家庭都能给孩子营造一个温馨有爱的成长环境。

从幼儿园到一年级，如何快速适应才能不掉队？

海北老师，您好！我儿子刚上小学一年级，他不太适应小学节奏，主要体现在：第一，在幼儿园时比较喜欢老师，连隔壁班的老师都很喜欢，愿意和老师交流，但小学老师比较凶，班主任没有看到他的闪光点，所以他有点害怕和抵触，有点不愿意和老师沟通。第二，小学作业多，他感到很吃力，不喜欢做作业，总是敷衍了事。孩子性格偏内敛沉稳，无论是批评还是夸奖，他都不会表现出特别的情绪。老师总跟我发微信说：孩子经常出现答题开天窗、上课走神的情况。我该如何让孩子快速适应一年级的学习呢？

——家长留言

从幼儿园到一年级，是一个非常重要的关口。因为这是孩子心理发展上的一个质变期，也是他们人生的一次小小飞跃。在幼儿园，孩子主要是在游戏和活动中进行启蒙学习，孩子们的重心并不在学习上，而是在玩上。相反，到了小学一年级，学习就被摆到了很重要的位置。由于环境的改变，很多孩子都会出现不适应的情况。

正如这位家长所说，进入小学一年级，孩子变得很不适应。

首先，不适应老师的变化。幼儿园的老师很有爱心，喜欢和孩子交谈玩耍，因此孩子很喜欢和老师沟通。但是小学老师不一样了，变得很严厉，孩子有些害怕甚至抵触。所谓"亲其师，信其道"，孩子一旦不能很好地适应老师的教学方式，不能对老师建立起积极态度，怎么可能搞好学习？

其次，不适应小学的学习节奏。作业多了，就不能完成；上课久了，就会走神。我们都知道，从幼儿园到小学的过渡十分重要。如果孩子一开始就能够跟上学习进度，他们往往会表现出对学习的浓厚兴趣，自信心也得到增强，学习自然会有所进展。相反，如果孩子在开学初期遇到适应性问题，一开始就显得进度较慢，难以与教学同步，这将导致学习步履维艰，兴趣和自信心受到影响，迎头赶上学习进程也将变得困难。

从幼儿园到一年级的适应过程中，孩子面临着三个难题：心理上的调整、生活方式的变化、学习方式的变化。

这对于孩子而言是艰巨的挑战，所以，父母有义务协助孩子做好充分准备，确保他们能够顺利过渡到小学阶段。

要帮助孩子快速适应新环境，我认为家长一定要做好以下三个方面的工作。

给孩子做好心理建设

孩子踏入小学的大门，意味着他们进入了全新的学习环境，也标志着他们学业生涯的正式启动。小学生活与幼儿园相比，不再以游戏为主，而是将学习摆在了更为重要的位置。

这个过渡对孩子而言充满未知，同时也伴随着一些不安。为了帮助孩子更好地适应这一变化，家长在孩子进入小学前，就应该提前向他们介绍新的学习环境，包括从家到学校的路线、小学上课的形式以及校园生活的基本情况，以便让孩子有心理准备。比如在小学里，孩子会面临较长的课堂时间，需要学会"坐得住"，并遵守课堂纪律。此外，在课间孩子要学会高效利用时间，例如完成上厕所、喝水等杂事后再参与游戏活动。

家长要让孩子知道，尽管小学学习更为正式，但也有很多有趣的事情等待孩子去探索。他们将会结识新的朋友，体验音乐、美术等多样的课程（有的学校还提供课后兴趣班），这会极大地引起孩子的兴趣和对上学的向往，从而激发孩子对小学生活的期待。这一点至关重要，因为积极的学习态度和对学校生活的信心是孩子稳步前进的基石。

我建议家长多带孩子到对口小学走走，看看里面上课的具体情况，看看学校里小哥哥、小姐姐玩耍的氛围，这些都可以让孩子对小学生活有一个大致的了解。 放学的时候，可以带孩子去学校门口，看看老师和小哥哥、小姐姐们是怎样相处的，这会让孩子初步了解到幼儿园老师和小学老师的不同，避免出现孩子害怕甚至抵触老师的情况，因为对孩子来说，抵触老师不是一个好的开始。

在家里，父母要多给孩子讲讲学校里的趣事，让孩子对校园生活产生兴趣。千万不要对孩子说"上学后你会有很多作业""上学了你就没时间玩耍了""如果你不听话，到时候我让老师收拾你"之类的话，这会让孩子害怕上学、害怕老师，从而对学校产生抵触情绪。

总之，小学生活是孩子成长道路上一个全新的开始，家长的引导和关心对于孩子能否顺利适应校园生活至关重要。提前准备和积极的心理引导能够帮助孩子建立对新环境的良好期望，为他们快速适应小学生活奠定坚实的基础。

帮助孩子适应小学的生活方式

在上小学之前，不少家长就给孩子安排了学习任务，比如认字、背古诗、学习20以内的加减法、学习简单的英语等。这些可能会导致孩子睡得晚，早上起不了床。在幼儿园阶段，上学晚、放学早，学习方式以游戏为主，睡眠早晚对孩子学习的影响并不明显。但是，如果孩子养成了晚起的习惯，不能形成良好的生物钟，就容易出现上学迟到的问题。

要让孩子适应小学生活，一定要做好以下三方面的工作。

调整作息时间

形成良好的学习和生活节奏，对于小学生的学习质量至关重要。在孩子即将进入小学之前，家长就应该尽早采取措施调整孩子的作息时间，比如家长可以提前问老师要学校的时间表，了解一天的课程安排和休息时间。在此基础上，逐步调整孩子的作息时间，让他们能够适应小学的课程节奏。让孩子习惯早睡早起，这样才能确保孩子有足够的精力参与学校的各种活动。

家长可以逐步引导孩子形成规律的生活节奏，比如制定具体的时间表，安排好作业时间、休息时间、户外活动和娱乐时间等。建立有秩序的日常生活，就能帮助孩子适应学校生活。在这个过程中，家长的陪伴和引导将起到关键作用，孩子也可以一同参与制定时间表，这样他们会更好地遵循规律生活。

这样的调整不仅有助于孩子适应小学的学习节奏，还培养了孩子的时间管理能力和自律能力。有规律的生活能够提高孩子的学习效率，有助于孩子保持身心的健康状态，为他们在小学阶段的学习生活奠定良好基础。因此，逐步调整作息时间、形成规律的生活节奏，是帮助孩子顺利适应小学学习生活的重要前提。

培养孩子的自理能力

随着孩子进入小学，家长发现，许多事情都不能再代劳，而是需要孩子自己去完成。从系鞋带、扣扣子、吃午餐、课间休息等生活小事，到学习上的诸多事务，例如交作业、课前课后拿放课本、整理书包等，都需要孩子独立完成。因此，为了让孩子更好地适应小学生活，家长们需要从入学前就开始培养孩子的自理能力。

在家里，家长可以模拟学校里的一些场景，让孩子加以练习。例如，教孩子如何正确系鞋带，如何整理衣物，如何独立收拾书包等。通过这些练习，孩子能够逐渐熟悉并掌握这些基本生活技能，提高自己的自理能力。

在培养孩子自理能力的过程中，家长要以耐心和鼓励的态度引导孩子。在孩子初次尝试某项任务时，可能会遇到困难或感到不适应，这时，家长应该给予耐心的指导，鼓励孩子尝试，并夸奖他们的努力，逐渐培养孩子的自信心，让他们愿意主动去完成这些任务。

除此之外，制订一个简单而合理的日常任务计划，也能帮助孩子养成良好的习惯。家长可以在每天固定的时间，陪孩子进行生活小事的练习，比如扫地、擦桌子、倒垃圾等，培养孩子基本的劳动能力，并逐步加入学习上的任务，让孩子在有规律的环境中逐渐提高自理能力。

通过这些方法，孩子进入小学后，就能逐步适应新的学习生活，养成独立思考和自主解决问题的能力。这不仅有助于学业上的发展，也是孩子成长过程中重要的一步。

培养孩子的规则意识

随着孩子进入小学，他们需要适应更正式和有纪律的学校生活。在学校里，孩子无论上下课都要严格遵守校园纪律，服从老师的管理。为了培养孩子的规则意识，家长可以做如下准备工作。

首先，家长应向孩子强调遵守规则的重要性，通过解释学校规章制度的意义，让孩子明白为什么需要遵守这些规则。强调规则的存在是为了维护良好的学习环境和校园秩序，培养孩子的责任心和团队协作意识。

其次，家长需要引导孩子明确学校规则的内容。详细介绍哪些行为是被允许的，哪些行为是不被允许的，以及违反后可能会面临的后果。这有助于孩子在入学后，更加清晰地知道如何正确行事，避免违反学校规定。

讲解规则是无趣的，孩子不一定爱听。因此，家长可以通过一些沉浸式体验的方式，如角色扮演或故事讲解，帮助孩子在家中体验学校生活中可能遇到的情景，让他们在有趣的活动中提前适应学校的纪律要求。

最后，为了确保顺利过渡，家长可以积极参与幼儿园与小学的过渡活动。这包括参加学校组织的入学说明会、家长会等，让孩子熟悉学校的环境，认识老师和同学，减轻入学后的陌生感。

通过以上准备，家长能够帮助孩子更好地融入小学的学习生活，养成良好的学习和行为习惯，为他们的成长奠定坚实的基础。这个过渡期的顺利度过，对于孩子的心理健康和学业发展都具有积极影响。

帮助孩子适应小学的学习方式

我们知道，幼儿园阶段和小学阶段在学习方式上有较大的不同。在幼儿园阶段，主要注重培养学前儿童的综合素养，包括社交能力、语言表达能力、动手能力等。教学方式以游戏、体验为主，培养兴趣、好奇心和自主学习的动机。而小学阶段的目标更侧重于学科知识和基本技能的掌握。学生需要逐渐形成独立学习和解决问题的能力，学习重心逐渐由综合发展向学科专业化转变。因此，幼儿园那种轻松并富有趣味的学习环境很难再现于小学。小学阶段的学习环境更加正式，以班级为基本单位，学生需要在教室内进行有序的学科学习，注重纪律和自我管理。可见，要适应小学阶段的学习，家长一定要帮助孩子养成良好的学习习惯。

要培养孩子早睡早起的习惯

上课打盹儿在一年级孩子中是一个较为普遍的现象，其主要原因在于孩子的作息习惯和睡眠质量差。

一年级孩子早上不愿起床的原因主要是睡眠不足。在幼儿园阶段，一些家长可能会让孩子晚上玩得比较晚，或者提前让孩子接触小学阶段的知识，导致孩子的晚间活动较为丰富，睡眠时间相对减少。家中环境不够安静，生活缺乏规律，或者面临较大的学业压力，都可能对孩子的睡眠产生不良影响。一旦孩子形成晚睡晚起的生物钟，就会导致上学时早晨起床困难。

因此，家长一定要提前了解小学的作息时间表，并调整孩子的作息时间，其目的就是培养孩子早睡早起的习惯，避免孩子因习惯性晚起而导致上学迟到。

要培养孩子认真倾听的习惯

孩子从幼儿园过渡到小学，学习方式发生了明显的改变，从以游戏为主的学习变成了更正式的课堂学习，这就需要家长引导孩子逐步养成静心专注的习惯。

由于小学一节课的时间较长，家长可以从短时间开始逐渐延长孩子的专注时间。初始阶段可以安排孩子进行 10 ~ 20 分钟的静坐练习，以培养他们在课堂上专心听讲的能力。大声朗读是一个有效的方法，每天安排一定时间朗读指定的内容，可以帮助训练孩子的注意力。

家长也可以给孩子安排一些有助于提高专注力的活动，如拼拼图、走迷宫、搭积木、下棋、找不同等。这些活动有趣又好玩，很容易吸引孩子的注意力，有助于培养孩子的专注力和解决问题的能力。通过这些活动，孩子可以在轻松的氛围中提高自己的专注力，为更好地适应小学的学习环境做好准备。

要培养孩子端坐的习惯

孩子从幼儿园过渡到一年级，父母一定要培养孩子良好的坐姿。这一过程涉及读书听讲和写字两个方面的技能培养。

在读书听讲方面，父母应当督促孩子养成良好的坐姿。头部要保持正直，肩部平稳，身体挺直，腿部自然放松。正确的坐姿有助于保持良好的注意力和学习态度，特别是在听讲的时候，正确的坐姿能够提高孩子的专注度，让孩子更好地吸收老师讲解的知识。

在写字方面，父母可以引导孩子练习描红。这样的练习有助于培养孩子正确使用手指关节来书写的习惯，而不是依赖手腕的移动。用手指关节运笔能使书写更加灵活而精准，有助于写出流畅的字迹。

在这个过程中，父母的示范和引导尤为关键。父母可以通过亲自演示良好的坐姿和写字姿势，激发孩子的学习兴趣，并通过积极的反馈和鼓励，帮助孩子逐渐养成这些良好的姿态。端正的坐姿有助于提高孩子的学习效果，促使他们更好地适应一年级的学习。

要培养孩子敢于表达的习惯

在孩子从幼儿园到一年级的过渡阶段，父母的任务之一是培养孩子敢于表达的习惯，包括用响亮的声音和流利的语句，大胆表达自己的观点，同时也敢于对不同观点质疑。

父母可以通过营造良好的家庭氛围来培养孩子的表达习惯，一个开放、温暖、包容的家庭环境，有助于鼓励孩子分享他们的想法、感受和观点。通过家庭会议、谈话时间或者其他交流机会，给予孩子表达的机会，让他们感受到：在家庭中表达自己是受欢迎和尊重的。

父母应该接纳孩子的表达，不管是好是坏，不要轻易打击孩子的积极性。

鼓励孩子积极表达，不仅仅是对于正确的观点。即使是错误的观点，也要允许孩子表达。当孩子表达了错误的观点时，应该通过引导和解释来纠正，而不是简单批评。这有助于建立孩子对于表达的自信心，让他们在错误中学习和成长。

同时，父母可以通过积极的反馈来增强孩子对表达的兴趣。表达不仅是传递思想的一种方式，也是沟通和交流的途径。当父母鼓励并给予积极反馈时，孩子将更愿意尝试表达，并从中获得满足感和成就感。

培养孩子对不同观点质疑的能力也是十分重要的。父母可以引导孩子思考和分析，促使他们更深层次地理解事物，并在讨论中逐渐培养孩子独立思考的习惯。

要培养孩子认真完成作业的习惯

从幼儿园到小学一年级的过渡阶段，对孩子来说是一个相当重要的时期，特别是在完成书面作业方面。父母在这一阶段，应该着重培养孩子及时、认真完成作业的习惯。

父母可以在家庭中创造一个安静、专注的学习环境，帮助孩子养成集中注意力完成作业的习惯。一张整洁的书桌和合适的学习工具，能够让他们心无旁骛地完成作业。

保持姿势端正和字迹工整对于培养孩子的学习态度至关重要。父母可以教孩子学会正确的坐姿，保持身体的舒适和放松，以便更好地集中注意力。此外，父母应鼓励孩子写字要工整，避免潦草和马虎，养成一气呵成的书写风格。

另外，父母还应该督促孩子将吃喝和玩耍与作业分开，帮助他们建立正确的时间观念。在完成作业的时候，孩子需要专注于任务，避免分心于其他活动。这有助于培养孩子一心一意做事情的能力，提高他们的学习效率和质量。

要培养孩子整理生活和学习用品的习惯

在过渡阶段，父母要引导和鼓励孩子自己的事情自己做。这包括在完成作业后独立地收拾学习用品并装进书包,整理好书桌。这样做不仅有助于培养孩子的独立性,还能让他们更好地适应小学学习生活的要求。

父母在睡前还应该引导孩子养成整理衣物的好习惯。让孩子自己叠放好衣物、整理床铺,培养他们对个人空间的责任感。这种自我管理的能力将在孩子的成长过程中发挥重要作用。

父母在引导孩子的过程中一定要避免大包大揽和不耐烦的催促。要给予孩子足够的时间和空间,让他们逐渐学会独立完成各项任务。过多的包办和催促可能导致孩子对独立完成任务失去兴趣,并产生依赖性。

父母应该通过欣赏和鼓励来激发孩子的主动性。当孩子完成了自己的事情时,父母可以给予积极的肯定和表扬,让孩子感受到自己独立做事的成就感。这样的正面激励将有助于孩子建立自信心,进而更加愿意主动承担责任。

以上六个习惯,是孩子进入小学阶段时一定要养成的重要习惯。当孩子习惯了早睡早起,就不会出现上学迟到的现象。在课上端正坐好、认真倾听并敢于表达自己,孩子就可以全身心地投入课堂,保证听课质量。认真完成作业,养成良好的时间观念,可以保障孩子检测并验收当天的学习成果。而收拾整理自己的用品,可以培养孩子的独立性和对个人空间的责任感。因此,养成了以上六个习惯,孩子就能够快速地从以游戏为主的幼儿园阶段,过渡到以有序学习为主的小学阶段,也能为今后的学习打下坚实的基础。

从幼儿园过渡到小学一年级,并不是一件容易的事情。如果能够平顺地过渡,调整好心态并养成良好的生活及学习习惯,孩子将会很快地适应学习的步调,对学习会更有兴趣和信心,学习表现也将更加优秀。但是,如果孩子在这个过渡阶段不能很好地适应,以后的学习就会变得困难。因此,在孩子进入小学之前,家长一定要帮助孩子在心理层面、学习方式层面和学习习惯层面做好充分的准备,以减少孩子的适应困难,使孩子能够快速适应学校的节奏并融入集体当中。如若不然,就会出现留言家长所说的情况,孩子因为在这三个层面不能适应学校生活而导致学习成绩不理想。

小学六年，如何规划阅读？

老师，我女儿二年级，每天只是完成老师布置的作业，叫她读书，她也不喜欢读。我给她买了很多书，她就翻一翻，看个大概就不看了。我让她复述一下书里面的内容，她也复述不出来。我感觉她不喜欢看书，我该怎么做才能让她喜欢阅读呢？小学六年如何规划阅读呢？请海北老师帮我出出主意。

——家长留言

这位家长的提问同样也是很多小学家长面临的问题。在自媒体上，我们听到很多教育博主都强调，阅读习惯的培养是小学六年的重点。

在小学六年中，孩子的年龄在增长，认知水平逐渐提升，因此对阅读习惯的培养也会有一些差异。小学阶段是孩子学习生涯的关键时期，他们的思维和理解能力在逐步发展，对世界的认知也在不断扩展。随着年龄的增长，对知识的需求也越发明显，因此，对阅读理解和运用的要求也随之提高。在这个过程中，教育者和家长在培养孩子的阅读习惯时，需要结合其年龄特点和认知水平，采用更为多元化的方法，以确保他们在阅读方面获得全面的发展。这个过程不仅是为了提高学业水平，更是为了培养孩子对知识主动探索的兴趣，为未来的学习打下坚实的基础。

一年级阅读培养方向

一年级的学生处于阅读的启蒙阶段，这一时期，父母应该致力于通过一系列启蒙活动来激发孩子对文字的兴趣，同时培养他们对阅读的初步认知。
图画书在这个阶段将发挥重要作用，通过阅读《熊猫的一天》《小猫钓鱼》等
童书，孩子能够结合生动有趣的图画培养对故事情节的理解能力，并初步感
受到文字的魅力。这种形式的阅读不仅为孩子提供了视觉上的乐趣，还通过
图画和简单文字的结合，为他们建立起初步的语言意识。

同时，在这个阶段，要强调学习基础阅读技能，例如拼音和基础词汇的
学习。通过活动和游戏，比如拼音卡片配对游戏等，让孩子在愉快的氛围中
学习基础发音规则。这种互动式的学习方式不仅能够让孩子在游戏中轻松愉
快地接触到语言元素，同时也能帮助他们更好地理解文字的构成和发音规则。

在家中，父母也要和孩子一同参与阅读活动，家长可以选择一些富有趣
味性的图画书，如 LITTLE BEAR 系列,《我是彩虹鱼》等，与孩子一起度过
亲子时光。在这个过程中，家长可以提问、解释故事情节，促使孩子更深入
地理解和思考。亲子共读不仅能够加强亲子之间的感情，还可以在轻松的家
庭氛围中培养孩子对阅读的兴趣。

一年级的教育目标在于奠定学生阅读的基础，为未来更深入、更复杂的
阅读打下坚实的基础。通过启蒙式的图画书阅读、基础阅读技能的培养，以
及家庭共读的方式，学生在一年级就能够建立对阅读的积极认知，这一阶段
的经验将为孩子的语言发展、认知能力和学科学习提供有力的支持。

二年级阅读培养方向

二年级的孩子逐渐迈入了阅读难度提升的阶段，这一阶段应以引导他们
阅读更复杂的文字为主，同时培养他们的独立阅读能力和阅读交流能力。

父母可以选择一些包含简单故事情节和短文的阅读材料，比如《猴子捞
月》《小鸟学飞》等。这些故事情节相对复杂，涉及更多的文字和语言元素，
能够进一步提升孩子的阅读能力。父母可以通过引导，帮助孩子逐步理解故
事情节，培养他们处理更多文字信息的能力。

为了培养孩子的独立阅读能力，父母要鼓励孩子尝试独立阅读一些简单
的故事书。可以选择一些适合二年级水平的图书，如《小狗的小房子》《小熊

维尼》等。这些图书在文字和句子结构上相对简单，适合这个阶段的孩子逐步挑战更复杂的阅读内容。通过让孩子独立阅读整个故事，培养他们运用基础阅读技能的能力。

在阅读交流方面，父母可以组织讨论和分享活动。例如，让孩子与父母共同阅读一篇简短的故事，然后一起讨论故事情节、分享自己的理解，促进彼此之间的交流和学习。这不仅有助于提高孩子对阅读内容的理解深度，还培养了他们表达和沟通的能力。

通过这一系列的教育活动，孩子不仅接触到了更丰富的语言元素，还在实践中培养了独立阅读和阅读交流的技能。这些阅读实践也是培养孩子全面发展的关键一步。二年级的阅读教育旨在为孩子打下坚实的基础，使他们在未来的学习中，能够更加从容自信地面对各类文本的阅读。

三年级阅读培养方向

三年级的阅读培养方向，着重于拓展孩子的阅读能力和兴趣。

首先，家长要努力拓展孩子的阅读范围，为他们提供多样化的阅读材料，包括各种题材的小说、科普读物等。通过引入不同类型的文本，提供多样化的阅读材料，激发孩子对不同题材文本的兴趣。可以给孩子看富有冒险和惊险元素的小说，比如《哈利·波特》系列中的《哈利·波特与魔法石》。阅读这种奇幻小说不仅能拓展孩子的阅读领域，还能让他们沉浸于一个充满魔法和冒险的世界中。同时，引入科普读物，如《奇妙的地球》《植物的奥秘》，以满足他们对科学和自然的好奇心，拓宽他们的知识面。

与此同时，三年级的阅读教育应注重加强阅读分析能力，如学习提取主旨、推测词义等。这不仅有助于提高孩子的阅读理解水平，还能培养他们主动分析和解读文本的能力。通过这一过程，孩子将逐渐形成更为系统和深刻的阅读技能，为理解更复杂的文本做好准备。以孩子熟悉的故事《小红帽》为例，父母可以引导孩子学习提取主旨的技巧，通过共同讨论和分析，孩子能够逐步领悟到故事的核心主题，如亲情等。同时，在阅读中引导孩子推测词义，可以选择一些充满词汇挑战的文章，例如描述科学实验的文章或含有较多生僻词汇的文学作品，让孩子通过上下文理解词汇的含义。

另外，父母在孩子三年级时，要有意识地引导孩子制订简单的阅读计划，从而培养他们管理时间和自主学习的能力。比如让孩子为自己设定阅读目标，并制订实际可行的计划，父母要鼓励他们在学习中发挥主动性。父母可以分享一个同龄孩子制订的课外阅读计划作为学习范本，孩子通过学习榜样的阅读计划，参考其选择的图书，学习如何达成设定好的阅读目标。这不仅有助于提高孩子对学习过程的掌控能力，也为他们养成良好的学习习惯奠定了基础。

因此，三年级的阅读教育旨在通过提供多元化的阅读材料，提高孩子的阅读分析能力和制订阅读计划的能力，全面促进孩子在阅读方面的发展。这个阶段的教育策略不仅关注知识的广度，更注重孩子在深度上的理解和应用。有了这样的积累，孩子将能更好地面对未来更为复杂和深入的学科学习。

四年级阅读培养方向

四年级的阅读要关注三个关键方面，旨在全面提升孩子的阅读水平。

首先，父母要引导孩子接触一些文学作品，包括经典小说和诗歌等，以提高他们对文学作品的欣赏水平。比如，我们可以向孩子介绍《小王子》这一经典小说。这部作品蕴含深刻的寓意，通过小王子的冒险故事，孩子们可以领略到关于友谊、成长和责任的意义。阅读这样的小说，不仅能够提高孩子的文学鉴赏水平，还能使孩子得到丰富的情感体验；不仅能让孩子深刻感受文学的魅力，还能培养他们对不同文学形式的浓厚兴趣，激发他们对文学世界的求知欲。

其次，四年级的阅读教育着眼于强化孩子的阅读速度。注重提高孩子的阅读速度，旨在帮助他们适应更大的阅读量，提高信息处理和理解能力。引导孩子采用一些快速阅读技巧，如扫视和定位，使他们在有限时间内更高效地获取信息，培养快速理解和分析的能力。

最后，父母要鼓励孩子进行跨学科阅读，涉猎科学、社会等不同学科领域。父母可以向孩子推荐一些有趣的科普读物，如《神奇的恐龙世界》。通过这本书，孩子既能了解关于恐龙的科学知识，又能通过理解文字和解读图表的方式，培养对科学的兴趣。这种跨学科阅读不仅可以拓宽孩子的知识领域，还能够锻炼他们在不同学科的文章中运用阅读技巧的能力。

通过这三个方面的教育策略，四年级的孩子将会在文学作品的世界中有更深层次的体验，同时在阅读速度和跨学科阅读方面获得一定的发展。这个阶段的培养旨在让孩子在文学、信息处理和跨学科思维方面达到更高水平，为他们未来更为复杂的学科学习奠定基础。

五年级阅读培养方向

五年级的阅读注重培养孩子的独立学习能力，深化他们对文学的理解，并强化阅读反思。这三个方面的教育策略将有助于孩子在更高层次上发展阅读技能。

首先，父母要鼓励孩子进行小型独立研究项目，旨在提高他们的信息检索和整合能力。父母可以让孩子选择一个感兴趣的主题，比如动物的生活习性，然后引导他们使用图书馆、互联网等资源进行独立研究。在这个过程中，孩子将学会如何寻找可靠的信息源，筛选相关主题的信息，并能将这些信息整合成有条理的报告。这种独立研究项目，不仅能提高孩子的信息获取能力，还能培养他们探究和运用知识的能力。

其次，父母要引导孩子深入理解文学作品，包括角色分析和情节把握，以此提升他们的文学素养。父母可以选择一部内涵丰富的小说，如《草房子》。通过分析小说中的角色，孩子可以更深刻地理解每个角色的性格、动机和发展。同时，对小说情节的把握，将帮助孩子更好地理解故事的发展脉络，以及作者的写作意图。这样的深度理解不仅有助于孩子领悟文学作品的内涵，还能够提升他们对人性和社会的理解力。

最后，父母还要强调阅读反思的重要性，帮助孩子通过写读后感等方式深化对阅读内容的理解。孩子可以选择一本感兴趣的图书，写下对图书内容的个人感受、观点和思考。通过这样的阅读反思，他们将更好地表达自己的思想，培养批判性思维和分析能力。比如孩子可以选择阅读《哈利·波特》

系列图书，并在读后感中探讨其中的友情、勇气等主题，从而更加深入地理解这一文学作品。

综上所述，五年级的阅读教育致力于培养孩子的独立学习能力，深化他们对文学的理解，并强化阅读反思。通过实际的独立研究项目、文学作品分析以及阅读反思练习，孩子将在这个阶段培养更为高超的阅读技能，为未来更高层次的阅读体验做好充分准备。

六年级阅读培养方向

六年级阅读教育的重点在于，提高孩子的阅读速度，加深阅读深度，培养跨学科应用阅读技能以及批判性阅读的能力。这有助于孩子进行更加复杂和深入的阅读，提高他们在不同学科领域的综合阅读能力。

首先，父母要注重提高孩子快速阅读和深入阅读的能力，使其能够适应更加复杂的阅读内容。具体而言，父母可以引导孩子阅读一些具有挑战性的文学作品，如莎士比亚的戏剧或经典的哲学文章。这些阅读材料不仅能加强孩子对复杂句子结构和深层次思想的理解，也能促使他们提高阅读速度，适应更高难度的阅读挑战。例如，孩子可以阅读莎士比亚的《哈姆雷特》并开展讨论，这将激发他们对文学经典的深刻理解，同时提高他们应对复杂文学结构的能力。

其次，父母要鼓励孩子将阅读应用到不同学科领域，提高综合知识的应用能力。比如说，孩子可以选择阅读有关环境科学的文章，如气候变化对生态系统的影响。通过将阅读与科学领域相结合，孩子将更好地理解和应用科学概念，同时培养在跨学科环境中进行信息整合和知识应用的能力。这样的跨学科应用不仅能拓宽孩子的知识面，还能促使他们在现实生活中灵活运用所学知识。

最后，还应培养孩子的批判性阅读能力，引导他们分辨信息、评估观点。可以让孩子阅读并分析有关当前社会问题的文章，如气候变化、环境污染等内容。在进行批判性阅读的过程中，孩子将学会辨别作者的立场、提出疑问和形成独立观点。例如，孩子可以阅读有关气候变化的文章，然后撰写一篇作文，分析不同观点并提出自己的见解。这样的练习将培养孩子的批判性思维，使他们在信息爆炸的时代，能够更好地筛选和整合纷繁复杂的信息。

综上所述，六年级的阅读教育致力于提高孩子快速阅读和深入阅读的能力，培养他们跨学科应用阅读技能的能力，培养他们批判性阅读的能力。通过挑战性文学作品阅读、跨学科实践和批判性阅读练习，孩子将在这一阶段习得更为全面的阅读技能。

总而言之，小学六年的阅读教育在不同年级注重的方面存在着差异，但其核心目标始终是培养孩子的阅读能力、阅读兴趣以及自主学习的能力。从一年级的启蒙阅读到六年级的跨学科应用和批判性阅读，孩子在这个过程中，经历了阅读技能的逐渐提升和丰富。这需要家长和老师共同努力，形成紧密的合作关系，以确保孩子在各个阶段都能得到有效的阅读指导。

三年级是个坎，成绩易下滑怎么办？

老师你好！我女儿在三年级之前成绩还好，到了三年级考 80 多分，四年级就只有 70 多分。平时辅导她学习时，她的接受力尚可，可一旦考试，成绩却不理想。请问她的成绩还能提升吗？

——家长留言

很多家长在辅导孩子学习的时候，都会发出这样一句感叹：一、二年级轻松愉快；三、四年级焦虑难安；五、六年级望洋兴叹！

确实，正如这位家长所说，孩子在一、二年级时表现出色，成绩一直维持在 90 多分甚至满分，学习起来轻松自如。然而，随着升入三年级，孩子成绩开始莫名其妙地出现下滑趋势，很多父母并不知道其中缘由，这就是大家常说的"三年级现象"。

成绩下滑是一个方面，相当一部分孩子上课也不专心听讲了，对学习开始缺乏热情了，似乎进入了迷茫期。这种变化不仅仅局限于学校，孩子回到家之后也不如原先那般听话，有时甚至表现出与家长顶嘴的不良态度，孩子好像进入了叛逆期。这种转变背后可能隐藏着一系列问题，值得我们深入挖掘和探讨。

三年级孩子成绩下滑，有客观原因，也有主观原因。我认为原因主要有三个。

三年级孩子成绩下滑的原因

原因一：学习难度增加，学习任务增多

进入三年级，学习内容发生了显著变化，对学生提出了更高的要求。首先，语文课程新增了作文要求，这对孩子而言是一项新的挑战。根据语文教学大纲的规定，三年级的学生开始接受作文教学，要学习撰写条理清晰的具体文本。在实际的教学过程中，老师通常要求学生写一段内容完整的文字。写作文不仅需要良好的语言表达能力，还要求学生能够运用逻辑思维，表达清晰的观点。这相较之前更注重基础知识的一、二年级来说，是一个全新的挑战。

其次，英语学习也使得语言学习变得更加复杂。作为一门外语，英语需要学生具备听、说、读、写的全面语言能力。这对于初学者来说，需要很多的时间和精力来适应和掌握。孩子一旦平衡不了各科学习任务，就很容易对学习产生挫败感和懈怠心。

最后，数学学习也开始强调抽象思维的训练，这与一、二年级时强调形象思维的学习形成了鲜明反差。抽象思维的要求意味着学生需要更深入地理解和运用数学概念，这对于一些孩子来说无疑是一种挑战。同时，对计算的要求也越来越高，从简单的运算过渡到复杂的加减乘除混合运算，计算失误成了很多孩子考试丢分的重要原因。而应用题的出现，更是让挣扎在各种学习任务中的孩子雪上加霜。

然而，尽管学科要求发生了显著变化，孩子们的学习方式却还停留在之前的阶段。他们可能依旧认为，只要在课堂上听一听就可以应对学习。这种认知上的滞后导致孩子们对新的课程要求和学习方式没有足够的准备，从而产生了一段时间的不适应。

对于三年级的孩子来说，他们可能还不具备独立解决学科问题的能力，因此需要成人的帮助。如果缺乏成人的指导和支持，孩子们可能无法克服学习上的困难，这可能导致长时间的不适应、成绩下降，甚至产生对学习的厌恶情绪。因此，成人的及时介入和指导对于帮助孩子顺利适应新的学习要求、保持学习积极性至关重要。

原因二：父母忽视习惯的培养

孩子在一、二年级时，往往表现出对大人言听计从的乖巧态度，他们将父母的话语视为权威，乐于按照父母的规划展开学习。这个时期主要由父母推动孩子向前发展，孩子还没有形成强烈的自我意识，所以才有了本文开头"一、二年级轻松愉快"的说法。然而，随着进入三年级，孩子的自我认知逐渐觉醒，荣辱感和自尊心逐渐增强，不再希望家长过多干预。他们会把父母的敦促看作是不信任，甚至是指责，这让他们很恼火。

相较于一、二年级，三年级的学习任务变得更加复杂，涉及作文、英语、抽象思维等新挑战，这对学习能力和态度都提出了更高的要求。然而，很多家长对于三年级孩子的这种变化并未有足够清醒的认识，仍然延续着一、二年级时的教育方式，采用简单的督促和说教。这样的做法并不适合三年级孩子的需要，因为他们更需要的是合理安排时间和培养好的学习习惯，比如预习、复习、晨读、晚诵以及每日计算练习等，而不是简单干预。对于家长的过度敦促和说教，三年级的孩子可能会产生反感，进而对学习产生厌倦，导致成绩下降。

一旦孩子没有养成自主学习的习惯和积极的学习态度，在以后的学习中，父母与孩子之间将展开漫长的拉锯战。这样的教育方式，不仅不能让孩子取得良好的学习成绩，还会破坏亲子关系。

原因三：三年级孩子的心理变化

小学生进入三年级后，生理和心理产生了变化，这些变化通常是悄然发生的，难以被家长和教师直观感觉到。

首先，三年级的孩子对各门学科产生了不一样的心理态度。有的孩子开始对某些科目产生偏好，例如喜欢语文、音乐，而讨厌数学、体育。这样的偏好可能是出于对这门学科本身的喜好，也有可能是因为对老师的喜爱，比如有的老师有爱心，有的老师很有趣，有的老师讲课生动等，都可能成为孩子偏爱某位老师的原因，这就会导致孩子在某门学科上投入时间更多，表现也更好。而进入三年级后，学科的难度增大，孩子可能会产生较大的畏难情绪。比如说，三年级开始写命题作文，字数也由几十个字提升到300字左右，这种畏难情绪会导致语文成绩下滑。数学上的综合运算题以及应用题，也让很多孩子对数学十分畏惧，从而在学业表现上不够理想。

其次，孩子的自我意识也在这个时期得到进一步发展。他们不再是简单地接受外界信息，而是开始形成自己的判断和态度。这一时期的孩子可能表现出不听话的情况，回到家之后，不如原先那般听话，有时甚至还和家长顶嘴，很多家长因此感到焦虑难安，认为孩子到了叛逆期。三年级出现这种现象很正常，这是因为孩子对自己的认知和判断能力有了信心，不再盲从于他人的意见。如果父母还是简单地采取敦促和说教的教育方法，孩子往往会将这种教育看作指责，因而从心理上产生抵触。虽然这是孩子个性发展的一部分，但如果处理不当，也可能导致孩子失去学习的信心和兴趣。

除此之外，三年级还是整个小学阶段的过渡期，孩子们既没有了最初上学时的新奇感，也没有高年级学生所承受的学业压力。这使得孩子们处于一个既不往前迈进，也不往后退缩的状态。尽管在成人眼中，这是一个重要的承上启下的时期，但在孩子心里，可能已经开始感受到学习的压力，并逐渐失去了学习热情。如果在这个过渡期内，孩子得不到适当的引导和帮助，就会加剧这种学习态度的恶化，甚至影响到后续学业的发展。

给三年级孩子父母的建议

以上，我从三年级各学科的特点、孩子的习惯养成和孩子的心理变化三个方面分析了孩子成绩下滑的原因，我们只有认识到了成绩下滑的根本原因，才能对症下药，有效帮助孩子跨过三年级这道坎。基于以上三点原因，我想给家里有三年级，或即将上三年级孩子的父母四点建议。

培养孩子的阅读习惯

俗话说："书到用时方恨少。"当我们需要使用书中的智慧时再去读书，为时已晚矣。三年级阅读难度的增加，应用题以及作文的出现，都需要有足够的阅读量来支撑，因此，一、二年级时，孩子一定要养成阅读的习惯。

一、二年级是培养孩子阅读习惯的关键时期。在这个阶段，孩子正在建立语文基础，培养阅读习惯对于日后语文成绩的提升有着长远的影响。一旦养成了阅读习惯，孩子的语文成绩将会持续进步，在初、高中阶段也能受益匪浅。

此外，阅读理解能力对于理解数学应用题也具有很大的作用。孩子只有具备较好的阅读理解能力，才能准确抓住重点、理解题意，从而有效地解题。如果不能理解题意，即使计算能力再强也无济于事。

但是，一、二年级孩子的识字量有限，理解能力尚未得到充分发展。当遇到生字或难以理解的内容时，孩子就会感到困扰，甚至失去对阅读的兴趣。这个时候，来自父母的引导非常重要。首先，父母可以与孩子一起阅读，通过亲子间的互动，让孩子更愿意参与阅读活动。渐渐地，再帮助孩子从亲子阅读过渡到自主阅读，帮助孩子养成独立阅读的好习惯。这需要父母创造阅读环境，选择孩子感兴趣的书籍，在阅读过程中解答孩子的问题、想方设法激发孩子的兴趣等，以确保孩子在阅读过程中感受到乐趣，从而更主动地投入阅读活动中。

如果在一、二年级时，孩子能养成好的阅读习惯，就能够从书本中找到乐趣、积累素材，这对于三年级的写作能起到积极作用。阅读能帮助孩子理解应用题和阅读题，有助于孩子应对学习上的挑战。在这个过程中，父母引导的作用至关重要。

培养孩子良好的学习习惯

前文说到，很多孩子进入三年级，开始变得不听话了，甚至会和父母顶嘴，这不仅是因为他们的自我意识得到进一步的发展，有了自己的想法和评判，还有一个原因就是父母还在一味地说教，以至于让孩子产生了抵触甚至厌学情绪。要解决这样的问题，一定要尽早帮助孩子养成良好的学习习惯。

当孩子刚进入小学时，家长就应该着手培养他们良好的学习习惯。学习习惯的养成是早期教育的重要一环，这对孩子整个学习生涯都会产生深远影响。而一、二年级被认为是塑造孩子学习态度和方法的黄金阶段。那么，我们需要培养孩子哪些学习习惯呢？在我看来，比较重要的习惯包括：预习复习的习惯、放学后先做作业的习惯、专注学习的习惯、练字的习惯、收拾学习用品的习惯等。这里我要强调的是，三年级时，学业难度有所增加，一定要让孩子提前预习，提前弄懂基本概念，将疑惑之处或者是重难点标注出来，在课堂上有针对性地去听讲，这将极大提高听课效率。如果孩子接受能力比较强，还可以在预习的基础上，进行延伸学习。这一系列具体的要求，明确了孩子学习的规范和目标，有助于建立孩子对学习的良好态度和积极行为。一旦孩子养成了这些良好的学习习惯，他们更有可能保持对学习的热情，也更容易取得好成绩。

因此，家长在孩子小学入学初期，就应注重学习习惯的培养，通过具体的要求和目标，为孩子建立明确的学习规范。这不仅对培养孩子的学习兴趣和积极性具有重要作用，同时也为孩子取得优异成绩提供了有力支持。

培养孩子时间规划的能力

父母要避免督促和说教三年级学生，一定要培养孩子自己规划时间的能力。

培养孩子的时间规划能力对于激发孩子主动学习具有重要的作用。时间规划是一项重要能力，它能够帮助孩子建立对时间的敏感性，从而更好地度过每一天。父母要引导孩子从小树立时间观念，让他们明白每天有多少时间可以支配，以及在不同时间段需要做什么，从而养成自主学习的习惯。

时间规划能力并非像专注力那样与生俱来，而是需要父母对孩子进行有意识的培养。这项能力需要尽早开始培养，在最初阶段，家长需要给孩子足够多的帮助，从短时时间和任务安排开始，逐步过渡到更长时间和更多任务的规划。这种渐进的培养方式，有助于孩子逐步适应自主学习的过程，同时避免过大压力导致的挫折感。

一旦孩子有了时间规划能力，并养成了独立学习的能力，家长就可以逐渐退出。很多专家建议不要陪孩子做作业，我觉得这是不妥的。在入学之初，孩子需要从无序状态进入学习的有序状态，在学习全新知识的过程中，他们也会面临各种各样的问题，这就需要父母向孩子提供引导和帮助。前期的陪伴就是为了以后的不陪伴，在陪伴的过程中，一定要培养好前面说的各种学习习惯和能力，包括这里说的时间规划能力。但是培养孩子的时间规划能力是一个逐步引导的过程，目的是使孩子逐步具备独立自主完成学习任务的能力。因此，在培养的过程中，家长要适度放手，让孩子逐渐承担更多的责任。

良好的时间规划能力对于孩子的学习具有积极作用，它不仅有助于提高学习的效率，还能够培养孩子积极自主的学习态度。所以，在一、二年级阶段，家长一定不要忽视对孩子时间规划能力的培养，要避免反复说教，毕竟，你烦，孩子更烦。

培养孩子的计算能力

计算是数学学科的基础，培养好这项能力是学习后续数学知识的基础。小学阶段所学的数学内容，主要围绕基本的加减乘除运算，基础计算能力对于理解和解决更复杂的数学问题至关重要。不仅在数学学科，其他诸如物理、化学等学科也需要计算，有些孩子物理和化学等学科不能取得高分，缺乏计算能力是很重要的原因。可见，较强的计算能力可以为后续理科学习提供支持，使孩子更容易理解和掌握更高层次的知识。

小学低年级是练习计算、提升计算能力的关键时期。因为在学习的过程中，无论是面对大题还是复杂的运算，最终都离不开基础的二十以内加减乘除的运算。一步算错就可能导致整道题目的失分。其实，这样的遗憾是可以避免的，那就是让孩子在小学低年级时，就集中精力夯实计算基础，确保在后续学习中有更强的应对能力，这也是避免高年级时数学成绩下滑的重要一步。与此同时，也要督促孩子弄清数学概念和公式，提升抽象思维能力，学会举一反三。

在这里，我还要特别提醒一下各位家长：口算不能停。口算是一个需要持续练习的技能，除了老师布置的口算题，每天还应该额外花费 10 分钟左右练习其他口算题。这种每日练习有助于巩固口算能力，确保孩子熟练掌握基础计算技巧。大家要知道，很多孩子在初中还会出现计算错误，而初中并没有那么多时间给孩子练习计算，所以要从低年级开始，将每日一页的口算训练作为家庭日课内容。

在练习口算时，家长要向孩子明确两个目标：提高计算速度和准确度。不过，孩子刚开始练习时，要以提高准确率为主。随着训练时间的增加，再逐步提升计算速度，并最终达到算得又快又准的目标。这种渐进式的训练方式，有助于孩子逐步提高技能水平，避免因过早强调速度而忽视准确度。如果孩子口算错误率高，那就先训练笔算，因为口算主要培养的是速度，而笔算可以保证准确率。

如果能够坚持计算训练，就可以避免孩子在考试时出现因粗心算错，或者会的题没时间做的情况，从根本上提高孩子的数学成绩。可见，计算训练不仅对日常学习有帮助，更能在考试时发挥积极作用，确保孩子能够更好地应对各类数学考验。

不可否认，三年级是一道坎。学习内容的增多、难度的增大，为孩子设置了一个个需要跨越的障碍。父母如果没有培养孩子良好的学习习惯，代之以频繁说教和指责，孩子很可能会反感并产生抵触情绪，从而导致孩子成绩的下滑。因此，一定要在小学初期，就培养好孩子阅读、预习、复习的习惯，并注意提升孩子的计算能力和时间规划能力，帮助他们实现自主学习，这样才能更好地帮助孩子度过这个过渡期，避免"三年级现象"。

小学英语学习，如何规划才能轻松入门和进阶？

老师好！在我们这里，孩子直到三年级才有英语课。孩子在幼儿园中班时开始接受英语启蒙，一开始学习了海尼曼橙盒100本左右，后来学牛津树到了五级，再直接刷到了RAZ的D级，今年暑假，孩子学了自然拼读和音标，但不太熟练，目前在学《新概念英语》第一册，学了十几课了，基本都能背下来。目前，我计划让他两年内学习两遍，第一遍背诵，第二遍开始读写和做题。四年级开始学《新概念英语》第二册，预计小学毕业前可以学完。现在同步在学KEYword，已经学到了第7本（主要是读和口头翻译）。海北老师，我这样规划孩子的英语学习可以吗？

——家长留言

在小学阶段，英语学习是学生全面培养语言能力的关键一环。一个明晰而科学的学习规划，对于小学生的英语学业发展至关重要。这不仅有助于确保学生取得好成绩，还能激发他们对英语的浓厚兴趣，为未来更深入的语言学习打下坚实基础。针对这个家长的留言，我将详细论述如何有效规划小学阶段的英语学习。

小学阶段的英语学习分为两个阶段：**基础阶段和拓展阶段**。基础阶段重点夯实一至三年级的英语基础知识，从知识积累和情感培养上，打好孩子学习英语的基础。拓展阶段重在培养孩子听、说、读、写能力，拓展孩子的阅读面，提升阅读理解能力，提高英语写作和口头表达能力。接下来，我将从这两个方面展开更详细的论述。

基础阶段

首先，对于一至三年级的小学生而言，词汇积累是英语学习的基础。在这个阶段，学生需要掌握一系列基础词汇，涵盖日常生活中的常见名词、动词、形容词等。使用生动有趣的图片、卡片和游戏，可以激发他们对英语学习的兴趣，使他们在轻松愉快的氛围中掌握这些词汇。在这个过程中，我们一定要注意，要以听、说为先，读、写靠后。例如，与图片相关联的游戏，可以使学习过程变得生动有趣，从而帮助学生较为轻松地记住单词。在这里，我为大家介绍十本图文并茂的英语绘本，阅读这些绘本，孩子能够掌握英语学习的基础词汇。

1. *Brown Bear, Brown Bear, What Do You See?*, by Bill Martin Jr. and Eric Carle：

这是一本经典绘本，通过色彩鲜明的插图，帮助孩子学习颜色和动物名称。

2. *The Very Hungry Caterpillar*, by Eric Carle：

这是由 Eric Carle 所创作的经典之作，通过描述一只饥饿毛毛虫的成长历程，让孩子学到日期、食物和形状等基础词汇。

3. *Where the Wild Things Are*, by Maurice Bernard Sendak：

这本书以其奇幻情节和生动插图而闻名，可以帮助孩子学习一些有关情感和动作的基础词汇。

4. *Goodnight Moon*, by Margaret Wise Brown：

这是一本适合晚间阅读的绘本，通过描绘卧室里的各种物品，帮助孩子学习基础的家居用品词汇。

5. *Chicka Chicka Boom Boom*, by Bill Martin Jr. and John Archambault:

这本书通过字母的冒险故事，让孩子熟悉字母表，是学习字母相关内容的好选择。

6. *If You Give a Mouse a Cookie*, by Laura Numeroff:

这是一系列故事的开篇，由一只小老鼠的请求，引发了一系列事件，孩子可以从中学习与日常活动相关的基础词汇。

7. *Go, Dog. Go!*, by P.D. Eastman:

这本书以简单的语言和生动的插图，呈现了狗狗们的快乐生活，适合学习颜色、方向和基本动作词汇。

8. *The Snowy Day*, by Ezra Jack Keats:

这是一本关于雪地冒险的绘本，孩子可以学到与天气、季节相关的基础词汇。

9. *The Cat in the Hat*, by Dr. Seuss:

Dr. Seuss 的书总是充满了创意和幽默，这本书通过一只戴帽猫的故事，帮助孩子学习一些简单而有趣的词汇。

10. *Ten Apples Up On Top!*, by Dr. Seuss:

这是 Dr. Seuss 的另一本经典之作，通过描述动物们在头上堆叠苹果的故事，帮助孩子学习数字、水果和基本动作词汇。

这些绘本通过引人入胜的故事情节和生动的插图，为孩子提供了一个个有趣的学习场景，帮助他们轻松愉快地掌握基础词汇。

为了提高英语学习的趣味性，国内很多教育者和出版者也都开始关注原版英文绘本，以期向学生提供更纯正的文化背景学习材料和语言体验。其中，广为家长们青睐的是 RAZ、牛津树、海尼曼和红火箭等。

这几套英文绘本略有不同，我为大家简单介绍一下。

RAZ Kids 是一个在线英语学习平台，提供丰富的英语绘本资源。该平台按照学生的阅读水平提供不同难度的绘本，帮助学生逐步提高阅读能力。绘本涵盖了各种主题，适合不同年龄段的学生。它的主要特点是：个性化学习，有声读物，交互式学习。

牛津树系列（Oxford Reading Tree）是一套经典的英语阅读教材，旨在帮助学生培养英语阅读习惯。该系列按照学生的阅读水平划分为不同的阶段，从简单的图书到更复杂的故事，逐步引导学生提高阅读能力。它的主要特点是：渐进性、多样性的主题，适合学龄前至小学的学生。

海尼曼系列（Heinemann English Readers）是一套适合英语学习者的分级读物，涵盖了多个阅读水平。这套书将引人入胜的故事情节和适当难度的语言相结合，旨在提高学生的英语阅读水平。它的主要特点是：分级阅读，适合学生分层学习。

红火箭系列（Red Rocket Readers）是一套来自新西兰的英语分级读物，适用于不同年龄段和阅读水平的学生。这个系列的特色在于注重情节和角色，通过各种题材激发学生对阅读的兴趣。它的主要特点是：多样的题材、丰富的插图，适合多个年龄段的学生。

这些英语绘本系列在国内的小学英语教育中得到了广泛应用。它们通过有趣的故事、分级难度设计和丰富的语言内容，帮助学生逐步提高英语阅读水平，培养对英语的兴趣。选择适合孩子年龄和阅读水平的绘本系列，可以有效激发他们对英语学习的积极性。

但是，带着孩子学习英文分级读物，不仅需要家长投入大量金钱购买原版读物，还需要父母花费时间陪伴孩子共同阅读。如果做不到金钱和时间的投入，即使用的是原版读物，效果也不会很理想。同时，原版绘本阅读还需要父母也有一定的英语读写能力，在父母的循循善诱中，引导孩子发掘英语阅读的乐趣。因此，在为孩子选择英文原版读物之前，建议家长们一定要综合衡量自己的时间和经济情况，以免得不偿失。

其次，对于基本语法规则的理解，是小学一至三年级学生英语学习的另一个重要方面。在这个阶段，学生逐渐了解和掌握了简单的语法规则，如主谓一致、基本的动词时态等。教师可以通过故事、歌曲和角色扮演等方式，使学生在轻松的情境中理解这些规则。通过生动有趣的教学方法，学生更容易理解和运用这些基本的语法规则，为今后学习更复杂的语法知识打下坚实基础。

读原版分级读物的孩子，在理解基本语法规则时有较大的优势，主要体现在：

第一，通过阅读这些读物，孩子们能够通过上下文直观体会语法规则的应用。阅读不同难度的文本、材料可以让他们接触和理解更复杂的语法结构。

第二，原版英文读物呈现了自然、地道的语言应用，使孩子们能够在真实语境中学习语法。与独立的语法练习相比，读取故事或情境中的语法规则更容易被学生接受，因为它们更具实际应用性。

第三，分级读物往往涉及丰富的故事情节和多样的语言表达，使语法规则能够在具体情境中得以呈现，这将有助于提高孩子们对语法规则的记忆和理解。

第四，分级读物通常包括插图、对话和描述性语言，提供了多种感知途径，符合不同学生的学习方式，这种多元化学习能加深学生对语法规则的印象。

第五，通过阅读原版英文读物，孩子们能够更好地感受英语的韵律、语调和语法结构，这种语感的培养有助于他们自如运用语法规则，而不仅仅是死记硬背。

由此可见，这也是原版英文绘本在国内流行的重要原因。但是，如果家长没有足够的经济实力，也无法和孩子一起阅读原版读物，还有平替的英语读物可以选择吗？

我推荐学习《新概念英语》系列，这同样也是提问妈妈的安排。在学《新概念英语》的时候一定要注意，由于该读物缺乏趣味性，容易导致孩子对其缺乏兴趣，这就需要父母或者老师辅助以较好的教学手段，用更有趣的工具或活动让孩子产生兴趣。

《新概念英语》第一册的课文分单双数课程，单数课主要是课文，在语境中学习词汇和语法，而双数课则专门分析句型和语法，让孩子反复操练并内化为语感。在教学过程中，一定要让孩子反复体会语法在语境中的使用，再进行大量的情景操练，切莫操之过急，削弱孩子的学习积极性。

值得注意的是，《新概念英语》并不适合零基础的学生，因此，在学《新概念英语》之前，一定要有一定的英语启蒙，将孩子的词汇积累到1000个左右，再给孩子安排音标或自然拼读的学习，这有助于孩子见词能读，以及更快更好地背单词。总体来说，这位留言家长的安排还是比较合理的，切记，在学习过程中，要以保持孩子的兴趣为先，千万不要操之过急，避免孩子产生厌学情绪。

最后，小学一至三年级的孩子需要锻炼简单的交流能力，这包括基本的听、说、读、写能力，使孩子能够在简单的情境中进行英语交流。父母或老师可以通过日常对话、交际活动和角色扮演等方式，培养孩子的实际语言运用能力。通过模拟真实场景，孩子可以在轻松的情境中练习和运用所学的语言技能，从而更自信地进行英语表达。

小学一至三年级，孩子正处于语言习得的关键时期，培养基本的听、说、读、写能力是孩子建立语言基础的重要一步。通过听力活动，孩子可以熟悉英语语音、音调和常用词汇；说话练习有助于他们顺畅表达个人思想；而阅读和写作则是提高词汇量和理解语法的有效手段。

为了帮助孩子将所学的语言技能应用到实际情境中，父母或老师可以设计简单而真实的情境，比如让孩子在日常生活中进行基本的英语交流。这种情境化的学习有助于学生更好地理解和运用所学的语言，使学习过程更具实用性。由于我们没有英语交际的环境，所以父母或老师在培养孩子交流技能方面扮演着关键的角色。通过设置启发性的话题、引导孩子进行交际活动和鼓励角色扮演，家长或老师能够创造一个积极的学习环境。教育者的示范和引导不仅有助于孩子更好地理解语言，还能激发他们的兴趣，提高学习的主动性。

我再强调一下，**在没有英语交际环境的前提下，角色扮演是培养孩子实际语言运用能力的有效手段。**通过模拟真实场景，孩子可以在轻松的情境中练习和运用所学的语言技能。例如，通过模拟在商店购物、在医院预约医生等场景，孩子能够更好地理解和运用相关词汇和表达方式，这种实际应用有助于孩子更自信地进行英语表达。

总而言之，在小学一至三年级这个基础阶段，采用轻松有趣的学习方式对于培养孩子对英语的兴趣至关重要。通过营造积极、愉快的学习氛围，孩子能够更主动地参与到英语学习中，从而为将来的英语学习打好基础，他们也会对英语学科充满积极的期待。在这个过程中，教育者的角色是激发孩子的学习兴趣，引导他们在愉悦中获取知识，促使英语学习成为一种有趣而深刻的体验。

拓展阶段

在四年级至六年级这一阶段，孩子不仅需要巩固基本的听说练习，更要进一步拓展。我将从阅读材料、阅读理解、词汇量、英语写作和口语表达五个方面分别进行论述。

前面这位留言的家长对小学英语学习两个阶段的把握基本上是准确的。在拓展阶段，除了坚持听英语之外，还应该引入大量的阅读材料。他在孩子四年级时安排《新概念英语》第二册，就应试来说是一个很不错的选择。因为这本书提供了单篇阅读文本，不再是对话，故事性会更强，并且将语法知识融入课文中，让孩子在语境中理解语法的使用，而不是将语法单列出来进行学习，这增加了学习的趣味性，也符合孩子的认知方式。不过第二册课文的人工痕迹比较明显，毕竟要将语法点融入课文，还要进行不断地复现，以达到不断温习知识点的目的。为了弥补这一缺陷，我们可以补充其他的阅读材料。

随着孩子语言能力的提升，引入更多种类和更高难度的阅读材料是非常必要的。可以选择文学作品、科普文章、历史故事，来满足不同兴趣和水平的孩子。这有助于他们接触到更为复杂和多样化的语言结构，提高他们的文学素养和综合语言能力。上文提到的英文分级读物（RAZ、牛津树、海尼曼和红火箭等）就是很好的选择。它们包括丰富的题材，为不同阶段、拥有不同兴趣的孩子提供了丰富的阅读材料，在培养孩子兴趣的同时，还让他们接触到更复杂和多样的语言结构，极大地提升了孩子的语言能力。除了以上提到的英语读物，我再为大家介绍一些孩子们喜欢的英语读物，供大家参考。

1. Magic Tree House 系列，by Mary Pope Osborne：

这个系列结合了历史、文学和冒险，讲述主人公在神奇的树屋中穿越时空的故事，适合培养孩子的阅读兴趣，拓展孩子的知识面。

2. Diary of a Wimpy Kid 系列，by Jeff Kinney：

这个系列以一名小学生的日记形式呈现，描绘了他的日常生活、经历和冒险，深受学生们的喜爱，有助于培养阅读的兴趣。

3. Roald Dahl 的图书，如 *Charlie and the Chocolate Factory*（《查理和巧克力工厂》）：

Roald Dahl 的作品以奇幻和幽默见长，适合年龄稍大的小学生，提供了富有创意和想象力的阅读体验。

4. Harry Potter 系列，by J.K. Rowling：

对于语言水平较高的学生，Harry Potter 系列提供了一个叙述复杂故事情节的机会，同时也能激发孩子对奇幻文学的兴趣。这个系列对于提高词汇量和理解复杂故事情节非常有帮助。

5. *Charlotte's Web*, by E.B. White：

这是一本温暖感人的经典小说，有助于提高学生的阅读理解和情感表达能力。

6. The Boxcar Children 系列，by Gertrude Chandler Warner：

这是一个关于四个孩子的系列故事，他们在一个废弃的货车里建立了自己的家。这个系列适合小学四年级的学生，内容轻松有趣。

7. *The Phantom Tollbooth*, by Norton Juster:

这是一本以文字游戏和幽默见长的奇幻小说，讲述了一名男孩在一座神秘城市中经历的冒险，适合拓展学生的词汇和思维。

8. *Anne of Green Gables*, by L. M. Montgomery:

这是一部经典的儿童文学作品，以红头发女孩 Anne 为主角，讲述了她在绿谷的生活，有助于提高学生的阅读理解能力和文学素养。

9. *"The Chronicles of Narnia" series*, by C.S. Lewis:

这个系列是一组经典的奇幻小说，讲述了一群孩子在一个神奇的世界中的冒险，有助于提高学生的阅读水平和想象力。

10. *Holes*, by Louis Sachar:

这是一本结构独特的小说，讲述了一个男孩在一个拘留所中挖掘洞穴的故事。这本书叙述了多条时间线，有助于培养学生的阅读能力和推理能力。

11. *Percy Jackson & the Olympians* 系列, by Rick Riordan:

这个系列以希腊神话为背景，讲述了普通男孩 Percy Jackson 在发现自己是希腊神的后裔后的冒险故事，适合培养学生对古典文学的兴趣。

这些图书不仅能为小学生提供有趣的阅读体验，还能够帮助他们提高英语水平、拓展词汇，以及培养阅读理解和批判性思维能力。但是，以上推荐的英语读物只是冰山一角，市面上还有许多其他优秀的英语读物，可根据孩子的兴趣和阅读水平进行选择。此外，随着孩子的成长，也可以引导他们逐渐挑战一些文学经典，如 *The Little Prince*（《小王子》）等。在这里，我建议留言家长让孩子在学《新概念英语》第二册时，同步阅读这些英语读物。

阅读理解是学生综合语言能力的一个关键方面。无论是中考还是高考，英语阅读理解都占据了相当大的比重。阅读理解能力的提升不是一蹴而就的，需要在平时的学习中引导孩子层层递进，通过有针对性的阅读理解练习，培养孩子对文章结构、主旨和细节的理解能力。这种练习不仅能提高孩子对语篇的敏感性，也有助于他们更深入地理解语言使用的逻辑。在英语读物的阅读过程中，要很好地引导孩子，这就要求家长具有较高的英语水平。比如如何设置问题，让孩子把握文章结构，获得文章的主旨，并对细节充分地理解，这对于很多家长来说是非常具有挑战性的工作。

如果您不能充当孩子英语学习路上的灯塔，那也不必过于担心，交给专业的老师或机构就可以了。对于大部分参加国内升学考试的孩子而言，《新概念英语》第二册就能很好地满足初中英语学习的需求。再者，《新概念英语》引进国内 30 多年，对它的研究已经是数不胜数，市面上可以获得的课程以及能够买到的资料也很多，因此，家长朋友们，您大可不必"眼馋"别人家的孩子读了多少原版英文绘本，适合自己孩子的才是最好的。

正如我之前所说，英语读物不仅为孩子提供了多样的题材和丰富的故事，还让孩子有机会接触更多英语词汇和更为复杂的语言结构。如果孩子遇到未知的词汇或表达方式，一定要做好复习工作，确保孩子接触这些语言现象的频率，以便能够吸收内化它们。

在阅读之后，也要引导孩子有一定量的英文产出：写英语和说英语。口头说和书面写中，以口头表达为先。基于英文文本，通过问答的方式，向孩子不断地询问问题，这不仅是在引导孩子理解文本，还能锻炼孩子的英语表达能力。

在读完文本后，可以引导孩子评论各个角色，问一问他为什么喜欢或不喜欢某个角色。让孩子充分发挥想象，尝试改变故事结尾，给故事另外一个走向，这也是很有趣的引导方式。重新编写一个故事结尾，也是高考写作题的一种形式，在培养综合能力的同时，还培养了应试能力，好处多多。

除此之外，口头复述故事或者概括故事，也是行之有效的锻炼手段，可以让孩子更好地理解故事情节，并以读促说。除了用口头形式概括故事，还可以让孩子写出故事梗概。

总的说来，四年级至六年级是学生英语综合运用能力发展的关键时期，全面培养听说读写能力为学生提供了更自如地运用语言的机会，为未来更高级的学习和交流奠定了坚实而全面的基础。

　　小学阶段的英语学习，是培养孩子综合语言能力的重要一环。但是，小学六年的培养模式不尽相同。一到三年级更强调夯实孩子的基础，听、说为先，读、写靠后，通过轻松有趣的学习方式培养孩子对英语学科的兴趣和热爱。而四到六年级则进入语言学习的拓展阶段，这个阶段应当为孩子提供更多的阅读材料，让孩子接触更多语言现象，在反复熏习的过程中内化语言，并以读促说、促写。只要把握了这些原则，我相信孩子的英语学习不仅愉快，还会有一个良好的结果，且能为今后的英语学习奠定坚实的知识和情感基础。

谨慎补课：找准学习窍门，
比上补习班强十倍

> 我家孩子今年上小学三年级，这次期中考试成绩不理想。周末的功课安排通常是这样的：周六早上8：00到10：00打篮球，11：30到12：30练钢琴，周日早上六点多起来坐地铁去学习大语文、奥数、英语、书法，晚上6：30下课坐地铁回家。现在我感觉课外的培训有点多，孩子疲于应付课后作业，但不知该如何取舍。
>
> ——家长留言

现在，社会上提倡"双减"，但很多家长还是"削尖脑袋"想办法补课。我发现，家长很喜欢给孩子报补习班。有些家长因为太忙，不能亲自辅导孩子功课，或自身能力有限，对孩子的功课爱莫能助，所以将孩子送进补习班；有的家长受身边朋友或其他家长的影响，看到别人都在给孩子补课，因此跟风为孩子报了各种补习班；还有些家长关注了很多博主，听说要让孩子学大语文、学奥数、学新概念、学英语原版教材等，为了让孩子赢在起跑线，将孩子可以利用的课外时间都用来上辅导班。

这位留言家长为孩子报了六个辅导班，从学科学习，到兴趣培养，再到修身养性，给孩子报了个遍。这样的安排让周末时间被占去了一大半，而剩下的时间还得完成学校作业。我估计，这个孩子的周末已经完全没有休息和放松的时间，更别说预习、复习以及查漏补缺。

考试结果出来，家长着急了：为什么花了这么大力气，孩子的成绩还是不好？是因为孩子天赋不高，还是孩子学习不认真？

看到这位家长的留言，我第一时间想到了一句话：只学习不玩耍，聪明孩子要变傻。

我们回想一下，自己三年级的时候在干什么。那个时候的我们估计还在地上打滚，漫山遍野奔跑，下河游泳抓鱼，爬树掏鸟窝等，这些都是童年的乐趣。而现在很多孩子要么是在做作业，要么是在上补习班，剩余时间就是在去补习班的路上，想想都觉得心痛。

然而，补习班真的是万能的吗？我们来看一项覆盖了全国5000名学生的调查，报告指出，有接近60%的学生在补课之后并没有因为补课而成绩上升，主要有以下三方面的原因。

补课无效的原因

第一，盲目补课使孩子没有足够时间来消化吸收课内的基础知识

研究发现，高达80%的学习问题缘于基础知识不够扎实。这一发现揭示了一个关键事实，那就是回顾和强化基础知识，可能比让孩子过早学习更高阶的学科内容更为重要。

盲目的补课容易导致孩子在追求更高层次知识的同时，对基础概念了解不够透彻。没有扎实的基础，孩子在面对复杂的学科内容时，就容易感到困惑和无法应对。为什么说学校是学习的主阵地，原因正在于此。有两类孩子确实适合在校外学习：一类是基础差、在学校听不懂的孩子；另一类是成绩优异、学有余力的孩子。但现在网络上本身就有很多优质的学习资源，根本不用耗费精力、耗费钱财去补习。对于中等生来说，更需要养成良好的学习习惯，掌握良好的学习方法，补课对他们来说作用并不大。留言家长描述的孩子情况，就是花了太多时间在校外培训上，而课内的知识并没有很好地消化和吸收。

第二，孩子没有养成良好的学习习惯，也没有掌握有效的学习方法

在小学阶段，学科知识的量相对较少，占据小初高总知识量的比例仅为3%。因此，孩子在这个时期并不需要过于追求大量知识，而是应该将焦点放在培养良好的学习习惯和掌握有效的学习方法上。

学习习惯是学科知识学习的基础。良好的学习习惯包括有计划地学习、科学作息、高效复习等。这些习惯的养成有助于培养孩子的自律性和学习主动性，为未来更为复杂的学科学习奠定坚实基础。

其中，掌握有效的学习方法是提高学习效率的关键。通过掌握有效的学习方法，孩子能够更加高效地吸收知识。这包括学会制订学习计划、掌握记忆技巧、善于总结归纳等。有效的学习方法不仅能够提高学科学习的效果，还有助于激发孩子对学习的兴趣。

这位家长为孩子排满了补习班，每个补习班都给孩子留了作业，孩子天天忙于完成校内校外的作业，哪里还有时间预习、复习、查漏补缺？哪里还有时间大量阅读？哪里还有时间培养兴趣？相信这就是孩子成绩下降的主要原因。

第三，补习班教授的内容与学校不同步，并没有起到相互促进的作用，反而加剧了两者之间的脱节

这种情况下，孩子在学校学到的知识，在补习班中并未得到巩固，从而造成了学科知识的庞杂和不成体系。

这位家长选择了一系列具有挑战性的课程，包括大语文、奥数和新概念英语等，这些课程本身都是独立而有深度的内容，需要较长时间的投入和学习。将这些课程同时安排在孩子的学习计划中，给了孩子过大的学习压力。这可能适用于学有余力、能力很强的孩子，但对于一般学生来说，如此密集的课程安排会导致学业负担过重，他们根本无法适应，最终影响到学业表现。

最重要的是，补习班应该根据孩子的实际学科水平和兴趣来选择，而不是盲目地将高难度的课程一股脑地压给孩子。教育的目标应该是培养孩子全面发展，而不仅仅是追求分数。因此，家长需要更加理性地对待孩子的学习，选择合适的课程，并兼顾孩子的兴趣和学科特长，以促使其发掘真正适合自己的学科领域。

第四，孩子的学习态度不端正

这个孩子每天奔波在上下学路上，还要完成大量的作业，几乎没有机会

参与自己喜欢的活动，或者单纯地放松身心。这种缺乏自主支配时间的生活方式，可能会导致孩子对学习失去兴趣，他无法在疲劳的状态下保持专注力和学习动力。因此，孩子对学习产生疲惫态度的原因，可能不仅是学习内容的复杂性，还包括缺乏自由支配时间带来的压力。

家长在为孩子规划学业时，应该更加关注孩子的身心健康，保障他们有足够的休息和娱乐时间。合理的学业安排应该既考虑学科知识的深度，也注重孩子的全面发展和兴趣培养。只有在一个相对轻松的学习环境中，孩子才能更好地保持学习的积极性和热情。因此，家长们需要平衡好校内、校外的学业安排，让孩子在学习和生活中都能够获得良好的体验。

其实，孩子成绩的好坏，最关键的还在于培养孩子良好的学习习惯，让孩子充分利用好上课时间，争取在课堂上就把知识点学透，这与孩子上多少个补习班并没有直接关系。

培养三个习惯

所以，家长不要盲目地给孩子报补习班，而是要在家里培养孩子三个习惯，这比上补习班强上十倍。

培养课前预习的习惯

在孩子的学习过程中，预习被认为是一种至关重要的学习方式。在课前进行充分的准备工作，不仅能够帮助孩子更好地理解新课中的难点，引发对知识的好奇心，而且能够使孩子在课堂上更加专注。这种准备工作包括初步了解即将学习的内容，掌握基本概念，对不懂之处提出疑问。如果孩子带着问题进入课堂，那么当老师讲到相关知识点时，孩子会更加关注，因为他们已经有了一定的预备知识。这种主动的学习态度不仅能够提高听课效率，而且有助于培养孩子对学习的兴趣和积极性。

那么如何进行预习呢？预习的时候都要注意些什么呢？

首先，鼓励孩子通读课本，以全面了解即将学习的内容。在这个过程中，孩子可以一边读一边消化，着重理解大致内容，并明确课程的重点。这有助于孩子在课堂上更有针对性地聚焦于老师的讲解。

其次，在预习的过程中，引导孩子学会利用相关工具书，解决对学习内容不清楚和不明白的地方。推荐家长给孩子准备一套教材全解，它的讲解非常细致和全面，甚至比老师讲得更全面。有了这套工具书，仿佛将老师请进了家。这有利于培养孩子主动获取知识的能力，使他们在课堂上更加自信和积极。

当孩子在预习过程中遇到不明白的问题时，鼓励他们提前对这些问题提出自己的看法。孩子可以将这些问题及想法写在书上，在课上重点去听老师对这部分内容的分析和讲解，这种主动思考的方式有助于培养孩子的批判性思维和问题解决能力。然后，将自己的理解与老师的讲解加以对照，找到自己思考的不足和局限性，这不仅能促使孩子更深入地理解知识点，还能培养孩子的思维能力。

当孩子完成对新知识的预习后，不能仅仅停留于此，可以再往前走一步：引导他们回顾这一单元或章节的学习内容，主动思考知识之间的内在联系。这有助于形成对知识体系的整体认知，提高对学科的整体理解。

最后，如果时间允许，可以在预习结束后对孩子进行一些检测。如果家长不知道准备什么检测资料，可以购买类似课前预习清单这种资料，或者是让孩子提前完成练习册上的作业。如果孩子有不懂的地方，就在问题处做好标记，这便是课上重点要听老师讲解的地方。这种检测不仅可以巩固已学知识，还能够为下一次预习提供反馈，促使孩子更有目的性地进行学习。执行好这一系列步骤，有利于孩子主动学习意识的培养和学习效果的提高。

培养高效听课的习惯

要评估学生学习效果的好坏，关键并不在于学生在学习上花费了多少时间，而在于这些时间是否被有效利用，学生是否有足够的专注力。以每节课45分钟的课堂时间为例，学生是否能充分利用课堂时间，对学习效果有着显著影响。此外，学生在课堂上不仅仅是为了获取知识，还要学习老师传授的思维方法，培养分析和解决问题的能力。因此，如何利用好45分钟的课堂时间，确实值得家长和孩子深思。

在这里，我为大家介绍一个高效听课的方法——"五到听课法"，很多有经验的老师都用这个听课方法来要求孩子，家长朋友们不妨也让孩子尝试一下，说不定会有意外收获。

"五到听课法"是一种全方位的听课方法，须动用耳、眼、口、手、脑等多个感觉器官和身体部位，旨在提升听课效率。这种方法要求听课者在整个课堂学习过程中全神贯注，随机应变，根据具体的情境和老师的要求，调整听课策略。该方法以其高效性在提高学生听课质量方面具有显著效果。

首先是"耳到"，即认真倾听老师讲解的内容以及同学们的发言。这要求学生在课堂上保持专注，确保不错过任何重要信息。耳到的实施需要学生养成仔细倾听的好习惯，不漏听、不错听，确保对老师的教导有清晰的理解，很多孩子做不到这一点。不少家长抱怨孩子上课要么好动，要么走神，要么全程在记笔记，根本不能很好地聆听老师的讲解，把握不住重点，这样的听课是十分低效的。

其次是"眼到"，意味着学生要随时关注教材、老师的板书、课件PPT等。通过视觉的感知，学生能够更全面地理解课堂内容，将听到的信息与视觉图像结合，提高信息的吸收和记忆效果。

"口到"是指学生要积极发言、提出问题，也敢于回答老师的提问。有什么疑问，或是没有搞懂的地方，孩子要勇于提问，尽量在课堂上解决问题。通过口头表达，学生能够更深入地理解和巩固所学知识，同时也能提升表达能力和自信心。

"手到"要求学生做好笔记，将重要的知识点和不理解的地方记录下来。通过书写，学生可以通过视觉和动作相结合，更好地巩固学过的内容，形成自己的学习资料。做笔记切莫从头记到尾，这样会瞻前顾后，不能专心听老师讲解。在预习的时候，要将疑难问题标注出来，在课上重点去听自己不懂的地方，笔记要记重点，而不是眉毛胡子一把抓。

最后，"脑到"强调学生在听课时要动脑筋，多思考为什么。这种主动思考的过程有助于加深对知识的理解，培养独立思考能力不仅仅是被动接收信息，更要学会思考信息背后的原因和逻辑。

总的来说，"五到听课法"通过多感官的参与和多个身体部位的协同活动，提高了学生对课堂内容的感知和理解能力。这种方法的运用使学生不仅仅是被动听课，更是进行一种全面参与式学习，使学生在课堂中更为积极主动，更好地掌握所学知识。通过培养这种高效的听课习惯，学生将更好地适应各类课程，提升学业水平。

培养课后复习的习惯

养成高效的学习习惯是孩子取得优异成绩的关键。在学习的整个过程中，前期的预习和认真听课是确保理解和记忆的基础，然而，由于遗忘是一种自然规律，课后的复习成为对抗遗忘的重要一环。因此，为了进一步巩固当天所学的知识，培养有计划性的复习习惯，显得尤为重要。

在复习的时候要注意些什么问题？怎样才是高效的复习呢？把以下四个方面做好了，孩子的复习会更加高效。

1. 课后及时复习。

遗忘是心理学中一个被广泛接受的观点，即新学习的知识在一开始容易被遗忘，但随着时间的推移，遗忘的速度逐渐减缓。这就是为什么及时复习对于学习十分重要。通过"趁热打铁"，学到新知识后立即进行巩固，可以更有效地对抗遗忘，保持对知识的持久记忆。

首先，及时复习有助于强化记忆。当我们刚刚学到新知识时，这些信息存储在短时记忆中，容易被遗忘。通过及时复习，我们可以不断地刷新这些记忆，使其得到强化，从而更好地转移到长期记忆中，减缓遗忘的速度。

其次，及时复习有助于厘清知识脉络。新学到的知识常常是零散的，需要通过复习将其整合成一个完整的知识体系。通过在学习过程中及时复习，我们可以更好地厘清知识间的关联和逻辑，形成更为牢固的知识结构，提高对学科的整体理解水平。

此外，及时复习还可以帮助我们发现学习中的薄弱环节。在学习的过程中，可能会遇到难以理解或记忆的部分，而及时复习可以帮助我们及早发现这些问题，并采取相应的补救措施，向老师请教或查阅相关资料，从而加深对这些知识点的理解，提高学科素养。

可见，及时复习是学习过程中不可忽视的环节，可以很好地应对遗忘规律，巩固记忆，提高学习效果。这种学习策略不仅适用于学生，也对其他追求知识深度和长久记忆的人具有指导意义。

2. 短时间高频复习。

经常复习所学内容也是一种记忆强化手段。这种学习策略更注重在接下来的学习过程中，通过不断的复习来不断巩固记忆，使知识更牢固地存储在长期记忆中。

首先，培养孩子每天巩固知识的习惯。要注意，复习的次数要先密后疏，这才符合遗忘曲线的规律。遗忘曲线表明，刚刚学过的知识在一开始遗忘得较快较多，因此复习的次数在最初阶段应相对较密集。比如上完课后快速梳理和复习，在做作业前再进行复习，以便基本掌握当天所学知识。在做作业过程中遇到不会的题，代表这就是孩子没有听懂的地方，需要及时解决。睡觉前，孩子可以再次回忆当天学的知识。研究表明，**睡觉前记忆的知识，在熟睡后大脑还会对其进行加工，第二天早上起来及时复习，记忆的效果将会非常明显，家长朋友们不妨让孩子试一下。**

其次，复习的间隔时间可以逐渐延长，这是因为随着记忆的巩固，遗忘速度会减缓。这样的学习策略有助于学生更好地利用有限的学习时间，避免死记硬背，通过多次复习，逐渐形成对知识的深层理解，提高知识的应用能力。

总而言之，经常性复习是一种系统性、科学性的学习方法。它强调在学习过程中形成定期、有计划的复习安排，以应对遗忘规律，巩固知识，使学生在长期内保持对所学知识的深刻记忆。

3. 每日固定时间复习固定内容。

固定时间内复习固定内容是一种有目的性和计划性的学习方法，通过合理分配复习时间和科目，更好地发挥个体在不同时间段的学习特长，从而提高学习效果。

早上和晚上是认知和记忆能力相对较强的时段，在这两个时间段内，人的大脑通常更为清醒，思维更为敏捷，记忆力也相对较强。因此，选择在这两个时间段复习英语、语文、政治、历史等需要较强记忆力和理解力的学科，可以更好地利用好认知优势，加深对知识的掌握程度。

下午是演算和抽象思维能力较强的时段，大多数人在这段时间适合进行一些需要逻辑思维的数理化等科目的复习。数学、物理、化学等学科通常需要进行演算和分析，下午较强的抽象思维能力有助于学生更深入地理解和应用这些知识。

此外，**固定时间内复习固定内容还有助于培养学习的规律性和计划性。**通过在每天固定的时间段进行不同学科的复习，可以形成一种学习习惯，使学生更容易进入学习状态，提高学习的效率。同时，合理规划每个时间段的学科内容，确保在短时间内集中注意力，有助于提高学习的深度和专注度。

4. 做好长期系统性复习。

系统性复习是一种科学而高效的学习方法，它强调在不同时间尺度上的复习计划，以巩固知识、强化记忆、提高理解为目的。通过定期的系统性复习，学生能够更好地厘清所学知识的脉络，形成完整的学科体系，提高对知识的整体把握能力。

定期复习的时间尺度可以是一个星期、一个月或学完一个单元。这样的灵活安排有助于适应不同学科的学习特点和难易程度。在一个星期的时间内，学生可以对短期内学习的知识进行回顾，强化记忆，防止遗忘。一个月的复习周期则更适合对一个学科较大范围的知识进行整体性的梳理和回顾。而在学完一个单元后进行系统性复习，可以将此单元内的知识进行深度总结和整合，确保学生对该单元的掌握更加深入。

在系统性复习的过程中，要将各科知识进行整理归类。这包括梳理学科的主要知识点、重要概念、公式定理等，形成一个清晰的知识框架。通过分类整理，学生能够更好地理解知识之间的逻辑关系，凸显重点，有助于形成更为深刻的记忆。

此外，系统性复习的另一个目的是发现和弥补知识的漏洞。在复习过程中，学生有机会发现自己在知识点掌握方面的漏洞和不足，可以有针对性地进行巩固。这种方法不仅提高了对知识的整体掌握水平，也有效提升了学习的深度和广度。

家长朋友一定要清楚，在小学阶段，学习课本知识是其次的，因为小学阶段的知识仅仅是小初高知识总和中的 3%，在这个阶段，更重要的是学习习惯的培养，比如本文论述的预习复习习惯、高效听课习惯、阅读习惯，以及晨读晚诵习惯，等等。给孩子报了过多补习班，孩子反而没有时间培养良好习惯。补课在短时间内可能有用，但是从长远而言，孩子的个人能力并没有得到提升，孩子的终身学习能力也并没有得到加强。都说小学靠家长，那么，家长要做的就是培养孩子的各种好习惯，这比上补习班强上十倍。

03

学习方法：

掌握方法，让孩子事半功倍

一、二年级孩子，不会看图写话怎么办？

老师你好，我女儿一年级。语文老师对我说：孩子基础不错，但不会看图写话。

——家长留言

在小学阶段，写作被视为语文学科的重中之重。从分值来看，它占据了相当大的比例；从难度系数来看，它在小学语文难度榜单上名列前茅。基础字词可以通过死记硬背的方式掌握，而小学作文则是对孩子综合能力的考查，这对孩子而言是一项全新的挑战。小学作文不仅需要孩子具备较扎实的字词基础，而且要求他们能够灵活运用这些基础知识，更需要孩子具备足够的阅读量，以积累充足的知识储备。此外，想要写好作文，观察力和想象力也是必不可少的能力。因此，提高作文水平并非易事，也是令家长感到头疼的地方。

孩子写作能力的培养在一、二年级就开始了，在这个阶段，孩子们会接触到许多看图写话的练习。然而，许多孩子对此感到困惑，有的孩子不知如何开篇，留下了"无字碑"，任由老师评判；有的孩子费尽心思，一幅图却只能写下寥寥数语……即便家长希望提供辅导，但是对于看图写话的要求，他们也是不得其解，辅导的效果也并不显著。

孩子不会看图写话的原因

一、二年级的看图写话没学好，三年级的作文也不会是一件容易的事。我们一起来看看，孩子不会看图写话都有哪些原因。

审题不清楚，写话停在一句话层面

有些孩子对看图写话有着深深的恐惧，不知道如何应对，因此他们要么不写，要么只写一句话草草了事。但是，看图写话题通常都有提示，比如"图上画的是谁？他在干什么？发生了什么事情？结果怎样？把你看到的和想到的写下来，不会写的字可以用拼音代替"。这个提示已经给了孩子足够多的引导，让孩子找到描述的对象，叙述他在做什么，又引导孩子想象他身上发生了什么事，导致了怎样的结果。只要孩子认真分析了题干，他就可以找到突破口，对图片进行描述。但是，很多孩子因为畏难情绪，或者不知如何审题，看图写话只能停留在一句话的层面。

观察力不强，不能获取图片中的重要信息

在观察图片时，许多孩子感到困惑，不清楚图片中各个元素的特点，以及它们之间的联系。因此，他们只能将图片中的事物简单机械地描述出来，就像记流水账一样，难以获得高分。

表达时毫无逻辑，前后内容不连贯

有些孩子在观察图片的时候，不知如何观察，一会儿左、一会儿右，一会儿上、一会儿下，一会儿近、一会儿远，读他们的看图写话，有一种坐过山车的感觉，搞得人晕头转向。

缺乏想象，内容苍白无力

很多孩子虽然能够描述图画中的内容，但内容却显得平淡无奇，如同一份乏味的流水账。想象力对于低年级的孩子而言可能是一项挑战，但它也是孩子思维能力的重要体现。如果孩子在这一阶段缺乏想象力，那么，看图写话很难有出色的表现。

不知如何正确使用标点符号

有的孩子可能在写完一段话后，只在全文的末尾加上一个句号，或者知道要在文中使用标点符号，却不清楚在何处使用，又或者不知选择使用何种

标点符号，结果可能导致逗号的滥用。

这五个问题，是一、二年级的孩子在看图写话时经常面临的难题。看图写话对这个阶段的孩子来说，具有一定的挑战性，因此需要父母采用正确的方法循循善诱，逐步解决上述问题。针对这些问题，我将逐一给出建议，让父母能够有的放矢地帮助孩子应对这一挑战。

如何帮助孩子学会看图写话

孩子的写作，从一句话开始

孩子在进行看图写话时，常常陷入不知如何着手的困境，因此只能抓破脑袋，勉强写出一句话。这主要缘于很多孩子对于描述一件事情时需要关注的六要素（时间、地点、人物、起因、经过、结果）概念不清晰，导致在写作时产生困惑，不清楚该写什么以及如何写。在此，我介绍三个常见的句式，可以让孩子在看图写话时根据题目的要求灵活选用。

句式一：人物 + 地点 + 做什么

以本书最后一页的附图为例。

当孩子面对这样的图画时，首要任务是让孩子辨认出图片中的各个元素。在该图中有两个小孩，我们称为小红和小华。他们身后有一只狗，天空中飞翔着一些小鸟。此外，结合他们所处的场景以及正在从事的活动，我们就能够轻松地组织起这些信息并加以叙述。

例如：小红和小华正在草地上放风筝，有一只小狗在他们身后追逐。与此同时，一群小鸟在天空中飞翔。通过这样的句子表达，描述将变得自然流畅。

句式二：时间 + 人物 + 地点 + 做什么

句式一涵盖了三个基本要素，即人物、地点和事件，这三个要素都是直观可见的，对于孩子而言并不具备太大难度。一旦孩子能够熟练地构建这一基础句型，便可以在此基础上逐步增添更多信息，例如时间。时间具有一定的抽象性，需要孩子基于图画进行推断。以附图为例，这张图片描绘了一幅春天的景象。如何从图片中获知呢？

首先，图中呈现的场景展示了大自然的复苏，大树和小草都迎来了新的生长季节，呈现出一片翠绿的色彩。右下角的花骨朵也即将绽放，此外，放风筝是春天常见的活动之一。由这几个信息可以推断出，图片所描绘的场景发生在春天。

因此，孩子可以通过以下方式进行描述：春天来了，天气暖和了，小红和小华来到草地上放风筝。一只小狗在他们身后追逐，一群小鸟在天空中飞翔。通过在句子中添加时间状语，使得句子更为丰富充实。

句式三：时间 + 人物 + 地点 + 做什么 + 结果或心情

一年级的看图写话，要求并不是很高，只需按照题目的要求进行简单描写即可。通常情况下，句式一和句式二已经能够满足一年级孩子的看图写话要求，使他们能够正确地构建句子。然而，对于二年级的学生而言，鼓励他们"展开想象"，增加看图写话的深度则更为合适。接下来我将分享的是句式三，这种句式更适合帮助二年级的孩子提升写作水平。

句式一和句式二描述了一个简单粗略的画面，但是画面感不强。为了增强画面感，可以增加做这件事的结果或心情。还是以附图为例，在描绘这幅图时，孩子可以这样写：春天来了，天气暖和了，小红和小华来到草地上放风筝，他们玩得非常开心。一只小狗在他们身后追赶他们，也非常快乐。一群鸟儿从天空飞过，它们叽叽喳喳地叫着，像是唱着歌谣，十分动听。

这样的描述不仅描绘了一幅春天的景象，还让整个画面变得十分生动。因此，要写好看图写话，可以先从简单的一句话开始，然后，不断在这句话上增加内容，一步一步加以充实。这样的方法有助于让孩子学会如何构建句子，为其写作提供明确的方向，从而让孩子写出更加生动的句子。

学会观察，按顺序推进

孩子不能获取图片中的重要信息，在表达时毫无逻辑，主要是因为孩子在观察图片时不知如何着手。要想有逻辑地描述图片，孩子可以尝试这三种方式。它们简单易上手，能帮助孩子将图片叙述得更加全面。

首先，采取整体观察的方式。

整体是什么呢？就是指谁在何地何时做了什么事情，也就是包含了我们常说的时间、地点、人物、事件，这是对图片的整体概括。比如附图主要呈现的是小红和小华在草坪上放风筝的场景，很多孩子能够写出这样的句子：春天来了（时间），天气暖和了，小红和小华（人物）在草地上（地点）放风筝（事件）。虽然这些简单的描述能够满足基本要求，但是却不够深入和全面。这就需要引导孩子进一步观察和思考，学会由整体看到细节。

其次，采用部分观察的方式。

部分观察即是让孩子将视线集中到图片的不同部分，按照一定的顺序（如从上到下、从左到右、由近到远等）进行描述，以确保叙述具有逻辑性。继续以附图为例，孩子可以采用从下到上的顺序对图片进行描述，使内容更为有条理：春天来了，小草绿了，花儿也开放了。小红和小华在草坪上放风筝，他们的小狗在他们的身后追赶。小红的风筝是一条粉红色的金鱼，小华的风筝是一只蓝色的蜻蜓，它们飞得很高。一群鸟儿从天空中飞过来，叽叽喳喳地叫着，好像要和风筝比一比谁飞得更高。

为了让表达更加充实和具体，还需要重点突出某些部分，对其进行着重描写。

比如在这幅放风筝图中，放风筝的孩子就是整幅图画的重点部分，因此需要对其做详细的描述。我们可以描述他们的动作和表情，还可以充分展开想象，描写心情和语言，这样做就可以让画面"活"起来了。

比如：小红和小华高兴地奔跑着，他们的脸上也露出了欢乐的笑容。小红仿佛在对小华说："小华，我们来比赛吧，看谁的风筝飞得更高！"小华说："好。"最后，小华的风筝飞得更高，他高兴地跳了起来。

很多孩子不会写看图写话，不能将其写得更加充实，主要是因为他们不知道怎样去观察图片，不知道按照什么顺序进行描述，也不知道如何对句子进行扩充，使之更为具体。因此，教会孩子如何观察图片，能够让孩子有话可说，并且把话说得漂亮。

最后，在动笔之前，先口头描述。

当拿到一幅图时，不必急于动笔，第一步是观察。如果在观察之前就动笔，会导致边写边想边观察，这是一心三用，对于初始年级的孩子而言，这是一项非常不易的任务。很多家长可能会注意到，有的孩子边写边想，写了

擦，擦了再写，写了很久还是只有一句话，这就是"心急吃不了热豆腐"的真实写照。所以，在动笔之前，一定要让孩子先观察图片，确保孩子知道如何有条理地描述图片，以免在写作时陷入混乱，不知从何入手。

观察完图片后，可以让孩子先口头描述，这一步很关键。口头描述其实就是先打一个草稿，只不过这个草稿是口头形式的。我不太建议让孩子在纸上打草稿，因为很多低年级的孩子写字很慢，他们会将大部分注意力放到写字上，而不认真观察图画，更谈不上展开发散性思维。让他们在纸上写文字，再进行反复的修改，可能还会加大孩子的畏难情绪。对于大人而言很简单的事情，在孩子眼中可能就是一项巨大的挑战，这种任务的难度会吓退许多孩子。

因此，在孩子动笔之前，一定要引导孩子观察图片，并采用口头的形式对图片进行描述，等孩子理顺了，内容也充实了，再让他们开始书写，这样的好习惯有助于培养孩子打腹稿的能力，对今后写作文也会产生积极影响。

用好五感法，写活静止的画面

许多孩子在进行看图写话时，通常仅仅停留在对图画的静态描写层面，这样的文字往往缺乏生机。为了能够更生动地描绘出图画，可以尝试运用"五感法"。所谓五感，指的是人的五种感官，即视觉、听觉、触觉、味觉和嗅觉。通过运用这五种感觉来描绘图片场景，可以使描绘更为生动，让读者一下子就能沉浸其中。

1. 视觉——描绘素材的形

形，包括形态和形状，颜色也属于视觉感受。描绘颜色的词，相信孩子并不陌生，如果用好了它们，写作的效果会增加不少。

大家是否还记得一年级学过的《咏鹅》？我学它至今已有三十多年，但是仍能够熟练地背诵，不是因为它简单，而是因为这首诗描绘的鹅非常形象，一直印刻在我的脑海中。"白毛浮绿水，红掌拨清波"，这句话包含了三个颜色词——白、绿、红，它们将白鹅在清澈的水面上优雅游动的形象生动地描绘了出来，就如同我亲眼看见一般，因此这个形象深深烙在了我的脑海里，令我难以忘怀。

在描述场景时，让孩子添加一些颜色词汇是很有益的。基本的颜色词汇包括绿色（的树叶）、红色（的苹果）、白色（的云朵）等。然而，若能运用一些ABB形式的颜色词，效果可能更佳，比如，红彤彤（的脸蛋）、绿油油（的田野）、白花花（的瀑布）、灰蒙蒙（的天空）等。这样的表达能为描述增色不少，使画面更显生动，就如同我们从黑白电视机时代过渡到了彩色电视机时代一般。

2. 听觉——描绘素材的声

声音，原本是一种听觉信息，需要我们用耳朵来感知。但是，我们如何能够在图画中感受到声音呢？这就需要孩子将实际的经验与图画上的信息相结合，通过充分发挥想象力，将声音生动地转化为文字信息。

相信大家都看过恐怖片，如果将恐怖片的声音关掉，那种令人毛骨悚然的感觉就会减弱很多。可是，一旦打开声音，立刻又能让人沉浸到恐怖氛围中。由此可见，声音有巨大的力量，对于氛围的渲染发挥着至关重要的作用。

在看图写话中，画面通常是静止的，孩子如何能够在图画中感受到声音呢？父母可以引导孩子发现图中那些可以发出声音的物体，例如：人物可以说话、树叶可以沙沙作响、动物可以发出声响、河水可以哗哗作响等等，以此将画面写"活"。以图一为例，画面中的人物、狗、鸟以及花草都有可能发出声音，因此，孩子可以发挥想象，为它们加上声音的描述。例如：小红和小华高兴地奔跑着，他们玩得十分开心。小红对小华说："小华，我们来比赛吧，看谁的风筝飞得更高！"他们身后的小狗追赶着他们，汪汪汪地叫个不停，好像在说："小红加油，小华加油！"天上的小鸟也来凑热闹，叽叽喳喳地唱着歌，好像一支啦啦队，也在为他们加油。

通过这样的描写，整个场景变得热闹有趣，令人仿佛置身其中，不禁让我们回想起自己春日放风筝的美好时光，具有强烈的代入感。

3. 嗅觉及味觉——描绘素材的味

一幅画是没有味道的，但是图中所绘的内容，在日常生活中都是有独特味道的。比如，春风中混着花香、夹杂着草香，秋风中飘着果实的芳香等，这些味道的描写，会让文字也变得更有"味道"。

图一充盈着春天的味道。孩子在描述这幅图片时，可以加入味道的描写，比如：一阵微风吹来，夹杂着花香和草香，这种味道是春的味道。春天来了，树叶绿了，小朋友们也出来放风筝了。小红和小华在草地上欢快地跑着，他们在比赛看谁的风筝飞得更高。他们比得非常卖力，累得气喘吁吁，汗水滴在嘴里，咸咸的，但是他们的笑容，却是甜甜的。

这样的描述将我们引入了一个春日郊游的画面，花香和草地的香气营造出宜人的环境，与孩子们的欢乐氛围融为一体。阅读这段文字，我们也自然而然地回忆起了那个春天，我们和小朋友们一同放风筝的美好时光。

4. 触觉——描绘素材的体感

人类通过触觉感知到的凉、烫、软、硬、平滑、粗糙等，构成了独特而立体的体验。这种身体感知的丰富性是我们与外部世界互动带来的，通过触觉的交互，我们能够更深刻地理解和感知周围的环境。

在描绘附图时，可以增加触觉词语，以更加形象地反映当下舒适欢愉的场景，比如：春天的微风暖暖的、软软的，它轻轻吹在脸上，就像是妈妈的手抚摸着孩子的脸，是那么温柔、那么温暖。

和煦的春风给人以温暖。这里的描述用了一个比喻，将春风比喻成妈妈的手，轻轻地抚摸着孩子的脸，这个动作十分温柔和温暖，以此类比出春风的和煦，在这样的春日，非常适合外出活动，比如放风筝，为后面描述放风筝的场景埋下伏笔。

由此可见，运用五感法可以让文段变得更加具有层次感，让文字变得更加生动和形象。所以，一定要教会孩子使用五感法，为以后的写作打下坚实基础。

标点符号，不要忽视

很多低年级孩子在进行图画描述写作时，常常面临如何正确使用标点符号的问题。有些孩子只在句子末尾使用一个句号，而对其他标点符号的使用则感到困惑。甚至有些孩子滥用逗号，除了逗号和句号外，不懂得运用其他标点符号。

事实上，对于一年级的孩子而言，标点符号确实是一个难点。在初学阶段，可以简化使用，在句中只使用逗号，在句末使用句号即可。书面表达实际上与口头表达相似，需要在自然停顿的地方使用逗号，这是合理的。建议孩子在进行看图写话时，可以小声读出句子，明确在哪里停顿，然后在停顿的地方加上逗号。完成写作后，建议孩子再通读一遍，检查是否有遗漏标点的地方。

一旦孩子熟练掌握了逗号和句号的使用，便可引入其他基础标点符号，如问号。告诉孩子，当提出问题时，应该使用问号，这对他们来说并不难理解。等孩子对这些符号熟练掌握后，再逐渐引入其他标点符号。但请注意，**不要一开始就引入多个符号，以免孩子混淆。**这样的渐进式引导有助于孩子更好地理解和掌握标点符号的使用规则。

看图写话，是很多孩子的痛点，也是很多父母的烦恼。孩子往往不知从何处下手，不了解如何撰写更生动和形象的句子，而父母也很难找到合适的方法辅导孩子。尽管已经讲解过、教授过，孩子却依然无法掌握看图写话的技巧。这篇文章旨在为培养孩子看图写话能力提供方法和建议，也为父母提供一点有效的指导思路，从而帮助孩子成功克服语文学习中的首个难关。

三年级孩子，不会做应用题，怎么解决？

老师你好，我女儿读小学三年级，近几次数学考试都考得很差，读不懂应用题，填空题也不会做。我不知道问题到底出在哪儿，请问如何才能改善这一问题？

——家长留言

大家可能听说过"三年级现象"。很多孩子在一、二年级的时候，成绩不错，基本都是 99 分、100 分，但是到了三年级后，成绩就出现了下滑，很多家长不清楚问题出在哪里，也不知道如何应对这一现象。

这位三年级女孩就遭遇了"三年级现象"。她的数学成绩不理想，问题主要出在填空题和应用题上。这两种题型主要有两个特点：其一，它们以文字为主；其二，文字背后隐藏着数学等量关系，需要孩子抽丝剥茧，得到数量关系。孩子不会做应用题，问题往往出在这两个方面，我将从这两个方面为大家做更详细的论述。

孩子不会做应用题的原因

阅读量不足，读不懂应用题

在一、二年级阶段，很多家长过于注重孩子的考试成绩，而忽略了对阅读习惯的培养。由于一、二年级的题目相对简单，主要侧重基础知识，不涉及较为复杂的思维题型，因此全班 90 分以下的学生寥寥无几。这样的成绩看似让人满意，但实际上仅仅体现了对基础知识的简单掌握。有的家长并没认识到这个事实，简单地认为分数就代表了孩子的全部能力，因而忽视了对孩子其他能力的培养。

阅读量不足的问题在三年级时开始显现，因为此阶段开始出现应用题了。由于之前忽略了阅读习惯的培养，孩子在阅读量不足的情况下，可能遇到不认识的字，从而影响对应用题题干的理解。想要知道孩子是否有不认识的字的方法很简单，让孩子朗读一遍题干就知道了。除了阅读量不足，如果孩子从小与父母深入沟通比较少，他们在理解能力上也会偏弱。有的父母或许有培养孩子的阅读习惯，但是可能仅仅停留在了"读"的层面，没有深入下去，比如让孩子复述故事，或者就书中的问题进行探讨。因此，在阅读过程中，没有培养孩子主动思考、深入思考的习惯，这就会让很多小朋友在遇到问题时不知所措，也影响到做题的能力。

不能理解文字背后的等量关系

一、二年级的孩子以形象思维为主，抽象思维并没有同步发展起来，因此，到了三年级，很多孩子还不能完全理解抽象的概念，无法通过读题直接把抽象的数量关系提取出来。他们在读题的时候，脑中出现的可能是一个场景或者一个过程，然后试图用数学手段去描述这个场景。所以，当孩子遇到一些熟悉的场景时，孩子能够把应用题做出来，但是当变成不熟悉的场景时，孩子可能就不知所措了。很多父母都遇到过这样的情况，当孩子完成一道应用题后，将题目里面的数字变换一下，或者是将里面的场景变换一下，孩子立马就蒙了，想了很久也做不出来。这就是我们常说的孩子不会举一反三的情况，其实这和孩子抽象思维能力欠缺有关，他们不能清楚看出文字背后的数量关系，导致孩子"只在此山中，云深不知处"。

五个建议攻克应用题

到了三年级，孩子数学成绩的下降，主要是因为不会做应用题，要想很好地提升孩子这个阶段的成绩，解决孩子应用题问题势在必行。

那么，怎么做才能够帮助孩子越过应用题这道坎呢？我给大家五个建议。

提升阅读量，培养逻辑思维能力

在孩子养成阅读习惯的初始阶段，主要是具象思维在起作用，他们很难理解较为抽象或者是与日常经验联系较少的东西。给这个阶段的孩子选书时，一定要选择那些生动有趣、故事性强、贴近生活的绘本读物，因为他们的理解主要依赖于场景、情形、过程等具象形式，这样的读物能够更好地帮助孩子理解。

为了避免孩子沉迷于图画书，配有简单文字描述的绘本读物是较好的选择。在这个阶段，孩子的思维带有很大的依赖性和模仿性，或许他们还不能独立阅读，也不能灵活地思考问题，因此需要父母的陪伴和指导。

随着识字量的不断增加，孩子慢慢可以实现自主阅读，就不再需要由父母带着一个字一个字地进行阅读，这时候需要再进一步，帮助孩子将被动输入模式转化为主动输出模式。

首先，为了减少孩子文字产出的难度，可以采用"身临其境"的方式，让孩子试着将书本内容朗读出来。这种方式虽然简单，却是孩子主动输出的第一步，对孩子早期阅读能力的提高具有重要的作用。因此，父母在引导孩子阅读的时候，一定要声情并茂地朗读文本，为孩子朗读提供一个模仿对象，以减少孩子的朗读难度。

其次，在读完书本之后，可以让孩子讲一讲书本的内容。父母和孩子可以采取角色扮演的方式，将书里面的内容表演出来，这样的方式非常生动有趣，能够很好地激起孩子的兴趣。角色扮演也是孩子学英语很好的方式，因为这是在模拟语言的使用，让孩子在情境中习得和内化所学的知识，并且可以加深其对知识的理解。除此之外，可以让孩子将故事复述出来，这是阅读书本后梳理内容的有效手段，也是延伸学习的途径之一。孩子在复述故事的时候，需要充分理解内容，预先在脑中梳理故事的梗概，再组织语言流利地表达出来。这对孩子的语言能力和思维逻辑能力的培养起到了积极的促进作用。

再者，家长要和孩子深入探讨文本材料。家长可以提出一些问题，和孩子进行讨论。这种互动式的探讨方式，可以加深孩子对文本的理解。同时家长要为孩子传授深入分析文本的方法，让其学会由表及里地分析文本，看到

作者的真实意图。这一步可以极大地提升孩子的思维能力，为孩子应对应用题打下坚实的基础。

因此，家长在培养孩子阅读习惯的时候，一定不要只停留在表层，要循序渐进，不断深入地分析文本，提升孩子的逻辑思维能力，让孩子能够轻松应对应用题带来的挑战，避免三年级之后的成绩下滑。

数学问题场景化，从具体事物中提取抽象模型

孩子读不懂应用题，很多时候是因为孩子不能够读懂文字背后的数量关系，不能够将文字转化为数学语言。大家可能听过这样一句话"艺术来源于生活，但高于生活"，数学也是一样的，来源于生活，根植于生活，但是高于生活。所以，当孩子不能理解应用题的时候，一定不要先从概念讲起，因为这过于抽象，对于初高中的孩子来说，这样的讲解方法是适合的，但是对于年级较低的孩子来说，这是很难逾越的一道坎。

因此，**一定要让数学应用题回归现实，在生活中找到原型，帮助孩子更为形象直观地理解题目**。很多家长可能有过这样的经历，在给孩子讲应用题的时候，如果孩子不能理解，家长为其画上图形，再结合生活中孩子熟悉的场景，孩子很快就能理解了，因为通过画图的方式，数学语言就被具象化了，抽象的概念也被生活化了。所以，下一次遇到孩子不理解应用题，可以尝试给孩子画图，或许问题很快就迎刃而解了。

想要进一步培养孩子解决应用题的能力，将应用题生活化还不够，还应该引导孩子**将生活场景数学化。**在平时生活中，一定要将一些具体场景或任务数学化。比如说在购物结账的时候，父母可以让孩子算账，一共买了多少东西，出于某些原因退了多少东西，因为打折要少付多少钱，这不仅可以增加孩子对于家庭事务的参与感，更能在生活中培养孩子运用数学解决问题的能力。经过长期有意识的锻炼，我相信孩子的学科综合能力能够得到很好的提升。

父母还可以让孩子当小老师，基于生活场景为父母出题。这一步对孩子的要求比较高，需要孩子从具体场景中抽象出数学等量关系，再将它们用文字的方式表达出来。这对孩子而言有一定难度，需要父母的参与，给予孩子

指导，帮助他完成这个任务，在孩子得心应手之后，家长就可以放手，让孩子独立完成。

数学来源于生活，又抽象于生活。在解决数学应用题的时候，要将数学语言具体化，也要将生活场景数学化，这样的步骤符合低年龄段孩子的认知方式，也能不断提升孩子的思维能力，锻炼孩子解决问题的能力。

培养读题习惯，让孩子学会读题

孩子不会做应用题，还有可能是他的读题习惯不好。很多孩子读应用题，没有将眼、嘴、脑、手结合起来，读完一遍后，做不到抽丝剥茧，将文字转化为数学语言。这位留言家长说孩子进入三年级以后，对应用题的理解很成问题，导致最近的成绩都不理想。针对这种经常读不懂题意的孩子，我为大家介绍一个实操性较强的方法，能够帮助解决这个问题。

这个方法就是"三遍读题法"，也就是让孩子把题目读三遍，并且要读出声来。每一遍读题的目的并不相同。

第一遍读题，要让孩子明确已知条件和未知条件，知道这道题在问什么，哪些条件是有用信息，哪些条件没有作用。这一步的筛选剔除了无用信息，避免孩子陷入"文字丛林"中，找不到方向。

第二遍读题，要求孩子边读边思考，画出重点词语，并仔细推敲每个已知条件的准确含义，可以让孩子画出图形。如果这一步能够很好地完成，那表明孩子基本上理解了每一个已知条件的具体含义，如果不能完成，证明了孩子在某句话或某一已知条件的理解上存在问题，需要父母帮忙分析或画图。接着，让孩子分析各个已知条件之间的数量关系，达到真正理解题意。

第三遍读题，明确已知条件和未知条件之间的关系。通过一系列的方式，比如联想及转化，搭建起已知条件和未知条件的关系，从而概括出数学模型。也就是说，应用题最后问的问题，是怎样由已知条件推导而来，这一步明确了，题干的理解也就最终完成了，剩下的就是列算式和计算了。

如果孩子运用这种读题方法，能够将题做出来，家长应立刻给予孩子表扬和肯定，下次遇到应用题的时候，他就会用这种方法认真读题，层层深入后，最终读懂题意，解决问题。

在解答应用题的时候，一定要让孩子养成良好的读题习惯，让孩子掌握解题的技巧，学会独立解决问题，而不是一遇到问题就停止思考，向父母老师寻求帮助，这种被动的学习方式不利于孩子以后的学习。

费曼学习法，让孩子学会举一反三

在孩子遇到难题时，家长可能用各种方式给孩子讲懂了，孩子也把这道题做了出来。但是，这是孩子在父母的辅助下完成的，可能孩子并没有百分之百完全掌握这种类型的题目。

要检验孩子是否已经真正理解了这种题型，父母可以为孩子重新设题，让他独立完成。家长可以改变一下题目里的数字，或者是改变一下这道题的场景，让孩子重新做一次。如果孩子在几轮"刁难"下都能得心应手地应对，就说明孩子已经掌握了，如果不能，表明孩子还有不明白的地方，需要父母的进一步辅导。

如果孩子能够独立完成父母出的题，也有可能是孩子套用父母的方法将题做了出来，并不一定真正理解了这类题目。父母可以让孩子把题目讲解一遍，如果孩子能够运用自己的语言流畅地讲解出来，说明孩子已经真正学会了。如果孩子不能很好地讲解出来，存在不清楚或混乱的地方，那就是孩子没搞明白的地方，就需要父母有针对性地辅导，直到孩子完全搞明白为止。

这就是著名的费曼学习法。只有孩子能够用自己的语言，流畅连贯地讲解出来，才算是内化吸收了，才能在下次遇到类似问题时从容应对。

整理错题，定期复习

孩子每次不会做的题，不管是通过什么方式解决的，一定不要忘了让孩子将其整理在错题本上，定期拿出来复习或重做。

孩子当时听懂了，如果不及时复习和巩固，可能很快就忘了。孔子曾说："温故而知新，可以为师矣。"复习不仅可以让孩子温习已学的知识，还可能产生新的理解、新的收获。建议孩子在复习的时候，先将答案遮住，自己将其演算出来，再和答案进行比对。如果与答案存在出入，或者不能顺利做出来，就需要进一步巩固。如果孩子在接下来的几次复习中，都能顺利地做出来，就证明孩子基本掌握了这个知识点，以后犯同类错误的概率也就大大降低了。

低年龄段的孩子不会做应用题其实非常正常，家长一定要明白孩子的阶段特征，找到孩子不会做题的根本原因，再有针对性地进行攻克，相信孩子能够顺利解决这些问题，并培养孩子独立解决问题的能力。在辅导孩子学习时，父母一定要有耐心，不可批评、责骂孩子，这会让孩子感到挫败，失去解决难题的勇气，这不利于孩子应对学习路上的重重难关，对孩子的成长会造成消极影响。

孩子总漏题，家长束手无策，怎么办？

> 海北老师，您好！我家孩子现在读三年级，最近三天的考试，孩子天天都漏题！我已经把做完题检查的步骤都让她背下来，还贴在文具盒上了，她还是这样！我实在不知如何是好，只能来向您求救了！
>
> ——家长留言

辅导孩子做作业，就是父母的一场修行。

能预料到的问题，出乎意料的状况，随时都可能发生。孩子做作业时，好动、分心、不专注，这些都让父母抓狂；做错的题，讲解后重做还是错，也让父母崩溃；做作业拖拉磨蹭，要一遍遍催促，父母对此无可奈何。还有些孩子在做题时总是漏题，让父母十分恼火。

正如这位留言家长所说，孩子做试卷天天漏题，即使是让她记住要检查，甚至在文具盒上贴上检查的字样提醒孩子，都无济于事，看得出，这位家长也是"悲愤交加"，不知如何应对。确实，孩子漏题的毛病，说大不大，说小不小。孩子是否容易漏题，直接关乎他在学校的成绩，这无疑考验着家长的心理承受能力。拿到试卷后，孩子看到遗漏的题目，自己也感到十分疑惑，明明记得都做完了呀。但是，下次依旧漏题，这就让父母感到十分恼火。

如果父母让孩子重做遗漏的题目，可能会发现孩子并不是不会做这些题，这就让家长更为郁闷。如果是不会的题，父母可以为孩子讲解，直到他听懂会做为止，可偏偏孩子是漏题，这让很多家长摸不着头脑，到底应该怎么做，才能让孩子不漏题，在考试中发挥出自己的真实水平？

漏题并不是小事，虽然这样的现象主要存在于低年级阶段，但是如果不能很好地加以解决，这个问题可能会持续到初中甚至高中。我以前班里的孩子在考完试后，经常会跑过来告诉我，说自己没有填涂机读卡上的选择题部分，或者是没有在答题卡上写上自己的名字，等等，结果，这一部分的成绩只能归零。甚至有的孩子在高考中都会犯这样的错误，有一种"读书十二载竟毁于一旦"的感觉。

因此，这个问题一定要尽早解决。我们要深入了解这个问题，做到"知己知彼"，才能采取最有效的解决方法。

我们一起来看看，孩子都有哪些常见的漏题行为。

首先，有的孩子会遗漏一整道题。当拿到试卷后，可能很多父母都不敢相信自己的眼睛，这么大一道题，怎么就这么漏掉了呢？真是令人费解。

其次，有的题做了前面一部分，后面部分就漏掉了。比如一道题有几个空，孩子填了前面几个空，剩下一两个不填；有的孩子在做口算题的时候，前面大部分都完成了，后面几道却空在那里。可能孩子觉得老师改作业太累，想为老师减轻一下负担，这应该批评他还是感谢他呢？

再次，有的孩子在做数学列竖式计算题的时候，容易忘记写答案。有的孩子将竖式列得很清楚，计算结果也是正确的，但是偏偏会忘记把答案写到等号后面或者括号里，这就像是挖井寻水，马上要挖到水了，却半途放弃了，你说气人不气人，可惜不可惜。

除此之外，有的孩子在数数和分类上，容易出现遗漏。比如说，老师给出很多图形，有正方形、长方形、圆形、三角形等，需要孩子数出这些图形的个数。有的孩子数着数着就迷失在了图形中，硬生生地漏掉了某些图形。这些图形，对孩子来说再熟悉不过了，可为什么会遗漏呢？

还有很多孩子在学拼音的时候，容易忘记标声调。这种错误并不明显，如果孩子在做题的时候没有留意，检查时也很难发现声调的缺失。

孩子考试漏题的原因

发现问题是解决问题的第一步，只有分析问题的原因，才能找到病根，对症下药。那么，孩子经常漏题都有哪些原因呢？

视觉感知能力不足

孩子在获取知识的过程中，80% 依赖视觉感知，也就是通过眼睛看。当孩子的视觉范围受限时，他就像身陷丛林之中，只能看到树木，不能看到森林。因此，孩子只能一个字一个字地读，从而导致阅读速度缓慢、作业效率不高。同时，如果孩子的视觉控制和分辨能力欠佳，就可能出现阅读时看错题、写错字的问题。即使家长千叮咛万嘱咐，孩子还是可能出现问题。有的家长将"检查""不要漏题"等字样写下来，放在文具盒里，孩子仍然会面临看错题、漏题的困扰。正如这位留言家长所说，"把做完题检查的步骤都让她背下来，还贴在文具盒上了，她还是这样"，这或许就是孩子的视觉感知能力没有充分发展的缘故。

做题习惯不好

有的孩子在拿到试卷后，习惯先做自己觉得简单或是自己擅长的题，这样跳着做题非常容易导致遗漏某些题目。尤其是在考试的时候，由于紧张，就会出现看漏的情况。因此，按照顺序做下来，是孩子需要养成的正确做题习惯，可以减少因为无序造成的遗漏。

除此之外，很多孩子没有检查的习惯，导致遗漏的题不能及时被发现。很多孩子觉得检查是一件很麻烦的事情，因为检查就意味着要将试卷重新再看一遍。为了不增加工作量，很多孩子都不愿意再次检查，甚至在老师或家长的要求下，也不严格执行，导致漏题没能及时发现。每次监考时，我都会走下讲台巡视，要求做完试卷的孩子必须检查，如果因为不检查而导致出错或漏题，我会给予相应的惩罚，这就极大减少了孩子们因为疏忽而漏题的情况。可见，做题习惯在孩子做作业或考试的过程中，起着重要的作用。

态度不端正，做题不认真，马虎毛躁

有的孩子学习十分毛躁，通常以男生居多，他们在做作业的时候，会觉得题目简单而不认真对待，导致错误百出或漏做题目。还有的孩子为了赶快完成作业，好去做自己喜欢的事情，就会敷衍了事，飞快地完成作业，导致

出现漏题问题。如果是态度不端正，做题不认真不仔细，在考试中肯定会吃亏，不管孩子有多聪明，都很难取得优秀的成绩。

丢三落四的坏毛病延伸到了学习上

在生活中，如果孩子被父母照顾得太好，什么事情都被父母包办，孩子就容易养成丢三落四的坏习惯。很多时候，他们只用动动嘴巴，就能达到目的，根本不需要努力和付出。但是，孩子的能力是在动手或实际操作的过程中形成的，常言道："一屋不扫，何以扫天下？"这就很好地说明了孩子在实际动手过程中培养起的习惯和能力有多么重要。

被父母保护得太好的孩子，通常都是被动接受，他们缺少主动做事的意识，也不愿精益求精，因此在学习上就会产生五花八门的问题。孩子的漏题也是丢三落四坏习惯的反映，因此，培养孩子良好的生活习惯十分重要。

真的没看见

这样的情况多发生在刚入学的孩子身上，因为他们对一些题型并不清楚，不知道哪些空要填，哪些题要做，所以在考试中，孩子可能在无意识中跳过或遗漏了某些题目。要知道孩子是否熟悉各种题型和考试形式，只需让他再做一遍试卷，他如果没有发现自己的问题，就意味着他真的不知道。这就说明了为什么很多一年级的老师都会在考试时给学生读题，以避免孩子因读不懂题意或者不知道题目的要求而出现漏题的情况。

以上五点是孩子们在做作业或考试中经常漏题的原因，家长朋友可以对照分析孩子漏题的原因，采取相应的措施加以解决。下面，我将给出一些建议，以便为迷茫中的家长提供参考。

有关孩子漏题问题的建议

拒绝焦虑，分析具体原因

当孩子出现漏题情况时，家长一定不要焦虑不安，把这个问题无限放大。

有的家长十分看重分数，只要是阻碍了孩子拿高分的因素，都被视为"妖魔鬼怪"，欲除之而后快。但是，如果父母多次批评或提醒孩子后，孩子依然漏题，很多父母可能就会失去耐心，用语言打击孩子、威胁孩子，比如："你怎么这么笨？我给你说了很多遍了，你怎么还在犯错？""你如果再漏题，就把这道题给我抄100遍！"等等，有的父母甚至体罚孩子，这不仅不能帮助孩子解决问题，可能还会加剧孩子的抵触情绪。

父母这种打击式的教育，可能会给孩子不良的心理暗示，让他以为漏题是因为自己笨，是很难改变的，或者由于害怕父母惩罚，孩子在做作业时变得很紧张，在这种压力状态下，孩子犯错的概率反而更高，导致孩子难以克服这个问题。大家一定要知道，一旦给孩子贴上了一个标签，就很难将它撕下来。因此，父母在面对这个问题时，一定不要乱了方寸，而要多站在孩子的角度思考问题。孩子在成长过程中，遇到一些问题再正常不过，尤其是刚上学的孩子，未知的世界可能会让他们无所适从。但是，这是孩子成长必须经历的一个阶段，孩子遇到的每一个问题，都是成长的助推器。所以，遇到孩子经常漏题的情况，父母一定不要打击孩子，而是要鼓励和信任孩子，多给孩子一些善意和正向的引导。这对孩子未来的成长也会起到积极的作用，让他能够乐观应对各种问题。

告诉孩子漏题并不是很严重的问题，通过努力就能够很快解决掉。找个时间，找个舒适的环境，和孩子一起探讨下出现漏题行为的原因，以及解决这个问题的途径。只有让孩子有了应对困难的信心，并知晓了具体的解决方案，才能让孩子有的放矢地解决这个问题。

刻意训练，提高视觉感知能力

如果孩子是因为视觉感知能力发展不足而导致漏题的情况，那就一定要有针对性地锻炼孩子的视觉感知能力。要提高孩子的视觉感知能力，可采用一些刺激神经系统发育的游戏，比如找不同、连连看、走迷宫等。父母可以选择舒尔特方格，这是培养孩子视觉感知能力的常用辅助手段。

舒尔特方格源于美国心理医生舒尔特的创新，最初用于飞行员和宇航员的专注力训练，后来迅速扩展到儿童专注力训练领域。这个游戏简单而有效，通过长时间的舒尔特方格练习，可以显著提高孩子的视觉广度，改善孩子的视觉感知能力。

目前市面上的舒尔特方格有不同的呈现形式，包括数字练习、拼音练习、古诗练习、成语接龙、色彩干扰、趣味练习等多种主题。在训练过程中，不同的主题板块能激发孩子的视觉发育，提高注意力水平，同时也为他们提供了学习数字、拼音、古诗、成语等多方面知识的机会。这样的多重效益使得舒尔特方格成为一种高效、全面的教育工具，旨在帮助孩子在愉快的游戏中培养专注力，提高视觉感知能力，实现全方位的知识积累。

培养做题习惯，为孩子护航

孩子出现漏题行为，很多时候是因为孩子的做题习惯不好，比如跳着做题、不检查试卷。要解决这样的问题，一定要帮助孩子养成良好的做题习惯。

首先，在做题的时候，按照顺序做。很多孩子在做题的时候，习惯跳着做，先做简单或擅长的部分，这样做有其可取之处，可以避免有些题过难而影响做题进度，但是也可能导致遗漏题目。家长可以告诉孩子，一定要按照顺序做试题，如果遇到个别不会做的题，可以做上标记，比如在题号处画一个钩，等做完最后一题，再回过头来完成，这可以减少孩子漏题的情况。

其次，在做完试卷之后，一定要养成检查的习惯。检查，不仅可以纠正因做题不仔细产生的错误，还能让孩子发现遗漏的题目。很多漏题的孩子，除了上文说的跳着做，还有一个原因就是不检查试卷。他们在做完了试卷后，有的坐着发呆，有的东张西望，就是不愿多花一点时间将试卷检查一遍。很多孩子觉得这太浪费时间，或者是没有时间完整看一遍，那就建议孩子在第一遍做的时候，一定要在题干上勾画标记，一来可以让孩子在做题的时候更加仔细，二来可以帮助孩子快速检查。

我以前都会让学生在试卷上勾画标记，还会将试卷收上来检查他们是否勾画得当，如果勾画得不对，我会有针对性地给予指导。除此之外，勾画标记后，孩子在检查试卷时就不用逐字阅读，而只需重点看关键信息，这样可以极大地提升孩子的检查速度，避免因为嫌麻烦而不愿检查的问题。

当然，父母不能期待孩子能够很快养成这个习惯，这需要父母在习惯养成的前期做好监督。如果孩子检查了试卷，就给予孩子肯定和表扬；如果没有检查，就要给孩子相应的惩罚。在"胡萝卜"和"大棒"的共同作用下，孩子良好的做题习惯才能得以养成。

适当惩罚，端正孩子态度

对那些态度不端正的孩子，或者屡教不改的孩子，一定要给予相应的惩罚。虽然我不赞成打击教育，但这并不代表父母不能使用惩罚手段。有的父母在教育孩子的过程中走向了另一个极端，对孩子没有惩罚，而是不断地说教。偶尔讲道理对孩子或许有用，但是如果父母不断地讲道理，孩子可能会习以为常，或者产生抵触情绪。我们经常会遇到这样的情况，父母在给孩子讲道理的时候，孩子都能够背出父母接下来要说的话，因此，孩子往往对此嗤之以鼻，对父母的教育毫无畏惧。

如果孩子的态度不端正，惩罚或许是一种非常有效的手段。与孩子交流出现漏题的原因之后，要让孩子知道应该采取什么措施去解决这个问题。然后要和孩子约定好，解决了这个问题有什么奖励，没解决这个问题会有什么惩罚，这样可以让孩子对这个问题重视起来。如果孩子再次出现了漏题现象，可以要求孩子重新做一套类似的试卷，并按时完成。如果第二次再出现这样的问题，可以做两套类似的试卷。和孩子定好的惩罚措施，父母一定要严格执行，如若不然，孩子的漏题行为不仅不能得以纠正，还会让孩子觉得父母没有原则，对于以后的约定，孩子也不会认真对待，教育的效果就会大打折扣。

但是，一定要提醒大家的是，惩罚的内容一定要和孩子一起商量决定，不能是父母单方面要求，如果孩子是心不甘情不愿地做这件事情，效果也会大打折扣。只有当孩子接受这样的惩罚，并且敬畏它，他才会愿意遵守和父母的约定，才会更加积极地解决这个问题。除此之外，惩罚也不能太频繁，当孩子习以为常了，也就失去了惩罚的威力和效用。

学会放手，给孩子更多历练机会

孩子的漏题问题，实际上是丢三落四在学习上的具体表现。这主要是因为父母在生活中把孩子照顾得太好，做孩子所应做，想孩子所应想，因此，孩子只要被动接受即可，对很多事情都抱无所谓的态度。这样的孩子通常没有主动做事的意识，也不会主动去分析问题，或探寻问题的解决方式。

这样的孩子在学习上也很难有进取心，对于自己的成绩也都欣然接受。因此，当孩子漏题之后，他可能觉得无所谓，并没有去改正的决心。哪怕孩子想要改正，或许也不知道如何应对，从而逃避它。

要解决孩子这样的问题，父母一定要学会放手，让孩子去做他应该做的事情，去承担他应该承担的后果。比如，每天晚上收拾书包的时候，父母不要代劳，让孩子自己收拾，如果他忘记带练习册，导致第二天交不了作业，就可能会被老师惩罚。为了避免被老师惩罚，孩子在下一次收拾书包的时候，就会更加留意，避免类似情况发生。同理，当孩子因为漏做了题目，被老师批评或惩罚，自己承担了这样的后果，孩子就会长记性，并自行想办法去解决这个问题。

生活中，父母一定不要剥夺孩子为自己负责的机会，只有让孩子多经历、多历练，才能让他的能力得到提升，才能让孩子自己应对遇到的问题，而不是等着父母为他解决问题。

孩子习惯性地漏题，父母不必过于担心和焦虑，这是很多孩子都会遇到的。不要给孩子贴上负面标签，而要和孩子探寻这种现象背后的原因，并找到相应的解决方案，陪伴孩子一起解决这个问题。只有采取这样的态度，才能帮助孩子健康成长，积极应对以后的各种问题。

单词记不住，听写老出错！孩子真不是学习英语的料吗？

老师你好，孩子单词都默写不知道多少遍了，在学校默写还是错，告诉她错了她也会订正，但就是不能一次性默写 100 分。

——家长留言

家长朋友们，不知大家是否还记得，自己在学习英语的早期是如何背单词的呢？是否采用过"a-p-p-l-e, a-p-p-l-e, apple，苹果，苹果"这种机械式的记忆方式？这种背诵方式并非仅存在于过去，当下依然被很多孩子所沿用。有一次我乘坐地铁，观察到一位母亲正在教导她的女儿背单词，当她询问女儿如何拼写"beautiful"时，女儿表现得很茫然。于是，母亲就采用了"b-e-a-u-t-i-f-u-l, beautiful"这样的拼读方式，女儿随之跟读了几遍。

"来，你背给妈妈听听吧！"母亲鼓励着女儿，然而女儿在拼写中遇到了困难："b-e-a-u……呃……"在母亲的反复示范和教导下，孩子最终勉强记住了这个单词的拼写。这一场景引发了我对于单词背诵方式的思考。

这样的背单词方式，虽然经过多次重复后暂时记住了，但是忘得也快。大家有没有发现，很多父母明明在家里给孩子听写过单词，也都过了关，可一到学校，听写便出现了种种错误？这让很多父母抓狂，以为是孩子不认真，打也打了，骂也骂了，还是不起作用。这到底是为什么呢？

孩子记不住单词的原因

孩子老是记不住单词，背了也很快忘记，主要原因是孩子背单词太过机械，凭借短时记忆，把单词一个字母一个字母地记了下来。但如果复习不及时，并且不能够在现实生活中使用它们，单词就被快速地遗忘了。这种低效的背单词方法，让孩子在一次次失败中失去了动力，再加上家长的焦虑情绪和言语打击，让很多孩子不断丧失信心，这无疑加剧了孩子背单词的难度，最后使其失去对英语的兴趣。

除了上述问题外，孩子背单词的过程中还存在一系列其他常见问题。

首先，孩子虽能辨认、拼写单词，却无法正确朗读，这一现象主要缘于孩子对单词发音的重视不足。很多孩子在学习英语时不愿意聆听、跟读录音，导致学了一个"哑巴英语"。由于无法正确发音，孩子只能不断地依赖逐个字母的拼读方式，形成一种恶性循环。

其次，无法正确运用单词。许多孩子在背单词时，往往只注重记忆单词的中文含义，却忽视了单词的实际运用，这一问题在孩子需要表达英语时尤为显著。在进行中英互译时，孩子或许能够迅速完成，可是，一旦需要组织句子或进行书写，孩子就显得手足无措，错误百出，完全不了解单词的正确用法。

再次，孩子缺乏有效的背单词技巧，导致背诵所需时间通常较长。除了上述提到的逐个字母记忆方式外，一些孩子采用抄写记忆法，把单词抄写十遍甚至二十遍，在抄写的过程中将单词记忆下来。这种方法被广泛使用，但其效果并不一定理想。有的孩子抄写了很多遍单词，仍无法熟练记忆，特别是在面对较长的单词时更是束手无策。

最后，背单词的方法单一，使孩子感到单调乏味，没有学习的成就感。很多孩子对于背单词不情不愿，尤其是男同学，需要家长和老师威逼利诱，效果也并不一定理想。在高中阶段，许多学生尤其是理科班的学生，往往是英语成绩拖了后腿。我曾经向一位理科成绩优秀但英语不佳的学生询问他对英语的态度，他回答说："背单词太无聊，而且背了单词也不知道怎么用，学英语完全没有成就感。不像理科，解决了一个难题可以向同学炫耀半天。"这个回答很有意思，可以看出背单词成了孩子英语学习道路上的绊脚石。

帮助孩子高效背单词的方法

尽管背单词并不是一件容易的事，但是要学好英语，它又是不得不做的一件事情。为了减少背单词的难度，提高背单词的效率，我为大家介绍一些背单词的方法，它们都是我的学生常用的方法，供大家参考。

善用字母组合背单词

许多家长向我咨询，是否有必要让孩子学习音标或自然拼读，我认为这是有必要的。学习音标能够帮助孩子正确识别单词并准确发音，而自然拼读则有助于孩子将字母组合和发音规则相对应，提升对单词的记忆力。此外，自然拼读还能够让孩子在没有音标的情况下正确发音。因此，学习音标和自然拼读对于背诵单词具有积极的作用，其中，我认为自然拼读的作用更为显著。

然而，在英语学习初期，我并不建议孩子立即学习自然拼读。在这个阶段，让孩子对英语产生兴趣至关重要，这直接关系到孩子是否具备学习英语的积极动力，也在很大程度上决定了孩子将来是否能够达到良好的英语水平。英语学习与汉语学习的底层逻辑实际上是一样的，即基于听、说、读、写的学习过程。回想我们学习汉语的经验，最初并非立即进行阅读和书写，而是进行大量听力练习，随后不断地模仿语言表达。直到上小学后，我们才开始正式学习阅读和书写。当然，一些家长为了让孩子在起跑线上取得优势，可能在幼儿园就开始进行阅读和书写的训练，这样的做法是否合理，这里不做讨论，但无论如何，听、说为先，而读、写靠后。因此，在学习自然拼读之前，孩子最好先积累约 1000 个听力词汇。所谓听力词汇，指的是孩子能够听懂但未必能够说、读、写的词汇。

在学龄前阶段，父母可以采用富有趣味性的方式培养孩子的听力，如通过儿歌和英语动画片给孩子"磨耳朵"。这样的方式既生动有趣，也更容易引起孩子的兴趣。此外，给孩子听读英文绘本也是一种良好的方法，例如培生幼儿英语、培生词汇妙趣屋、红火箭、**RAZ** 等，这些资源具有较强的趣味性，能够很好地吸引孩子的注意力。如果父母不会读英语，可以为孩子准备一支点读笔，让孩子跟着朗读即可。通过这样的方式，将孩子的听力词汇积累到 1000 个左右，孩子便具备了学习自然拼读的条件，因为此时孩子就拥有了足够的单词储备量，他们可以从众多的实例中提取出相应的发音规则。

跟读录音背单词

许多孩子在记忆单词前，往往不习惯进行跟读，而是直接拿起单词表开始记忆，这并非一个良好的单词背诵习惯。在背诵单词之前，恰当的做法是反复跟读录音，以建立音形的配对关系。

英语单词实际上由一个个音节组成，一个音节即构成一个发音单位。孩子通过跟读单词录音，可以将单词的发音与其形式进行精准配对。以"international"为例，该单词由五个音节组成，即 in/ter/na/tion/al，每个音节对应着特定的字母组合。跟读单词有助于孩子将每个音节的发音与相应的字母组合相对应。这一过程极大地降低了孩子背单词的难度，因为发音规则是有限的，可以在不同的单词中反复出现，这有助于孩子将这些规则迁移到其他单词上，从而提升背词效率。

家长可以在网上找到课本单词的录音，在孩子学习单词时，引导其反复跟读。在跟读过程中，孩子应以大声、清晰、快速的方式进行朗读，因为这样有助于对比自身发音与录音之间的差异，及时进行纠正。此外，这样的朗读方式还能够使孩子的注意力高度集中，从而大幅提升记忆效果。

分门别类背单词

孩子在背单词的时候，可以自己将书中的单词进行分类。在某一个范畴中记忆单词，会极大地提升孩子背单词的效率。

首先，可以基于一个单词，学习同一类别的其他词汇。比如，在学习 football（足球、橄榄球）的时候，可以引出其他类别的 ball（球），如 basketball（篮球）、soccerball（足球）、volleyball（排球）、baseball（棒球）、ping-pongball（乒乓球）等，由于 ball 是这些单词所共有的部分，只需记忆前面部分即可。背完这些单词，可以再引出其他球类运动，比如 tennis（网球）、tabletennis

（乒乓球）、golf（高尔夫球）等，这些词同属球类范畴，可以帮助孩子更好地联想。

与上述相似的是基于某个场景，记住相关的单词。比如孩子在学 room（房间）的时候，可以将房子里的各个部分都教给孩子，比如 livingroom（客厅）、bedroom（卧室）、kitchen（厨房）、bathroom（浴室）、study（书房）、balcony（阳台）、yard（院子）、garage（车库），这样可以让孩子在场景中快速记下这些单词。

其次，记一个单词时，可以引出其他词性。比如在背 nation（国家）的时候，可以引出 national（国家的）、international（国际的）、internationally（国际性地）、nationality（国籍）等。这些单词都比较长，孩子们看到后通常会产生畏难情绪。但是，如果将其拆分，会发现它们里面都有 nation 这一部分，再分别加上前缀或后缀，就得到了后面的四个单词。用这种方式背单词，可以降低记忆难度。

除此之外，在背形容词和副词的时候，可以连同它的近义词或反义词一起记忆。这不仅可以帮助孩子在表达同一意思时选择不同词汇，以此增加表达的丰富度，还可以降低记忆单词的难度。比如在背 clever（聪明的）的时候，可以引出它的同义词 smart（聪明的）、bright（聪明的）、wise（明智的）、intelligent（高智商的）等。在背 important（重要的）的时候，可以告诉孩子它的反义词 unimportant（不重要的），就是在 important 前面加一个前缀 un（不，没有）。

最后，词根词缀记忆法也能对孩子记忆单词起到很大帮助。词根、词缀需要孩子有意识地总结和记忆，以便举一反三地运用到单词上。词缀分为前缀和后缀，副词在很多情况下都是在相应的形容词后面加后缀 –ly，比如 internationally（国际性地）、importantly（重要地）等等，在某些形容词前面加 un、im、in，就表示"不"的意思，如 unhappy（不开心的）、informal（不正式的）、impolite（不礼貌的）等。词根是指决定一个单词意思的那一部分字母组合，比如 –act– 就表示"做"的意思，基于它构建的单词都包含这一层含义，例如 react（对……做出反应）、interact（互动）、action（行动）、active（活跃的）、actor（男演员，行动者）、actress（女演员）等。词根、词缀对小学生而言有一定难度，但是，可以让孩子尝试着去掌握一些常见的词根、词缀，以达到快速记住单词的目的。

反复复习抗遗忘

许多孩子背单词的目的主要是应付即将到来的听写或考试，然而在听写或考试结束后，他们通常会将课本置于一旁，对所学单词"不闻不问"。经过一段时间之后，原本会写的单词又慢慢遗忘了。这主要是因为没有及时进行复习，也未能反复强化记忆。

我们都熟知"艾宾浩斯遗忘曲线"，该曲线生动地展示了记忆的遗忘过程。为了更形象地呈现遗忘曲线内容，我引用其相关图片：

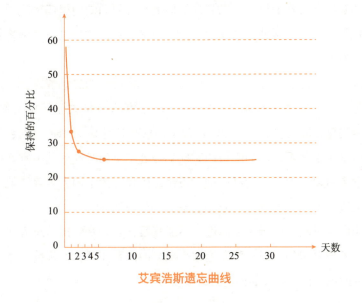

艾宾浩斯遗忘曲线

从曲线上，我们可以清晰地观察到，在学习新知识后，若不能及时进行复习，在 20 分钟之后，大脑中的知识量仅保留 58.2%；一个小时后，这一比例下降至 44.2%；一天后，记忆量仅有 33.7%。遗忘的趋势呈现先快后慢的特征，一天之内从 100% 迅速降至 33.7%，然而，一天之后的下降速度将显著减缓。

"艾宾浩斯遗忘曲线"表明了必须在背诵单词后及时复习，方能将短期记忆转化为长期记忆。建议孩子在背诵完单词后的一个小时内进行第一次复习，晚上入睡前再次快速回顾一遍，这对巩固单词记忆有显著的促进作用。因为在睡眠过程中，人脑仍会运转以处理和强化记忆信息，有助于更深层次地牢记单词。第二天早起后再次回忆，能够有效防止单词的遗忘。

很多孩子没有随时背单词的习惯，通常是临到听写之际才开始背，这样做只能事倍功半。给大家分享两个小妙招，帮助孩子随时随地背单词。

首先，利用便利贴，创造随时背单词的条件。孩子可以将所学的单词写在便利贴上，贴到显眼的位置，方便自己随时记忆，比如饭桌前、冰箱上、书桌前、厨房里、厕所里、卧室里等，只要是孩子经常去的地方，都可以贴上便利贴。以前我们教室里就有一面词汇墙，我会将每天所学的单词、短语和重要的句型都写在卡纸上，贴到词汇墙上，方便同学们晨读和晚诵，三天之后进行轮换，以此帮助大家在前三天不断巩固单词的记忆，直到将其变为长期记忆为止。

其次，可以让孩子准备一个便携笔记本，将遇到的生词或是容易遗忘的单词写下来，随时拿出来复习。这是我的一位俄罗斯朋友学习中文的方式，效果非常明显。他在和我们交流的过程中，只要遇到不会的词，就会写下来，并且随时拿出来复习，比如吃饭的时候、等公交车的时候或是睡觉之前。他养成了这个习惯，因此他的汉语进步飞快，现在还读了四大名著，他最爱的是《三国演义》，反复研读了三四遍，让人心生敬佩。

利用碎片时间，对所学单词进行不断复习，是很好的抗遗忘方式。如果孩子没有养成复习的习惯，可以把这个部分的内容让孩子好好读一读，让他知道复习的重要性，以及如何进行有效复习。

在语境中背单词

有些孩子背了不少单词，却不知如何使用，主要原因在于他们不知道单词的使用语境，不知道可以在何种情况下使用它们。这个问题普遍存在，哪怕是很多大学生出国深造之初，也不能很好地用英语进行交流，有时想要表达某个意思，却又找不到合适的词语，但是外国人却能用简单地道的词汇，将自己想表达的意思表述得十分到位。这是因为很多孩子都是将单词独立于语境之外进行记忆的，不能将单个的单词组装成地道的语句。

因此，在背单词的时候，一定要在语境中记忆。一定要记住一句话：词不离句，句不离段。句子给单词提供了一个小语境，是理解词义及其用法的基础。

很多同学会有这样的困惑：为什么在一个句子中，每个单词都认识，但就是不能理解句子的意思？20世纪90年代提出的构式语法认为，句子本身是有意义的，它的意义可能大于各个单词的意义相加之和。这就很好地说明了记住一个个独立的单词，并不一定能够理解句子或文章，也不一定能够说出地道的英语。

所以，我在给学生讲解词汇的时候，一定是在句中进行呈现，让他们反复理解，在输出的时候，他们也必须以句子为单位。因此，他们在写作文的时候，语法错误很少，单词的误用也不多。

除此之外，我也要求我的学生必须将课文中的重要片段背下来，并且能够流利复述出来，这不仅能加深对单词的理解，还能够提升口语表达水平，可谓一箭双雕。对于小学阶段的孩子，我建议要将课文背下来，以此记住单词的意思和用法，还有利于培养孩子的语感。

最后，一定要将所学的单词学以致用。大量的阅读以及口语交际，可以帮助孩子使用所学的英语单词。在阅读过程中，孩子学到的单词可以不断地得到巩固和强化，而口语交际为孩子所学的词汇提供了一个检验场所，如果孩子能够准确无误地表达自己，那么孩子对所学单词的理解就是准确的。孩子在使用英语的过程中，也在不断地加深对单词的理解，巩固单词记忆，这样的学习就形成了一个良性闭环，可以极大地提升孩子的学习效果。

如果孩子记不住单词，就意味着学习英语的方法肯定出了问题。帮助孩子找到高效的学习方法，陪伴孩子解决英语学习路上的第一个"拦路虎"，我相信孩子会更高效地记住单词，并在现实生活中正确地使用英语。在英语学习的路上，我们一起加油！

小学生计算老出错，是因为粗心吗？

海北老师，我的孩子现在上四年级，语文成绩稳定在前三名，英语和科学也没什么问题。孩子是数学课代表，但是这学期一到以计算为主的卷子就会算错或漏题，考完也不检查，让我很是头疼。

——家长留言

小学数学学习中，家长最常咨询的问题主要涉及两方面：计算和应用题。很多父母反映，在每天的计算练习中，孩子总是频繁出错，无法做到全对。即便多次罚做，孩子依然会出现错误，这令家长们感到十分困扰。

有一位家长曾向我留言，说孩子在计算方面经常出错，甚至被罚做了八百道计算题，仍然难以避免错误，她的语气中透出一丝绝望。还有一些孩子能够解答出较为复杂的题目，可一旦涉及计算，就频频出现问题。孩子在数学考试中得不到高分，往往并非因为不知道怎么解题，而是由于计算问题导致丢分，这种情况令许多家长十分着急。

在小学阶段，计算能力的培养尤为重要。就考试而言，要想取得高分，计算能力发挥着至关重要的作用。从试卷分值的构成来看，纯计算题大约占总分的1/5，差不多20分。此外，填空题和应用题的解答也离不开大量计算。如果孩子在计算上出现问题，会直接影响到分数。甚至到了初中、高中阶段，许多学生在学习数学、物理、化学等科目时难以取得高分，其中一个重要原因就是计算能力不足。

为了解决孩子计算老出错的问题，我们需要深入探讨其原因，并提供相应的解决方案。下面，我将详细论述其中的原因，并为家长提供有针对性的建议，以供参考。

练习不够，形式单一

许多孩子在做计算题时，不仅反应速度较慢，而且错误率高，这无疑说明了孩子在计算练习方面存在不足。一天不练自己知道，两天不练老师知道，三天不练全世界都知道。孩子若不能坚持每天进行计算练习，就很难提高计算速度和准确率。根据教育部教学大纲的规定，每天花 10 ～ 15 分钟进行计算练习是必要的。不通过每日练习，而试图尝试其他方法和捷径，那就如同空中楼阁一般，缺乏坚实的基础。

计算练习不仅是熟能生巧的过程，还是提高孩子计算能力的有效手段。如果孩子未掌握计算方法，同一类型的题目会屡次出错；如果孩子在做题时速度慢但准确率高，表明孩子练习不够，尚未达到熟练的程度；如果孩子频繁看错或抄错，可能是由于孩子的做题方法不当或专注力不足；若孩子的错误毫无规律，可能是由于做题习惯不佳。要深刻了解孩子的具体问题，需要足够多的练习，这样才能有针对性地分析孩子的错题，并找到问题的根源，以帮助孩子采取相应措施解决其问题。

然而，在计算练习中，形式过于单一同样可能导致反复出错。有的家长太过强调口算和心算，单方面追求计算速度，甚至在中高年级也不鼓励孩子打草稿，这种做法是不明智的。计算练习应该包括口算、竖式计算、脱式计算、简便运算等多种形式，片面强调口算和心算可能导致对其他形式的计算练习不够，从而出现错误。

有的家长担心孩子考试时间不够用，因而过分强调孩子的计算速度，甚至让孩子参加心算课程，结果孩子的计算错误并未明显减少。需要指出的是，口算确实可以提高速度，但为了提高准确度，仍然需要进行笔算。因此，在进行计算练习时，不应片面强调某一种形式，而应选择多样题型进行全面训练。

未能掌握计算方法

当孩子在计算中频繁出现类似错误，或者错误呈现一定的规律性时，家长可以要求孩子详细讲解计算题的解题过程，从而发现孩子在计算中的问题所在。如果孩子在讲解中表现出计算过程混乱或表述不清晰，那可能是孩子尚未很好地掌握计算方法。

一些家长认为孩子计算老出错是由于粗心马虎，因为计算题看似简单，不应该出现这种情况。实际上，很多孩子并未完全掌握计算方法。我曾经辅导过一名六年级小学生，在进行综合运算时，她的错误率相当高，原因是她未能记住某些计算方法，比如括号前如果是减号，打开括号后需要将括号内的符号改为相反的符号，即加号变减号，减号变加号。在计算时，她总是忘记修改括号内的符号，导致频繁出错。我告诉她这一计算规则后，通过几次练习，她就解决了这个问题，说明她的错误并非因为粗心马虎，而是由于没能掌握计算方法。

在小学阶段，20 以内的进位加法和退位减法是所有加减计算的基础，它们通常有多种计算方法。许多年轻老师在教学中可能过于关注多种方法的讲解，而忽视了基础方法的训练，导致很多孩子没有打好基础，从而在计算过程中产生混淆。

如果孩子在计算时依然频繁出错，特别是综合运算，家长可以要求孩子详细描述其计算方法，以了解孩子是否已经掌握这些方法。在讲解多种计算方法之前，务必确保一种方法被充分理解，然后再引入其他方法。在多种算法的基础上，还需要进行算法的优化，让孩子选择最适合自己的方法，并通过练习不断巩固，以达到熟能生巧的程度。比如说，对于进位加法，凑十法可能是最有效的方法；对于退位减法，破十法可能是最佳选择。家长应鼓励孩子在日常练习中坚持使用这些方法，以确保计算的准确性。

习惯不好，错误频出

男同学做计算题的错误率较高，其中一个重要原因是他们有一些不良习惯，例如书写不规范、不打草稿、竖式对不齐、进位和退位未标注等。

许多男孩子的书写非常潦草，数字书写模糊不清，这导致誊写错误的出现。这种情况在低年级并不常见，因为一、二年级主要侧重基础，涉及的题目并不太难，因此，计算和书写是很多家长关注的重点。然而，随着作业难度和数量的增加，很多孩子会忽视书写练习。这导致了许多孩子书写不清晰，有时甚至连自己写的数字都难以辨认，如将4看成9，0看成6，7看成1，等等。如果孩子的字迹不清，即使没有誊写错误，一旦阅卷老师无法清楚辨认孩子写的数字，也可能判为错误。尤其在当下学校进行网上阅卷的情况下，扫描后将试卷发送到网上，这会放大孩子书写问题，如果孩子的书写潦草，网上识别难度也会增大，丢分的概率会更大。

因此，我们决不能忽视书写的重要性。许多孩子在初中或高中阶段，由于书写问题会被老师要求练字。然而，这两个阶段的学业压力较大，很多孩子每天都在为完成学校作业而努力，几乎没有时间进行书写练习。可见，在小学阶段培养良好的书写习惯对孩子的学业成绩具有深远的影响，请家长们务必引起重视。

此外，一些孩子的草稿书写随意，不能将数位对齐，从而导致问题频繁出现。有的孩子在打草稿时没有将草稿纸分区的习惯，哪里有空白就在哪里打草稿，甚至是一个小缝隙，有些孩子也能挤在里面打草稿。由于空间有限，容易导致数字歪斜不齐的问题，进而影响到后续计算中不同数位的加减。

为了解决这一问题，家长们采取了各种方法。如果孩子因为书写潦草导致错误，有的家长会用惩罚的方式，错一个抄五遍、抄十遍。这种方法在短时间内可能有一定的效果，但是随着孩子错误次数的增加，他需要抄写的遍数也不断增多，最终过大的抄写量将导致无法完成抄写任务，这对孩子问题的解决并不一定能起到好的作用。有的家长要求孩子在书写时使用直尺画线对齐，尽管有效，但也会影响孩子做题的速度，这种方法并不可取。

对于数位不对齐问题，我建议为孩子准备数位对齐的草稿纸，这种草稿纸可以在网上买到。或者让孩子自己在本子上画竖线，每次打草稿时，让孩子将个位数字写在一列中，将十位数字写在另一列中，以此类推，确保竖式排列整齐。此外，建议孩子在打草稿之前，务必将草稿纸进行分区，使用完一个区域后，再使用下一个区域，以减少不同竖式之间的相互影响。

除了以上两种不良习惯导致计算频繁出错，忘记退位、进位也是计算出现问题的一大原因。有的孩子在进行计算时，不喜欢打草稿，而喜欢心算，这会增加错误的概率。有的孩子尽管打了草稿，但没有进行标注的习惯，导致计算错误的增加。例如，在进位时，很多孩子忘记标注进位1，在退位时，忘记在数字上方加一个退位点，这都会导致错误的出现。

针对这种情况，一定要加强孩子标注习惯的培养。在学习的初期，家长务必要求孩子标注到位，并进行足够的监督，必要时可以配合一定的惩罚措施，只有这样，孩子才会逐渐养成这个习惯。家长可以让孩子用不同的笔进行标注，这样进位1和退位点会更加显眼，更有助于提醒孩子。

在计算的过程中，由于孩子习惯不好导致的错误比比皆是，这是很不划算的。为了避免这个问题，家长一定要帮助孩子养成良好的书写习惯和打草稿的习惯，避免计算部分成为孩子学习的拖累。

专注力欠佳，数字写错

家长在辅导孩子进行计算时，可能会观察到一些孩子明明口头上念出一个正确答案，但在书写时却将数字写错的情况，例如，嘴里说着7+8=15，而在纸上写成7+8=51。这种情况可能是因为孩子的视知觉专注力不足。有的孩子在观察数字时，经常出现读错或者抄错的现象，这些都可能与专注力不佳有关。

为了解决这类问题，可以从两个方面入手。首先，培养孩子边读边写的习惯。在抄写数字时，鼓励孩子用笔指着每个数字，并大声读出来。在计算的过程中，引导孩子说出每个步骤，例如，个位几加几等于几，十位几加几等于几。这样可以提高孩子的仔细度。在每个步骤完成后，要求孩子停留三秒钟进行检查，确保计算过程中没有出现数字认错或写错的问题。持续一周后，孩子就能养成有序计算的好习惯，减少专注力不足引起的问题。

其次，有意识地训练孩子的视知觉专注力。市面上有许多针对视知觉专注力训练的资料，通常以小游戏的形式加以训练。家长也可以与孩子一同参与培养专注力的游戏，如走迷宫、连连看、拼图、小猫钓鱼等，这些游戏有助于提升孩子的视知觉专注力。

在此提醒家长，切勿将专注力训练视为一项任务，并强迫孩子完成。这样的做法对培养孩子的视知觉专注力并无益处，可能还会适得其反。家长应该选择富有趣味性的游戏方式，充分激发孩子的兴趣，逐步培养和提升孩子的视知觉专注力。

孩子在计算过程中频繁出错，原因是多种多样的。有的孩子是未掌握正确的计算方法，有的则可能是缺乏良好的做题习惯，另一些则是视知觉专注力不足。无论具体原因是什么，都需要采取相应的措施进行解决。在整个小学阶段，计算能力占据着至关重要的地位，因此家长务必对其给予足够的关注，切忌让计算成为孩子学习路上的拦路虎。通过不断培养和引导，孩子在计算能力方面就能取得进步，为未来的学业打下坚实的基础。

考试后不分析试卷，等于白考！

海北老师，您好。我家孩子读五年级，这次期末考试的成绩不是很理想，语文 86 分，数学 82 分，英语 94 分，我不知道他的问题在哪里。考试前孩子认真复习了，题也做了不少，但是考试还是没考好，我不知道该怎么办了。请问寒假是该复习还是该预习呢？

——家长留言

在期末考试前，我在朋友圈看到一位家长发布的状态，内容颇为有趣。她表示已经在家准备好了甘蔗，如果孩子考得好，就内服；如果考得差，就外用。我暗暗为这个孩子捏了一把汗，考得好自然是喜事，但若成绩不佳，可能将面临家长的严厉批评，甚至可能会受到家长的体罚。

父母高度重视孩子的学业成绩固然是件好事，然而，如果过于强调成绩，可能导致孩子的表现反而不尽如人意。我收到很多家长的私信，他们向我求助，表示孩子对成绩非常在意，一到考试就感到紧张。有的孩子甚至在考试前会紧张到手脚冰凉，晚上难以入睡。他们询问是否有方法来解决这个问题。孩子对成绩的态度很大程度上是缘于家长或老师过于看重成绩，这种焦虑的情绪传递给了孩子，导致了孩子的紧张和焦虑。

因此，在看到孩子的考卷后，家长对待分数的态度十分重要。如果孩子考得好，可以适度表扬。需要注意的是，可以用言语表扬，就不要依赖物质奖励。即使需要采用物质奖励，也应提前与孩子达成协议，而非随意行事。如果孩子没有考好，切忌简单批评和惩罚，因为这通常无法起到积极作用。打骂或责罚过后，孩子未掌握的知识点依然没有掌握。

家长的责任是与孩子一同分析试卷，找出问题所在，并采取有效的措施来提升孩子的学业水平，这样才能促使孩子不断取得进步。

客观分析试卷，不要进行情绪输出

在进行试卷分析时，请避免将其演变为一场批斗会。孩子在考试中，出于各种原因可能出现各种错误，如紧张导致的粗心、题目解答方法错误、时间管理不当等。家长在发现这些问题时，切忌一味咒骂和指责。过于负面的情绪将使试卷分析失去意义，因为父母一旦被情绪支配，孩子就会因害怕而不敢表达自己的真实想法，也无法继续深入思考，从而导致父母与孩子之间的交流失效。

考试后，父母应创造一个轻松的环境，与孩子进行畅所欲言的对话。对于孩子的成绩，父母应表现出包容的态度，让孩子知道，成绩不佳并非大问题，关键是找出问题并一同解决。在一个轻松的场合，比如晚餐后，找一个安静的地方与孩子边散步边聊，父母要适时给予孩子鼓励和安慰，让孩子能够积极面对眼前的困难。这样做能够拉近父母与孩子之间的心理距离，鼓励孩子更充分地倾诉学习和生活中的烦恼。

我有一个学生的家庭交流氛围就非常好，他家里每周召开一次家庭会议，对当周发生的重要事情进行梳理和总结。会议由学生主持，父母参与，每个人发言时，其他人安静聆听，发言后进行点评或提出意见。妈妈担任会议记录秘书，记录会议内容，方便以后查阅。在这样的家庭会议中，每个人都是平等的，没有父母的权威，相反，父母也要担任聆听者的角色。因此，这位学生在会议中能够畅所欲言，父母与孩子之间的交流也十分畅通而有效。

对分数进行复盘，设定"三维目标"

营造了良好的交流氛围后，父母与孩子的交流已经成功了一半。然而，为了有效进行试卷分析，父母必须有充分的准备，做到有的放矢。

首先，要对试卷的分数进行仔细分析，在复盘时，不能只关注孩子得分的高低，还应看到孩子的进步和在班级中的排名进退。许多家长倾向于为孩子设定分数目标，因为分数是最直观的目标，达到了这个分数即为合格。然而，仅仅设定分数目标是不够合理的，因为每次考试的难度都不相同。

在为孩子设定目标时，我一直主张家长为孩子设定三维目标，即分数目标、对手目标和名次目标。

分数目标应基于孩子的现有水平，设定略高于这个水平的分数，以鼓励孩子而不至于打击其自信心。名次目标是以孩子现在的名次为基础，设定一个略高于现在的名次，切勿好高骛远。对手目标则是选择一个学习成绩略高于自己的同学，以他为参照，并努力追赶超越他。需要特别提醒的是，孩子的对手目标不一定只选一个，每个学科和总分都可以选择一个对手进行竞争，这样的目标设置更具有针对性。

通过设定三维目标，分数的分析变得更为合理，父母能够明确孩子在班级中的位置，同时观察孩子的进步状况。由于试卷难度不同，分数可能会有波动，但名次相对较为稳定。将孩子的成绩与本班平均分进行比较，检查孩子的成绩是否高于平均分。如果高于平均分，说明孩子在该学科占据优势。

接着，观察孩子在班级中的名次，如果名次有所上升，超过了竞争对象，那么孩子的学习就取得了进步。这样的分析方法避免了家长片面关注孩子的分数而忽视孩子的进步，不会打击孩子的积极性。

找出失分的关键，避免再次答错

无论孩子是进步还是退步，都需认真与他共同分析试卷，深入挖掘错误背后的原因。试卷分析的目的在于确定孩子尚未掌握的知识点，了解不良的学习和考试习惯，然后采取相应的措施解决这些问题。因此，试卷分析十分重要。

许多孩子在拿到批改好的试卷时，常抱怨自己太粗心，导致犯了许多错误。让他们重新做这些错题时，他们也能够正确解答。然而，这些错误真的都是由粗心马虎导致的吗？实际上并非如此。我将孩子在考试中的错误分为四类，每一类错误都需要采取不同的解决方法。

第一类，有些错误确实是由于粗心马虎导致的。例如，有些孩子在计算题中明明计算正确，但在抄写答案时却将数字写错，比如将 56 写成 65。还有些孩子在做题时不够仔细，遗漏了题目，导致失分扣分，这是非常可惜的。这类问题主要由粗心大意引起，只要孩子在做题时养成随时检查的习惯，这些问题就可以避免。

第二类错误涉及孩子的做题习惯，习惯不佳导致了失分。在解题过程中，有的孩子由于缺乏解题技巧，容易出现失分。例如，在审题时，孩子可能不勾画关键词，仅看一半就开始答题；另外，有的孩子尽管最终答案是正确的，但解题过程跳跃，不按规定的步骤书写等，这些都可能导致失分。在英语阅读题中，很多孩子不在题干中勾画关键词，也不在文章中勾画出答案句，从而导致不能准确地选择正确答案。通过提醒勾画关键信息，孩子或许就能够迅速找到正确答案。为了解决这类错误，必须让孩子养成良好的做题习惯，例如认真阅读题目、勾画关键词、检查答案、按步骤解题等。有些孩子可能认为这些习惯太过烦琐，但家长必须提出严格要求，只有让孩子端正态度，使其更为严谨，才能避免因做题习惯不佳导致的错误。

第三类错误涉及孩子知识掌握不够扎实，学得一知半解。有的孩子在平时学习中缺乏精益求精的精神，满足于表面而不够深入，未能及时解决课堂上的疑问，导致在解题过程中出现各种疏漏。有些孩子在课后也没有及时记忆和反复练习，致使理解不够深刻、应用不够熟练，在考试时手忙脚乱，错误频出。当有足够时间或在他人提醒下，他们或许能够将这些错误改正过来。因此，这种错误通常被视为粗心大意导致，但实际上，它们却是因为孩子对知识点掌握不够扎实，无法熟练运用导致的。还有一些孩子会把第一遍做对的题目，在第二遍检查时改错，这也是由于孩子对知识点的把握比较模糊，未能真正理解导致的。

第四类是不会做题导致的丢分。在时间充足的情况下，有的同学还是将一些题空着，或者胡乱写上几个字，这可能是因为他完全不会做这样的题目。即使让孩子重做，也会是同样的结果。这种类型的丢分，是由于孩子的能力不足导致的。

要解决第三类和第四类的丢分情况，家长一定要引导孩子将知识点吃透。孩子应确切了解错误题目涉及的知识点，并深入学习相关章节。随后，回到具体习题，让孩子知道该如何运用知识点解决问题，并引导孩子说出解题思路。

将清思路后，孩子应立即按步骤将这道错题解答出来，这是孩子对解题思路进行梳理的过程。如果无法解答出来，表明他尚未完全理解，需要进一步讲解。做完这道错题后，家长可以让孩子做一些类似题目反复练习。所谓熟能生巧，孩子只有将这个类型的题目熟练掌握了，才能够举一反三，避免下次出错。

对于完全不懂的题目，家长切忌苛责孩子。引导孩子分析题干，鼓励孩子全力攻克其中一个小问题，只要能解答第一个小问题，即可视为孩子进步了。如果孩子毫无头绪，可以查阅参考答案，让孩子认真领会，或者鼓励孩子及时向老师请教，以获取专业的解答。对于这类题目，一定要记录在错题本上，抄写题干，用红笔详细书写该题的解题过程和答案，特别是主观题，应根据老师的解题思路完善自己的答案。

完成错题本后，要定期进行复习。在复习时，孩子应用纸将答案遮住，根据自己的理解重新完成这道题目。如果不能完成，就再次仔细阅读该题的解题过程，理解后，在未来的复习中再次尝试，直到连续几次成功解答，这才表明孩子已经完全理解。通过反复做题，孩子可以深化对它们的理解，避免以后犯类似的错误。

除了因知识点掌握不扎实和做题技巧不佳而导致的失分情况，缺少考试技巧也可能导致失分。有些孩子在考试中，未能合理有效地安排时间，从而影响后续大题的答题质量。遇到较难的问题时，有的孩子未能明智放弃，而是长时间困在某一道题上，不肯妥协。由于花了过多时间用于一道题目，导致后续题目无法按时完成。有的孩子因慌乱而产生疏忽失误，损失了一些本可得到的分数。家长必须向孩子强调，遇到较难的问题时，若短时间内难有头绪，应暂时跳过，先完成后面的题目，待整张试卷答题完毕后，再回头处理难题。这种策略有助于防止因困于难题而影响整个考试的节奏。

此外，不写名字、不按要求填涂答题卡、答案写在密封线外等情况，也可能导致失分，这都是比较常见的情况。我经常遇到一些孩子，高考过后痛哭流涕，原因是忘了填涂机读卡，这样的错误是无法容忍的。因此，家长或老师要叮嘱孩子，在考试前务必熟悉填涂答题卡的基本要求，并在考试结束前的最后五分钟，再次检查是否妥善填涂答题卡。考试中，老师通常也会提醒考生填涂答题卡，孩子务必引起足够的重视，以免发生这类事故。

有些家长向我反馈，孩子在考试中因紧张而失分，关于这一问题，有专门的章节进行探讨，在此我就不展开讨论了。

陪孩子一起总结和反思

在与孩子共同分析试卷后，孩子已基本了解自身失分的原因。别忘了让孩子撰写一份试卷的总结和反思，其中包括对试卷整体的评价，即哪些题目做得比较好，哪些题目存在失误。孩子需要对错误的题目进行分类，找出失分的原因，并提出相应的解决方案，有针对性地进行改进。将这份总结与试卷装在一起，方便孩子在复习错题时查阅，巩固知识的同时内化做题和考试技巧，避免再犯同类型错误。

完成试卷分析后，父母可引导孩子设定下一次考试的三维目标。分数目标的设定应基于孩子当前得分，再加上孩子能够快速拿到的分数，比如因为粗心马虎丢失的分数，因缺少做题技巧丢失的分数等。分数为孩子提供了一个奋斗目标，让孩子知道接下来要朝什么方向努力，要解决怎样的问题。只要孩子达到这个分数即为合格，超过这个分数即为进步。对孩子的肯定和表扬应基于孩子的进步，而非单一的分数。对象目标和名次目标的设定需要与老师及时沟通，了解孩子在班上的位置，以便做出合理的界定。只要孩子超过了对象目标和名次目标，就可以制定更高的目标。

通过这样的试卷分析，孩子对自身问题有了清晰的认识，不再将粗心大意作为失分的借口。这有助于孩子有针对性地解决问题，并基于此设定合理的目标，明确前进的方向，实现自我突破。

04

习惯养成：

戒除陋习，让孩子更加自律

习惯养好之前，家长不可轻言放手！

海北老师，我女儿读小学二年级，思维很敏捷，成绩能排在班级前三分之一，可是学习习惯不好。为了解决她拖拉磨蹭的问题，我用了您讲的制订时间计划表法，为了解决她写字潦草的问题，我用了您建议的适当惩罚的方法，写得不好就罚，效果不错。可是我一旦不督促，就又打回原形。现在我们每天都要花很多时间在培养习惯上，但是我又想给她多留点时间阅读课外书，阅读她是很喜欢的。所以，我有点纠结，到底该花时间培养习惯呢，还是该让她看课外书？

——家长留言

到底要不要陪孩子写作业？这个问题一直是大家讨论的热点。很多家长认为，做作业就是孩子自己的事情，不需要家长陪；有的家长认为陪孩子做作业，不利于养成孩子自主学习的习惯和能力。通常情况下，在家长陪着的时候，孩子能够很好地完成作业，相反，如果家长不陪伴，孩子的作业完成质量就不高。

留言的这位家长纠结的点在于：如果花了过多的时间陪孩子完成作业，以及培养学习习惯，孩子就没有时间做其他的事情了，比如阅读。这位妈妈犯了很多家长都会犯的错误，即心太急。

阅读习惯重不重要？相信答案是毋庸置疑的。但是，在学习之初，培养包括认真完成作业在内的学习习惯更为急迫，因为它是孩子养成自主学习能力的基础。

这个孩子才读二年级，她可能还没有完全认识到学习的重要性，也缺乏足够的自我控制能力，所以她才会写字潦草，才会在没有家长监督的情况下马虎完成作业。这都是正常现象，小学低年级正是孩子从无序向有序过渡的阶段。再加上现在的孩子还面临很多的诱惑，这让他们更难自我管控。因此在这个时期，家长就应该更积极地为孩子的习惯培养提供额外的支持和引导。

我们知道，小学一、二年级阶段本来就是培养孩子习惯的黄金时期，家长的重点就应该放在习惯养成上。这里的习惯包括预习复习的习惯、认真做作业的习惯、阅读的习惯等等，但是，培养阅读习惯一定是在完成学校作业之后的。

家长陪孩子做作业的目的，就是帮助孩子养成良好的学习习惯，并训练孩子自主完成作业，提升自我管理的能力。这些时间看似浪费在了琐碎的事情上，但是却为孩子以后的自主学习打下了坚实的基础。由此可见，在孩子养成良好的学习习惯之前，家长不能轻言放手。

读到这里，相信大家已经明白了培养学习习惯的重要性，也明白了各种习惯的养成，一定是循序渐进的，切莫太过心急。忽视孩子的阶段发展特征，是导致家长心态失衡以及情绪不稳定的主要原因之一，这不利于孩子的习惯培养。

在这里，我很高兴这位家长给我留言，而不是过于严苛地要求孩子或是做出过激的行为，这一点是值得肯定的。只不过如果没有找到好的方式培养孩子的学习习惯，就可能导致自己成为孩子学习的监工，从此与孩子展开长期拉锯战。

为了避免出现这种局面，我为大家提供四个方案，以期帮助大家在培养孩子良好学习习惯的道路上少走弯路。

和孩子一起制订学习计划

在陪孩子完成作业的过程中，家长一定要记住这一点：家长陪伴的目的是培养孩子自主完成作业的习惯和提升孩子的自我管理能力。这意味着家长在陪伴的过程中，应该避免包办和过度干预，而是要逐渐将主动权交还给孩子。

每天放学后，家长不要忙着敦促孩子去完成作业，而要询问孩子当天的作业情况，比如：今天都有些什么作业？做每一项作业需要多少时间？如何安排每一项作业？是先做数学还是先做语文？这样的询问就是让孩子对当天的作业进行梳理，让孩子清楚当天的作业任务，以及完成任务需要的时间。之后，再引导孩子制订时间计划表，写在时间计划本上。这种方法不仅能够帮助孩子明确每项作业所需的时间，还有助于培养孩子规划和管理时间的能力。

一定要注意，这个过程应该是家长引导孩子完成的，而不是家长替孩子安排的。这体现了在引导的过程中要给予孩子足够的自主权，让他们有机会参与决策和规划。通过让孩子参与计划的制订，家长能够激发孩子的主动性，增强他们对学习任务的责任感，这使他们更有可能遵守这个计划，并全身心地投入到完成作业中。

时间计划表还有一个功能，就是让孩子在学习的过程中，形成积极的自我管理和反思习惯。通过时间规划，孩子能够明确知道，自己是否能够按时完成每项任务，并分析不能按时完成的原因。这不仅培养了孩子的学习能力，还在提高他们的自律性和独立性上起到了积极作用。

制定规则并严格执行

中国有句老话："没有规矩，不成方圆。"

从孩子一年级开始，家长就应该有意识地培养孩子的规则意识。家长需要和孩子一同制定清晰而明确的规矩，而不是每天对孩子唠叨，或不断地说教。通过制定规则，家长为孩子创造了一个有序的学习环境。什么能做，什么不能做，通过规则，孩子会有一个清楚的认知。规矩的执行让孩子在学习中拥有明确的方向，不至于迷失在琐碎的学习任务中。

自律首先来自他律。在前期，孩子不一定能够百分之百保质保量地执行规则，但是，通过长期坚持，孩子将逐渐体验到好习惯带来的高效和积极影响。这种正面的体验不仅使孩子更容易坚持下去，还有助于孩子将习惯内化为优秀的学习品质和能力。这就是他律向自律的转化过程。

那么，需要给孩子制定什么样的规则呢？

1. 要在做作业前十分钟做好所有的准备工作。孩子在做作业之前，一定要喝好水并且上好厕所；清理好书桌，把一切与学习无关的东西通通清理掉；拿出与作业相关的所有用具，并按照时间计划表将它们有序放好。这样做是为了避免在做作业过程中，出于各种原因导致分心，从而影响作业质量。

2. 在做作业前，一定要复习当天的功课。很多家长忽视了这一步的重要性。复习功课旨在巩固当天所学的知识，以此避免孩子在做作业过程中，因为知识点不熟悉或者遗忘而不断翻书，这样会严重地影响孩子做作业的效率。

3. 一定要严格按照时间计划表有序完成作业。可以为孩子准备一个闹钟，让孩子严格按照时间计划表上的时间完成作业。如果估计的时间太长或太短，就要在第二天的时间计划上做出调整。这一步有助于孩子对完成作业的过程进行反思，发现自己的问题，并寻求方案解决这个问题。

4. 在做作业的过程中，避免离开座位。告诉孩子，如果在做作业时遇到了不会做的题，就先跳过它们，等做完了所有的作业再查工具书或者询问父母。这是为了避免在做作业的过程中跑来跑去，影响专注度。

5. 一定要保证字迹工整、卷面整洁。这并不是说一定要孩子一笔一画地像练习书法似的把每个字都写得具有观赏性，只要孩子保证整体整洁美观就可以了，没必要吹毛求疵。

严格遵守这样的规则，是孩子培养自主学习能力的第一步。孩子严格遵守规则，长期坚持，慢慢将他律内化成自己的习惯，我相信孩子在做作业过程中会变得更加专注，做作业的效率也会更高，这也有助于孩子自主学习习惯和自我管控能力的形成。

观察孩子的学习过程

陪孩子写作业不仅是辅助孩子完成学业任务的监督措施，更是家长观察和培养孩子学习习惯的好机会。在这个过程中，家长的一项关键任务是仔细观察孩子，发现并帮助改进其在学习方面的不足和坏习惯。这种观察比仅仅关注纠正错题和提高分数更为重要。

孩子常见的一些学习问题包括缺乏条理性、做作业时没有规划和顺序，书写随意且爱使用橡皮，注意力不集中并伴有过多的小动作等。这些问题可能会影响孩子的学习效果和学习态度。因此，家长在陪孩子写作业的过程中，应当留心这些细节，及时发现并纠正孩子的问题。

一旦发现孩子存在学习问题，家长应该采取有针对性的措施。这可以通过立规矩和制订适当的学习计划来实现。比如，可以教给孩子如何有条理地规划做作业的时间，如何保持专注，减少小动作的干扰。

通过家长的耐心引导和规范，孩子可以逐渐克服学习中的问题，建立起良好的学习习惯。这个过程不仅关乎孩子当前的学业表现，更为重要的是可以为将来的学习和发展打下坚实基础。因此，家长在陪孩子写作业时，除了关注具体的题目和分数，更应注重对孩子学习方法和态度的观察和引导。

给孩子更多的正向反馈

在陪伴孩子完成作业时，创造积极、愉悦的体验至关重要。只有在孩子感受到积极情绪和快乐体验的时候，他们才会更有动力，更愿意全身心投入学习中，从而表现得越来越出色。因此，家长在陪孩子完成作业时，应该着重培养积极的氛围。

首先，一定要看到孩子的进步。通过仔细观察孩子一点一滴的进步，家长能够发现孩子在学习上的努力和取得的成就。及时肯定孩子的良好表现，给予积极的回馈，这有助于增强孩子的自信心，增进他们对学习的积极态度。例如，当看到孩子在书写上有进步的时候，家长可以说："你的字写得比上次好，可以看出你非常用心，妈妈（爸爸）给你的进步点赞。"

同时，要避免采用打击性的批评，更多地采用鼓励的方式。过度挑剔的评价可能会影响孩子的自信心，降低他们对学习的兴趣。因此，家长应该避免过分挑剔，而是在指导中更注重积极的引导和鼓励。

这种正向的反馈和鼓励不仅能够提升孩子的学习兴趣，还能够建立一个积极向上的学习环境。孩子在得到认可和支持的同时，也更愿意自发地投入学习中，形成一个良性循环。因此，在陪孩子完成作业时，家长应注意打造积极向上的学习氛围，以促进孩子在宽松积极的环境中发展学习潜能。

回到文章开头的问题，到底应不应该陪孩子做作业？我的答案是肯定的，尤其是在学习习惯养成之前。在培养孩子良好的学习习惯的过程中，家长一定要充分给予孩子自主权，引导孩子自己制订学习计划、制定规则。有了规则，家长应要求孩子严格遵守，因为自律首先来自他律，只有长时间地遵守，才能够将它内化为习惯。

家长一定要通过观察，发现孩子在完成作业过程中的问题，并和孩子一起反思总结，找到解决问题的方法。在总结反思这一环节，家长一定要少用批评，多用鼓励和表扬，以便为孩子营造一个积极的学习氛围，这也能够极大地提升孩子的积极性，使得孩子主动自愿地养成好习惯。

作业每晚都写到深夜，让人着急，怎么办？

海北老师，您好，我们家孩子现在六年级，每天放学一回家她就开始看课外书，直到吃完晚饭 7 点左右她才拿起书包去写作业，但是写作业的时候还会穿插着看课外书，一直要写到晚上 10 点多，有的时候要到 11 点甚至 12 点才会睡觉。她的语文、数学成绩还可以，能排在班级前十，英语比较差，不愿意记和背。她天天很晚睡觉，怎么说都无效，我不知道该怎么办。

——家长留言

孩子爱看书，本应该是一件好事。因为爱阅读的孩子，在学业表现上相对而言会更加优秀。阅读，不仅可以提升孩子的词汇量，让孩子在语境中习得词语和句子结构，还能够提高孩子的认知水平。通过阅读各种类型的图书，孩子能够了解文学、历史、科学等领域的知识，促进他们的认知全面发展。除此之外，阅读还可以培养孩子的想象力和创造力，对孩子情感智力的提升也很有帮助。阅读的好处很多很多，这也是很多父母一定要让孩子养成阅读习惯的原因。

但是，沉迷于阅读课外书而耽搁了其他重要的事情，比如做作业、睡觉等，导致不能按时完成作业或者影响身体健康，这将是得不偿失的。就像这位留言家长所说的那样，孩子放学回家后，不是第一时间完成作业，而是先看课外书，一直看到吃完饭，才开始写作业。在写作业的过程中，孩子也并不专心，时不时地拿课外书看，导致很晚才能完成作业，没时间背英语，甚至还影响了睡眠。可见，孩子沉迷于阅读课外书并不是一件让父母高兴的事。

其实，这种情况和放学回家先玩、先看电视是一样的，都是不能合理安排时间导致了作业完不成或很晚完成的后果。要解决留言家长面临的问题（当然也是万千家长面临的问题），一定要教会孩子制定家庭作业日程表。制定一个明确的家庭作业日程表，这是一种有益的方法，有助于孩子养成良好的学习和时间管理习惯。很多父母不知道如何制定合理的家庭作业日程表，或者是不知道怎么贯彻执行，可能也不知道如何长期维持孩子做计划的热情，从而导致很多孩子不能够很好地执行家庭作业日程表，让其流于形式。最终，孩子不能养成良好的作业习惯，父母和孩子的拉锯战就此拉开帷幕。

为了让父母清楚明了了如何制定家庭作业日程表，我将从以下八个方面进行论述。

让孩子参与制定家庭作业日程表

父母和孩子可以共同参与讨论，设计家庭作业日程表。这样的方式体现了一种家庭教育的合作与参与。孩子因为被纳入决策过程，会感到被尊重和重视，这有助于增强孩子的主动性和对规则的认同感。

讨论的过程中，父母有机会深入了解孩子的学习习惯和喜好。这对于制定出更为贴合孩子需求的日程表至关重要。例如，有的孩子可能更喜欢在下午时段集中完成作业，而有的孩子可能在晚上更为专注。了解到这些个体差异，父母可以更有针对性地安排作业时间，使孩子在高效学习的同时也感到愉悦和舒适。

制定清晰明确的规则

制定家庭作业日程表时，清晰而明确的规则是确保孩子能够有效执行计划、提高学习效率的关键。

首先，应该明确规定作业开始的时间。设定一个具体的开始时间有助于孩子养成每天按时开始学习的好习惯。这一规则可以为孩子打造一个明确的学习起点，帮助他们迅速进入学习状态。此外，规定开始时间也有助于父母监督孩子的学习进度，确保他们及时开始做作业。

另外，限制、规定娱乐时间是非常重要的。在做家庭作业的过程中，适当的休息和娱乐，对于保持孩子的学习动力和注意力至关重要。然而，过多的娱乐也可能导致学习效率下降。因此，要明确规定每天娱乐的时间，帮助孩子平衡休息和学习，更有针对性、有目的地利用时间。番茄时钟法规定以 25 分钟为一个学习周期，做完后，有 5 分钟的休息时间。我认为这个时间可以根据不同的年龄段灵活变动，比如一、二年级的孩子，或者专注力不是很好的孩子，可以设定做 20 分钟作业，休息 10 分钟，而高年级的孩子，可以设定做半个小时或者更久时间作业，休息 10 分钟，这需要因人而异。

最后，每门作业的完成时间也应该被明确规定。这个规则有助于孩子合理分配每门科目的学习时间，避免在某门学科上耗费过多时间，导致其他科目作业无法及时完成。规定完成时间还有助于培养孩子对任务的时间感知，提高他们制订学习计划和管理时间的能力。

准备"作业计划完成本"

为了更好地执行日程表，父母和孩子可以一同准备"作业计划完成本"，在本子上列出每天需要完成的具体作业，为孩子提供一个明确的学习目标。每一项作业完成后，可以在本子上打√，未完成的可以用红笔画×，在做完作业之后，父母和孩子一定要对当天的表现进行总结，分析能够按时完成或不能按时完成的原因，并对孩子按时完成任务给予表扬和鼓励。

对于没有及时完成的作业，一定要分析是什么原因导致的，如果是计划设定不合理，就要进行调整修改，如果是其他客观原因导致的，那一定要排除其他干扰。这种及时的反馈有助于孩子及时发现问题、调整学习计划，并保持对学习目标的清晰认识。

创造良好的学习空间

当孩子写作业时，创造一个相对安静、独立的学习环境十分重要。安静的环境有助于减少外界干扰，让孩子更容易集中注意力，从而更好地投入作业中。独立的学习环境能够培养孩子的自主学习能力，让他们在相对独立的状态下，更好地完成学业任务。

家长在孩子写作业时，应避免频繁走动，尽量减少对孩子的干扰。这有助于维持孩子的学习状态，使其在一个相对稳定的学习环境中更好地完成作业。家长的过度干预可能会引起孩子的分心和不安，因此在这一过程中，给予孩子足够的自主空间和信任是非常重要的。

另外，家长在孩子写作业时，也需要注意自己的行为，尽量避免在孩子身边玩手机或看电视。父母的榜样作用对孩子的行为有着深远的影响，如果父母表现出对学习的认真态度，孩子也更有可能对学习保持积极态度。因此，为了营造一个良好的学习氛围，家长可以选择在孩子写作业时，专注于自己的活动，以看书或工作的形式陪伴左右，或者选择在其他空间进行娱乐，以避免对孩子产生负面影响。

最后，建议在动笔前，让孩子做好准备工作，包括上厕所、喝水以及准备学习用品等。把与学习无关的东西全部收起来，比如留言家长所说的课外书，它也是与当下学习无关的物品，应该拿走。这一环节的重要性在于，为孩子提供了一个相对顺畅的学习环境，避免了在完成作业期间被不必要的琐事中断。通过这样的前期准备工作，孩子可以更好地集中注意力，提高学习效率。

使用小闹钟

为了更充实有效地培养孩子的学习习惯，家长可以根据孩子的作业总量和效率，合理估算出完成作业所需的时间。这个过程中，可以引导孩子设定明确的学习目标，确保每项任务都在规定的时间内完成。为了提高效率，可以在孩子写作业之前调好闹钟，设定每个时间单位内完成一定量的作业，通过反复训练，提高孩子的学习效率。

当然，在实际情况中，孩子可能会在执行过程中遇到一些困难，例如预估时间不足，或者作业难度较大。这时，家长就需要与孩子一同分析这些问题，寻找解决方案。在孩子完成作业后，可以详细比对实际用时和计划用时，找出差异的原因，为孩子提供更科学合理的学习方法和时间管理策略。

如果孩子在规定的时间内完成了作业，家长应该及时给予积极的肯定、鼓励和嘉奖，以增强孩子的学习动力和自信心。而如果孩子未能在规定时间内完成作业，家长则应该耐心与孩子一起分析原因，查找可能存在的问题，鼓励他们在第二天重新挑战。这种实际情境的分析和反馈，可以帮助孩子更好地理解自己的学习过程，激发他们的学习兴趣，提高学习效率。通过这种方式，家长不仅起到引导和监督的作用，还培养了孩子的学习自觉性和自我管理能力。

把作业当作考试

为了提高学习效率，家长可以引导孩子将作业看作一次考试，也就是我们说的将作业考试化。可以与孩子约定完成作业的时间，例如，如果孩子回家写语文作业，家长可以事先在私下询问语文老师，了解正常速度下所需的时间，然后与孩子达成约定，给予他相应的时间来完成。在这个过程中，家长可以设定一个奖励机制，例如，孩子在规定时间内完成了作业，剩下的时间可以用于自由安排。

如果孩子未能在规定时间内完成作业，家长则需要设定一个最后的截止时间，并告知孩子，如果在这个时间点仍未完成，就不能再继续写作业，就像一场考试一样。这种方式可以帮助孩子建立对时间的敏感性和对任务的紧迫感，培养他们的自律性和责任心。

需要注意的是，这一方法不宜频繁使用，以免产生负面效果。在第一次使用前，最好与孩子的老师进行充分沟通，取得老师的理解和支持。同时，如果孩子未能按时完成作业，可以请老师做出适度的惩罚，以帮助孩子更好地理解规则，学会承担责任。通过这种方法，家长不仅能引导孩子养成高效的学习习惯，还在学校和家庭之间建立了协同合作的关系，促使孩子更好地适应学习生活。

避免给孩子消极的暗示

为了营造良好积极的学习氛围，家长在孩子写作业时应当注意避免传递消极的非语言信息，如皱眉、叹气、瞪眼等，这可能会给孩子带来沉重的心理负担，尤其对于那些敏感的孩子来说，这样的表达方式只会增强做作业的紧张氛围。因此，家长应当尽量以积极的态度面对孩子的学业。

很多父母追求"零错误率"，但这种心态可能会导致孩子的压力过大。相反，家长应该关注孩子是如何解决问题的，以及在学习过程中取得的"小胜利"。例如，孩子在某一道题目上犯了错误，家长不生气，而是鼓励孩子关注自己已经付出了努力的部分。家长可以提醒孩子专注于解决问题的方法，以及正确拼写单词的过程。关注这些"小胜利"，可以激发孩子挑战更大困难的决心和积极性，提升他们的自信心和学习动力。

当孩子遇到不确定的答案时，家长也应保持冷静，而非生气或急躁。家长可以平静地建议孩子回顾一遍，并相信他们有能力找出正确的答案。这种鼓励性的沟通方式有助于培养孩子的自主学习能力和解决问题的能力，让孩子养成积极的学习态度。通过这样的亲子交流，家长能够更好地引导孩子面对挑战，创造更加良好的学习环境。

做态度温和但坚定执行的家长

为了帮助孩子建立学习的自律性，家长应该坚决执行家庭作业日程表和奖惩规则。这种执行需要细致入微，对孩子的每一次进步都应该给予及时而积极的鼓励。同时，当孩子未能完成任务或需要面对处罚时，家长也不能姑息，需要以坚定的态度让孩子为自己的行为负责，认识到行为的后果。

一个尽职尽责的家长不仅关心孩子是否完成了作业，更要深入孩子的学习生活中。他需要清楚了解孩子每天的作业量，并了解孩子最近学习的知识点和所面临的困难，同时，了解孩子的学习兴趣和对不同科目的态度，这有助于制订更有针对性的学习计划。这种关心不是简单地问一句"作业都做完了吗"，而是具体地关注孩子的学习进步，例如"你今天的口算比昨天有进步了"。

通过这样的关心和指导，家长能够更加踏实有效地引导孩子面对学习中的困难，及时给予正面的反馈，从而激发孩子的学习兴趣和动力。这种细致入微的陪伴方式，有助于孩子养成自主学习的良好习惯，提高学习效果。同时，奖励和惩罚的合理运用，也能够培养孩子的责任心和对学业的积极认真态度，为他们未来的学习奠定坚实的基础。

特别提醒一下，面对孩子沉迷阅读课外书而耽误完成家庭作业的情况，父母一定不要和孩子起冲突，并粗暴制止孩子阅读，这样的行为会掐灭孩子热爱阅读的火焰。父母可以引导孩子将阅读时间放在作业时间之后，认真完成作业后，孩子可以自由支配业余时间。父母也可以将图书作为奖励，在孩子认真完成作业并取得进步之后，可以给孩子购买他很想读的图书，作为奖励。一旦孩子有了期待，想得到自己喜欢的东西，他会更有学习的积极性。

做好了以上八个方面的工作，我相信，孩子会制定出非常合理的家庭作业日程表，并严格按照要求保质保量地完成作业。父母们不妨尝试起来，一点点调整，一点点改变，我相信很快就能看到孩子的改变，亲子关系也会得到极大的改善。

怎么提升孩子的学习自律性？

老师好，我孩子二年级，学习自律性较差，需要家长制订学习计划，还需要时时督促，请问怎样才能让孩子主动计划和学习呢？

——家长留言

这位家长面对的问题，也是千千万万家长所头疼的。有多少父母对这样的画面感到熟悉：孩子回到家，迟迟不愿意做作业，要么吃东西，要么看电视，父母不催，孩子不动。在做作业的时候，也是拖拖拉拉，到晚上 10 点钟都还不能很好地完成，父母着急万分，孩子无动于衷……

曾在网上看到一句话："不辅导作业母慈子孝，一辅导作业鸡飞狗跳。"我觉得这句话非常有意思，如果孩子能够自主学习，父母和孩子自然就能和睦相处；相反，如果孩子不能自主学习，父母和孩子之间就会摩擦不断。可见，孩子的学习成了很多家庭亲子关系的决定因素。

孩子学习需要父母监督和督促，这让家长和孩子都"苦不堪言"。很多妈妈下班回家后，拖着疲惫的身体洗衣做饭，休息都成了一种奢侈。有些爸爸还不能很好地参与辅导孩子的学习，这个活儿自然也落到了妈妈身上。因此，很多妈妈情绪变得暴躁，经常在家上演"狮吼功"，埋怨孩子"为什么不能自主学习？何时才能放过我？"

父母的焦虑，我非常能理解。有的孩子到了高中都还没有养成自主学习的习惯，父母敲打一下，他就动弹一下。许多家长向我抱怨，高中的孩子在家里和在学校表现出截然不同的状态。孩子一回到家，就进入了摆烂模式，沉迷于玩手机、打游戏，或者拖拉磨蹭，迟迟不肯做作业。最无奈的是父母还不敢过于催促他们，因为每次一提醒，孩子都会强硬地回应："你不要管我！我自己知道！"如果父母持续催促，很多孩子很可能就会发脾气，甚至怒摔房门，把自己反锁在房间里，这些都是常见的反应，让父母无语又无奈。

自律的习惯，是父母"管"出来的

其实，孩子越大，自律的习惯就越难养成，想要让孩子养成自律的好习惯，越早培养越好。通常情况下，3～6岁是孩子形成自律习惯的关键期，因为这个阶段的孩子规则意识以及早期行为习惯在慢慢形成。在这个年龄段，孩子的自我管理意识开始萌芽，他们开始想要证明自己的能力，很多时候都想要摆脱父母的约束。除此之外，他们逐渐开始理解游戏规则，并乐于接受规则的约束。因此，这时候的家长就要开始培养孩子的规则意识和自律习惯。

孩子自律的习惯都是父母有意识培养的，如果父母不在后面推，孩子永远不会自己主动学习。我们常说"学习是反人性的"，因为很多情况下，完成既定作业都是一件痛苦的事情，逃避痛苦则是一个人的本能。相反，追求快乐，是大多数人的第一选择。所以，我们不难理解孩子在做作业前的拖拉磨蹭行为，毕竟做作业哪里有看电视、玩游戏有趣，况且作业做得不好，等着自己的可能还有父母或老师的批评，换作是你，愿意做这样的事情吗？

我曾经有一个邻居，孩子当时上六年级，学习成绩尚可，他每天放学回家的第一件事，必定是看动画片《哆啦A梦》，看完之后才开始做作业。他的妈妈为此想了很多办法，比如将电视的闭路线拔下藏起来，或者是把电视搬到卧室并关上房门，这些措施对这孩子完全不起作用，他要么跑到别人家看电视，要么自己翻箱倒柜，把妈妈藏好的闭路线找出来，然后自己插上。看完动画片后，孩子才开始做作业，每天都要做到很晚，他的妈妈气得直摇头，表示无可奈何。可见，如果孩子对学习本身不感兴趣，或者对堆积如山的家庭作业感到痛苦，孩子就不可能主动去学习、去做作业。这时候，就需要父母有意识地培养孩子自律的习惯。

六年级的孩子尚且如此，二年级的孩子能有多自律呢？自觉自律的孩子，

大多数都是父母"管"出来的。 网上很火的清华才女武亦姝，活脱脱就是"别人家的孩子"，她在《中国诗词大会》上一鸣惊人。很多父母可能都认为：这样的才女肯定很自觉，哪里需要父母管束？但是，事实却是这样的：小时候的武亦姝顽皮任性，学习成绩并不是我们想象的那样好。她的父母为了培养她，专门为她制订了一套家教方案，并在游戏中不断培养她对学习的热爱。为了给她创造一个积极的家庭环境，她爸爸每天回家都会将手机调成静音，陪着她专心学习。在父母的陪伴和影响下，她在学习上的优势才慢慢地发挥出来，最终，以 613 分的好成绩被清华大学录取。

很多父母抱怨孩子不自觉，没有自律的习惯，但是，他们并没有教会孩子如何自律，也没有行之有效的措施帮助孩子培养自律的习惯。

很多父母要么指责孩子不自觉，要么给孩子讲很多大道理，说什么现在不吃学习的苦，以后就会吃生活的苦。父母这样的做法，其实就等于"撒手不管"，因为他们并没有告诉孩子应该怎么做才能养成自律的习惯。除此之外，我们不难发现，现在绝大多数的孩子只有一个生活重心——学习，除了学校的学习，回家后还要做很多作业，父母给孩子增加了很多额外的学习任务，他们根本没有时间体验生活，哪里还能知道生活的苦？学习的苦他们倒是吃了不少。

因此，在学习的前期，要想培养孩子自律的习惯，父母就应该"管"，而且是不厌其烦地管教、督促和约束。 从小为孩子制定相应的规则，并要求孩子遵守。我在这儿提醒家长朋友们，定规矩，一定要趁早，不要等到孩子自我意识觉醒了或者是叛逆了，才和孩子讲规矩，这只会导致事倍功半，费力不讨好，效果也不尽如人意。学习上的规矩，就是培养孩子自律的习惯，而自律习惯的养成，得益于学习计划的制订并持之以恒。

陪孩子制订学习计划

有的父母问我，为什么帮孩子制订了学习计划，却没有效果？怎么做才能让孩子自觉学习？

我们一定要知道，在制订学习计划的时候，一定要和孩子协商，让孩子有参与感，而不是让孩子觉得这是父母强加给自己的学习计划，要让孩子明白学习计划的好处，才能避免孩子产生逆反心理。从这位家长的文字中，我们可以看出，主要是家长为孩子制订的学习计划，孩子根本没有参与进来，可能也不知道制订学习计划有何意义，因此不愿意自觉主动地执行。

和孩子一起制订了学习计划之后，家长需要每天陪着孩子一起完成。一个习惯的养成至少需要 21 天，当然，这个时间的长短并不是完全固定的，还得视孩子的具体情况而定。

有的家长给孩子订了学习计划，以为这就完事了，放任孩子自己执行，执行效果的好坏，家长也不管，或者并不关心效果不好的原因，这样的学习计划很可能会流于形式，长此以往，并不能对孩子起到任何作用。因此，父母一定要参与其中，多多监督和督促孩子，一来端正孩子的态度，让其认真对待制订的学习计划；二来可以发现学习计划执行过程中的各种问题，比如每个学科的时间规划不合理等，并引导孩子进行分析和调整，保证学习计划更加有效地执行。

一旦孩子落实了学习计划，就要给予孩子积极正向的反馈。家长可以结合语言激励和物质奖励来巩固孩子的执行成果，比如可以这样说："宝贝，你今天的学习计划完成得非常好，妈妈为你点赞。你今天的数学作业，完成速度更快了，比昨天快了 5 分钟，证明你对时间的把控更好了，妈妈为你感到高兴。不过语文阅读仿佛做了很久，是遇到什么困难了吗？需要妈妈和你一起分析一下吗？这个问题解决了，我相信你的阅读分数会提高不少，妈妈很期待哦！"这样的话，不仅对孩子的进步进行了表扬，让孩子体会到了成就感，还分析了孩子没有完成学习计划的原因，并为孩子提出了下一次进步的方向，让孩子的学习更具目标性。如果孩子在一周之内，学习计划完成得很好，可以奖励孩子一顿美食，或者带孩子看喜欢的电影，以此激励他更好地执行学习计划，并形成一个良性循环。

帮孩子寻找自律的内驱力

孩子不愿意主动学习，是因为他还没有发现学习的意义。要让孩子主动学习，除了外在的推动力，还应该帮助孩子寻找自律的内驱力。所谓内驱力，就是让孩子明白做这件事的意义到底是什么。孩子自觉学习的意义无非两个，获得即时的成就感，或者是实现自己的梦想。要让孩子有梦想，那一定要给孩子造梦，这个"梦"一定要基于孩子的热爱。比如孩子十分喜欢画画，那他的梦想可能是成为一名画家；孩子如果喜欢跳舞，她的梦想可能是成为像杨丽萍一样的舞蹈家……梦想就是一座灯塔，给大海上航行的船只指明方向，让其顺利到达目的地。

在现实生活中，我们很多家长不但没能给孩子造梦，还将孩子的梦无情地击碎了。不知道大家有没有发现，现在很多父母对待学习充满了功利心，能够帮孩子拿高分的，就是孩子必须做的，而那些看似对孩子拿高分无用的，父母便无情地给剥夺了。

在电视剧《小舍得》里有这样一个场景：颜子悠在专注地研究地上的昆虫，对它们充满了好奇，内心十分想要成为生物学家。然而，他的妈妈田雨岚恶狠狠地警告他说："你别尽浪费时间在那些没用的事情上！"妈妈口中的"无用之事"，正是指引孩子前行的灯塔，这才是孩子梦想起源的地方。因此，父母一定要擦亮眼睛，发现孩子的兴趣点，并帮孩子造梦，陪着孩子朝梦想的方向一路前行。

孩子的梦想固然重要，但是它太过长远，对孩子的推动力很难持久，因此要将孩子的梦想分解成一个个小目标，以此持续调动孩子的内驱力。

我经常遇到这样的家长，他们对孩子的期望很高，比如要求孩子高考英语要考到 145 分，数学要考到 140 分，这当然无可厚非，毕竟高考是人生中重要的转折点。但是，很多家长犯了一个致命的错误，那就是用这些分数来要求孩子的每一次考试，只要孩子没有达到，就认为是孩子不认真，给孩子造成很大的压力和焦虑感。过高的要求，会让孩子因为一次次失败而失去信心，在这样的反复打击下，孩子将会失去学习的动力。

其实，正确做法是分析孩子现在的排名，看到与长远目标之间的差距，并将这个差距分解成一个个小目标，制订短期的学习计划，再逐个击破。只要孩子完成了一个小目标，感受到了成功的喜悦，他就会更愿意去完成下一个。这时候，如果父母再给孩子肯定和鼓励，孩子会变得更加自信，并认识到自律的作用和意义，最终形成长久的内驱力。

著名教育学家乌申斯基曾说："如果你养成了好的习惯，一辈子都享不尽它给你带来的利息；如果你养成了坏的习惯，一辈子都在偿还无尽的债务。"可见，养成好的习惯是何等重要。父母在教育孩子的过程中，切莫太过关注分数本身，一定要帮孩子养成好的习惯，比如自律的习惯、规划时间的习惯等，鼓励孩子自觉主动地学习。大家也别忘了要给孩子造"梦"，为孩子找到人生的方向，在调动起孩子的内驱力之后，孩子的自律习惯也就水到渠成了，这会让孩子受益终身。

孩子只看漫画书，如何转为文字阅读？

> 我孩子现在读二年级，不太爱看文字书，但是比较喜欢看漫画书，所以，如果给孩子买的课外书大部分是漫画版的可以吗？
>
> ——家长留言

在培养孩子阅读兴趣的初期，很多父母会遇到这样一种情况：孩子只喜欢阅读漫画，不喜欢阅读文字。家长就开始担心了，如果孩子只看漫画书，会不会不喜欢文字阅读了？或者孩子只看漫画书，文字阅读跟不上，会不会耽误孩子的认字，进而影响孩子的语文成绩？

这样的担心我能理解。我经常收到家长的私信，表示孩子到小学中高年级了，还是沉迷于漫画书，或者孩子虽然不看漫画书了，但是也不爱文字阅读，这该怎么办？其实，低年级的孩子爱看漫画书，并不是一件坏事，家长大可不必为此担心，因为这恰恰表明孩子对读书有兴趣、有感觉、有动机，这已经很好地踏出了阅读的第一步。

正确认知孩子爱看漫画书的原因

这位家长留言问，是否可以给二年级的孩子买漫画书作为课外读物，我的答案是肯定的，对此，我想谈两点。

首先，越小的孩子，越以形象思维为主。

低年级的孩子还没有很好地建立语言思维，主要是用具体形象进行思维。影音、图像和文字，无疑是不同的信息呈现方式，它们都是孩子认知世界的方式。影音、图像和文字比起来，画面信息更多，也更加直观，孩子能够快速获取图画上的信息，而文字承载了更多的细节和心理描写，需要孩子的抽象思考。低年级的孩子，他们的抽象思维还在起步阶段，读文字类的图书会感到吃力，因此他们更偏爱漫画类的图书。很多父母觉得漫画书非常无聊，但是孩子看得如痴如醉，甚至时不时地发出笑声，有的孩子还跑过来给父母绘声绘色地描绘看到的故事，看得出，孩子从漫画书里看到了大人没看到的信息。

其实，具体的形象思维和抽象的语言思维，并没有优劣之分，它们只是两种不同的思维方式。当今社会，以图像来整合复杂信息的能力也十分重要。在 2015 年的国际学生能力评估项目（PISA）中，引入了"图像理解力"作为评估学生阅读素养的标准，这表明图像阅读能力的重要性正逐渐受到全球学界的认可。未来，培养孩子读懂图像，甚至运用图像进行思考将成为学术界研究的趋势。在这一趋势中，以连环图画形式呈现的漫画则成为增进孩子图像理解力的最佳工具书。所以，孩子爱看漫画书并不可怕，相反，培养低年龄段孩子的阅读兴趣，漫画书起到了极其重要的作用。

其次，低年级孩子的识字量有限，他们不能很好地理解图书里的文字，漫画很好地解决了孩子的理解问题。

孩子并不是不爱看书，而是不爱看文字书，为什么？因为低年级的孩子有很多字不认识，这就成了他们阅读时一道难以逾越的障碍。即使有的文字孩子认识，但是文字表达的意思，或者是承载的文化信息，这个阶段的孩子很难理解，所以，文字书并不能很好地引起孩子的兴趣。

低年级的孩子处于意象图式阶段，他们还不能运用文字进行思维。意象图式是由瑞士心理学家让·皮亚杰（Jean Piaget）提出的概念，用于描述儿童认知发展的一个阶段。意象图式是指一种儿童思维的过渡形式，介于感觉—运动阶段和具体运算阶段之间。这一阶段通常发生在儿童思维发展中的前运算期。

在这个阶段，儿童开始具备一定的内在心智表达能力，能够在脑海中使用意象和符号来代表客观事物，但他们的思维仍然受限于感性经验和具体物体。意象图式的形成是儿童在感觉—运动阶段逐渐脱离对感觉和运动的依赖，开始使用内在的心智表征，这为日后更为抽象的思维打下基础。具体来说，意象图式表现为儿童使用图像、符号、模型等形式来代表客观事物，而不再依赖直接的感觉和动作。这使得儿童能够进行更为复杂的思维活动，例如模拟事物的变化、进行简单的推理和记忆等。但是，他们还不能进行更为抽象的逻辑思维，文字思维就是这种思维。

不知家长有没有发现，很多低龄段的孩子在看英文版《小猪佩奇》的时候，可能听不懂英语，但是能够理解动画片里传达的信息，原因就在于动画片里的情景和孩子脑中的意象图式能够很好地吻合，这就极大地降低了孩子的认知难度，这和看漫画书是一样的道理。如果我们将《小猪佩奇》转化为文字版的图书，相信这个阶段的孩子也不一定会爱看。

四点建议帮助孩子爱上文字类图书

虽然漫画书有它的积极作用，但是只看漫画书一定会阻碍孩子阅读能力的进一步发展，因此要引导孩子逐渐过渡到文字类图书的阅读。

孩子只看漫画书，不愿看文字类图书，很可能是家长没有给孩子选对图书，要么是孩子不感兴趣，要么是图书对于孩子来说太难了。很多父母在为孩子挑选课外书的时候，主要是基于专家的推荐，或者是老师的要求，因为他们觉得这些书对孩子有用，对以后的学习有帮助。但是，读书的主体是孩子，在选书的时候，首先要考虑到孩子的兴趣和阅读水平，兴趣是最好的老师，也是孩子做事最大的推动力。

除此之外，孩子的年龄和认知发展水平也是选择图书的重要依据，在低年级阶段，孩子的认知水平有限，他们还不能很好地运用语言进行思维，也不能很好地理解某些文字背后承载的信息，因此，家长贸然给孩子选择一些自己认为有用的图书，并不是明智之举，这不仅不能培养孩子的阅读兴趣，反而还会打击孩子的阅读热情。

我看过一个视频，一位"专家"说：三年级就应该让孩子阅读原版的四大名著，不能选择漫画版、青少年版以及删减版的四大名著，因为经过加工后的四大名著，少了很多精华，没有原著的味儿了。不可否认，原版的四大名著确实是一个宝库，但是，如果要让低年级的孩子阅读这样的名著，难度实在太大。首先是识字量，孩子需要有足够的识字量支撑，才能把书完整顺畅地读下来。即使孩子能够认字，他也不一定知道各种修辞手法和表现形式，更别说文字背后的历史、文化、地理等相关的知识。

可见，**为孩子选择图书不是一个随意的行为，只有综合考虑孩子的兴趣、年龄以及认知发展水平，才能让阅读变得有趣而富有启发性**。只有在孩子喜欢的阅读环境中，他们才会更主动地接触文字类图书，培养起持久的阅读兴趣。要引导孩子从漫画书过渡到文字类图书，家长需要做些什么呢？

我给大家四点建议。

搭建桥梁，平稳过渡

孩子不喜欢阅读文字类图书，缘于阅读这样的图书会给低年级的孩子造成较大的压力。纯图片的漫画书表达信息直截了当、生动形象，所以孩子们爱看。但不可否认的是，漫画书不利于培养孩子的阅读能力。但是，直接让低年级的孩子读文字类图书，可能会打击他们的阅读信心。那么，有没有什么方式可以为孩子从漫画书过渡到纯文字类书搭一座桥，做好衔接呢？有，就是桥梁书。

桥梁书是一种独特的图书形式，它有自己独有的特征。首先，它图文参半，有图片又有文字，图片可以帮助孩子理解文字，而文字可以帮助孩子进一步理解图片。其次，它使用的字词基本都是孩子熟悉的，句式也比较短，理解起来不会有太大的难度。再次，文字的字体大，行数少，不会给孩子造成太大的阅读压力。桥梁书的这些特征形成了一种平衡，既保留了图画书的视觉元素，又逐步引入了更多的文字要素。这种设计考虑到了孩子的认知水平和阅读能力，使其能顺利过渡到阅读文字书，不会感到过于突兀或困难。通过这样的桥梁书，孩子可以在更有挑战的阅读环境中，逐步发展自己的阅读技能，为日后更深入的学习打下坚实的基础。

我为大家推荐几套适合一、二年级孩子阅读的桥梁书，很多孩子都喜欢看：《阅读123》《金谷粒桥梁书》《老鼠记者》《神奇校车·桥梁书版》《不一样的卡梅拉》《一年一班萌学园》《我爱阅读桥梁书：蓝色系列》《晴天有时下猪》和《青蛙和蟾蜍》。家长可以为孩子准备起来，让孩子在有趣的故事中，从漫画书逐渐过渡到文字类图书。

我要提醒大家，在引导孩子看文字类图书的时候，切莫太过心急。如果对孩子阅读的图书一刀切，立马让孩子放弃漫画书，这可能会激起他的逆反心理。家长可以允许孩子看漫画书，不过要慢慢减少漫画书的比例，比如漫画书和桥梁书交叉阅读，等孩子习惯了桥梁书，再进一步减少漫画书的数量，这样循序渐进，能够减少孩子的畏难情绪和反叛情绪，让过渡变得更加顺畅。

基于兴趣，自由选择

许多父母常将漫画视为"娱乐读物"，将其看作纸上的动画片，认为它仅具备娱乐功能，因此他们认为孩子从中获取的知识有限。实际上，漫画通过生动有趣、引人入胜的连环图画和富有情节的故事，在阅读的"趣味性"方面远远超越一般的读物。这种趣味性使孩子像大人追剧一样，不由自主地沉迷其中。

在孩子的学习过程中，激发学习动机的关键因素正是"趣味性"。不同阶段的孩子，会对不同类别的读物感兴趣，不能一概而论。首先，小学低年级孩子更喜欢趣味性强、情节简单的图书，比如虚构的童话故事和寓言故事，它们以图为主，图画连续性强，非常形象生动，能够很好地抓住孩子的眼球。而中年级的孩子，慢慢会失去对虚构类故事的兴趣，他们的兴趣点会转向真实故事。随着孩子思维能力的提升，小学高年级的孩子会对思辨性强的图书更感兴趣，比如侦探类、科幻类的图书，还有中外名著及名人传记等图书也能吸引这个阶段的孩子。因此，在选择图书的时候，一定不要选择跨度过大的图书，从而打击孩子的阅读信心。比如，不要给低年级的孩子选择《福尔摩斯探案集》《三体》等图书，尽管它们都是好书，但这个阶段的孩子可能很难理解它们。

孩子的喜好既有共性的阶段性特征，也有独特的个性特征。在帮助孩子选择图书的时候，一定要充分了解孩子的个人爱好。如果孩子对科学感兴趣，那么一本以科学知识为主题的桥梁书或文字书可能比一般的读物更能吸引他。

相反，如果孩子对冒险故事着迷，那么一本以冒险为主题的桥梁书或文字书可能成为他的学习动力。

很多时候，孩子对阅读不感兴趣，是因为父母替他们做了选择。家长认为好的、有用的书，孩子不一定喜欢，家长强迫孩子做的事，孩子很可能产生反感甚至厌恶情绪。因此，家长一定要给孩子自由选择的权利，让孩子基于自己的兴趣爱好做出选择，这会让他更喜欢阅读和学习。我们都知道，兴趣是最好的老师，它也是促进孩子进步的有效推动力，当孩子自己喜欢，他们会更愿意去深入学习，哪怕在过程中遇到很多困难，他们也会通过自己的智慧去克服它们。

亲子阅读，循循善诱

低年级的孩子通常不喜欢阅读文字类图书，主要因为他们的识字量较少，面对大量文字时容易感到困扰，从而产生抵触情绪，这挑战着孩子的阅读能力和兴趣。

当孩子面对阅读困难时，亲子阅读可以发挥积极的作用。当孩子遇到不认识的词汇时，父母可以及时进行分析和解释，并在书中标记出这些生词，以便日后复习。此外，亲子共读也是一种有效降低阅读难度的方法，可以由家长先带着读，或者家长和孩子交替进行阅读，逐步提高孩子对文字的理解能力。随后，鼓励孩子朗读，这有助于加深孩子对文字的理解，同时检验孩子的语言表达和组织能力。

除了以上方法，采用富有趣味性的阅读形式也能够激发和维持孩子的阅读兴趣。鉴于低年级孩子主要以形象思维为主，家长在亲子阅读时，可以运用全身反应法，即在朗读文字的同时，通过表演使文字内容更加生动有趣。在完成一段内容或一本书的阅读后，引导孩子概括并复述所读内容，以检验孩子对内容的理解，增强阅读的趣味性。

亲子阅读在阅读习惯养成的初期是很有必要的，早期的陪伴有助于孩子克服语言障碍和阅读困难，同时可以培养孩子对阅读的积极态度。在阅读过程中，及时的鼓励与表扬能够帮助孩子克服畏难情绪，维持阅读兴趣，为孩子顺利过渡到更复杂的文字类图书打下坚实基础。

语言激励，正向反馈

在引导孩子的过程中，切莫太过心急。比如，孩子喜欢看漫画书，而不愿尝试文字类图书，经过几次建议或劝说无果，有的家长就失去了耐心，采用了更为"暴力"的方式，直接制止孩子的这种行为。有的家长将孩子的漫画书直接扔掉，或者藏起来，还有的家长直接命令孩子不准再看漫画书，否则将给予惩罚。有一位家长的做法更极端，当着孩子的面直接用剪刀将漫画书剪碎，尽管孩子流着眼泪央求着，他也无动于衷。这哪里是在教育孩子，分明是在伤害孩子。

在引导孩子的过程中，要善于用语言的力量，激励孩子尝试阅读有更多文字的桥梁书。比如说孩子喜欢看《小猪佩奇》动画片，但是电视上每天只能播几集，家长可以告诉孩子："宝贝，我知道你很喜欢《小猪佩奇》动画片，不过每天电视上就播几集，等得太辛苦啦。要不咱们一起来读《小猪佩奇》的故事书吧？"如果孩子有畏难情绪，家长可以接着说："我知道会有一点点难度，我们可以一起读呀，我相信这点小问题，我家宝贝一定能解决的。妈妈相信你哦！"用这样的语言去激励孩子，能让孩子产生阅读的兴致。

当孩子适应了桥梁书阅读后，可以引导孩子更进一步。家长可以告诉孩子："宝贝，妈妈觉得你最近看桥梁书特别棒，你真厉害。你想不想更厉害一点呢？"当孩子听完"彩虹屁"之后，通常会充满干劲儿，家长的建议多半会采纳的。

他可能会回答说："怎么变厉害呢？"

"当当当当……"家长拿出纯文字的书，对孩子说，"如果你能够把这本书看完，那你就是真的厉害了。因为我三年级才开始看文字类图书，你现在二年级就可以看了，比我厉害多了。"

这样的激励和引导可以起到很好的推动作用，还能促进亲子关系，何乐而不为呢？

在阅读过程中，家长也要不断给予孩子正向反馈，可以为孩子设定一个小目标，比如说一周读两本书，当孩子完成了目标后，家长可以送一本孩子很想要的图书给他，作为完成目标后的奖励，这不仅能够调动孩子的积极性，还能维持孩子的阅读兴趣，一箭双雕。

要想马儿跑，就要给马儿吃草。家长的肯定和奖励是孩子不竭的动力，能够激励孩子不断地向前奔跑。所以，不要吝啬你的语言激励，正向鼓励孩子阅读文字类图书，在阅读目标实现后，给孩子充分的正向反馈，相信孩子会从漫画书阅读成功过渡到文字类图书阅读的。

如果孩子喜欢看漫画书而不愿尝试阅读文字类图书，父母也不必担心和焦虑。漫画书有其自身的价值，可以培养孩子的"图像理解力"，这是培养阅读兴趣的第一步。但是，孩子不能只停留在漫画书上，父母要引导孩子过渡到文字类图书的阅读。这个过程不会一蹴而就，需要父母的耐心引导，在尊重孩子兴趣的前提下，选择孩子喜欢的图书，必要时和孩子亲子共读，帮助孩子克服困难。在阅读过程中，也要给予孩子足够的正向反馈，以巩固孩子的阅读成果，维持其阅读兴趣，帮助他成功过渡到文字类图书的阅读。

阅读习惯好了，孩子学习当然更轻松

老师，我女儿二年级，每天只是完成老师布置的作业，叫她读书她也不喜欢。我给她买了很多书，她就翻一翻，看个大概就不看了。我让她复述一下书里面的内容，她也复述不出来。我感觉她不喜欢看书，我该怎么做才能让她喜欢阅读呢？小学六年怎么培养阅读习惯呢？请海北老师帮我出出主意。

——家长留言

这位家长面临的问题很典型。在自媒体上，很多教育博主都在强调，小学阶段一定要培养孩子的阅读习惯，这是小学六年中的重点。

不知大家是否知道"阅读饥饿期"这个概念？这是中国教育学会副会长朱永新提出来的。朱永新表示，孩子在 14 岁之前会形成对阅读的饥渴感，而家长在孩子 5 岁以前是否常常给他们讲故事，会影响孩子今后阅读技能的掌握。他还说，14 岁以前的阅读经验对孩子的成长非常重要，因为人生后面的旅程，其实是之前 14 年阅读内容的延伸。也就是说，小学阶段对阅读习惯的培养，不仅会对孩子的学业成绩起到直接作用，还会对孩子的整个人生产生极其重要的影响。

研究表明，喜欢阅读的孩子词汇量更丰富，解决问题的能力更强，情商也更高。阅读为孩子提供了学习语言的语境，词汇的反复触及让孩子能够更快更好地习得它们，并更好地吸收更为丰富和复杂的语言结构。书中传达的知识和价值观，能够提高孩子的认知和解决问题的能力，因为这些智慧都是前人根据长期经验总结出来的。

心理学上也认为，人是用语言来思考的，语言表达越清楚，意味着思维

越清晰。认知语言学强调，语言的形成是人在与客观现实的互动过程中在脑中形成的意象图示，简单说来，就是客观环境在脑中映射出来的一幅幅画卷。基于这些图示，语言得以产生。而在人们继续认识世界的过程中，脑中的意象图示成为一个原型，以帮助人们认识未知世界。也就是说，喜欢阅读的人在分析问题、表达问题和学习知识时，通常比不爱读书的人更快。养成大量阅读习惯，可以让孩子的智慧不断增长，最终具备强大的发展能力。

因此，对于6到12岁的小学生来说，培养好阅读习惯是十分重要的，这会影响他们的整个成长过程。很多父母都知道阅读的重要性，也明白要在家中培养孩子的阅读习惯。但是在实际操作中，这确实是一件费力不讨好的差事。孩子要么根本不喜欢读书，把老师或父母安排的阅读作业当作任务；要么只读自己喜欢的书，甚至有些孩子到了四五年级，还只看漫画读物，这让不少父母抓狂。到底如何在家中培养孩子的阅读习惯，提升孩子的阅读能力？

我将从六个方面进行论述，以供父母参考。

识字之前，先让孩子听故事

相信大家都知道曹文轩先生，他是著名儿童文学家和国际安徒生奖获得者。他曾说过这样一句话："所有父母都要意识到，从孩子出生的那一天起，就要让他感受到读书的快乐，哪怕还不识字时，也要让他认识到这个世界里还有书，让书成为家庭生活的必需品。"他的这个观点我很认可，**哪怕孩子还不识字，也要让他认识到这个世界里还有书，当书香成了孩子熟悉的味道，阅读的启蒙也就顺理成章了。**

在识字之前，为孩子读书，给孩子讲故事，是培养孩子阅读习惯的先导。《阅读的妈妈》一书中这样写道："你或许拥有无限的财富，一箱箱的珠宝与一柜柜的黄金。但是你永远不会比我富有，我有读书给我听的妈妈。"可见，阅读是让孩子拥有丰富精神生活的重要源泉，而阅读兴趣和阅读习惯的培养也从此开始。

在孩子识字之前，父母可以坚持每天给孩子读书，给孩子讲故事。曹文轩先生建议，让孩子由声音世界过渡到文字世界。当他有一次聆听一位小朋友朗读他的短篇小说时，就感动得泪流满面，他认为这份感动比自己写作时更为深刻。所以，声音的力量是非常强大的。父母可以在睡前给孩子读书讲故事，每天都用有趣的故事陪伴孩子入眠。但是，千万不要把陪孩子读书局限在睡前，早上也可以给孩子读一点书，开启美好的一天。在读书讲故事的时候，父母要做到声情并茂，让孩子在声音中构建出童话世界，对于小小的孩子而言，这将是多么美好。

儿童期的孩子，一旦产生了对书的依赖，他的习惯也就养成了，以后孩子就会主动找书读，书将成为他人生中不可或缺的一部分。

营造良好的阅读环境和氛围

家，是培养孩子阅读习惯的第一阵地。我们不难发现，爱读书的父母，大概率会养出爱读书的孩子，这是因为父母给孩子树立了一个很好的榜样，让孩子时时都看到父母在阅读，他会不由自主地进行模仿；还有一个原因，爱读书的父母，通常都有很多藏书，孩子在模仿父母阅读行为的时候，触手可及有趣的图书，可以随时随地沉醉于这些图书之中。

爸爸妈妈可以为孩子购置一个单独的书柜，准备好各种不同类型和风格的图书。让孩子拥有属于自己的书柜，可以建立起孩子对书的支配感。我之前听说一位父亲为了引导孩子阅读，在家中布置了一个专门的阅读空间。这个空间的布置，就如同童话森林一样，女孩子对童话的热爱，让这个阅读空间具有极大的吸引力。因此，孩子特别喜欢一个人坐在这个阅读空间中，安静地读书，孩子仿佛置身于童话世界中。

如果家长没有足够多的藏书，可以带孩子多去图书馆走走。那里的藏书丰富，门类齐全，为孩子提供了足够多的选择。图书馆里的书香氛围也十分浓郁，走进图书馆，孩子会沉浸在书的海洋之中。周围的孩子都在阅读，同伴的影响往往比父母的催促更加有效。我们都说内因是主导，但是外因也是强有力的推动力，积极的外部因素也会激发孩子的阅读兴趣。所以，当你纠结周末带孩子去哪里娱乐放松时，不妨考虑一下藏有万卷诗书的图书馆。

长期熏陶在书香氛围之中，孩子会潜移默化地养成爱读书的好习惯，这便是润物细无声的教育方式。

给孩子选好第一本书

儿童文学作家郑渊洁曾说："孩子人生中的第一本书特别重要。现在动画片、游戏等声光电的内容特别多，如果第一本书不是很有意思，没能吸引到他，他可能觉得看书是很无聊的事，以后就不喜欢阅读了。给孩子看的书，父母应该自己先读一遍，判断是否吸引孩子，或者是父母小时候读过，孩子遗传的是父母的基因，风格相近。"

确实，对现在的孩子来说，电子产品唾手可得。很多父母为了让调皮或是哭闹的孩子安静下来，便用手机吸引他们的注意。孩子确实安静下来了，但是手机里有趣的游戏或是精彩纷呈的动画片，从此让孩子挪不开眼，孩子哪里还有兴趣阅读文字？郑渊洁先生为了让孙女养成阅读习惯，在家里，只要孙女在场，任何人都不能看手机、看电视，孩子看到的就是看书或者交流的场景。如果家里的保姆出现了看手机或看电视的情况，就会立刻被辞退。

郑老爷子的家风可见一斑，这也从侧面说明，选择图书十分重要，不能随便选择一本书给孩子。一旦这本书不能很好地吸引孩子的注意，以后想要再用图书吸引孩子的注意，难度将会增加不少。

阅读习惯的养成不能靠"逼"

很多家长都面临孩子不爱阅读，或者是只看自己喜欢的图书的情况。有些家长就逼着孩子每天读书，或者是阅读他们给孩子挑选的世界名著。碍于家长的权威，孩子只能硬着头皮读，但这不代表孩子就养成了阅读习惯，恰恰相反，很多孩子从此对阅读充满了恐惧和厌恶。

要知道，阅读应该是贯穿一生的习惯，而不是走出校门后就抛诸脑后。针对逼孩子阅读的现象，儿童文学作家章红给出了自己的看法，她认为读书是一件美妙的事情，怎么可以变成一种强迫行为呢？如果孩子不喜欢阅读，那一定有其原因。比如孩子作业太多，课外学习任务太重，没时间、没精力阅读；或者孩子并不喜欢阅读父母推荐的图书，只是被逼着完成任务。因此，章红建议把阅读的选择权交还给孩子，优先让孩子选择自己喜欢的图书，不为读书而读书，而是出于真心喜欢才阅读。

可能有的家长疑惑：难道孩子每天看没有营养的漫画就不管吗？我们要知道，阅读是一生都要坚持的事情，儿童文学作家章红认为，"当孩子长大一些，阅读对于他们不再仅仅是一种娱乐，他们会去寻找有思想有内涵的图书"。很多父母"逼"着孩子看所谓的名著，看他们认为有益的书，反而会将孩子燃起的兴趣之火无情浇灭。

我想对父母们说，**即使你们怀抱最大的好意，希望孩子爱读书并读好书，也不要忘记顺应孩子的天性和成长的节奏。这种"逼迫"的行为无疑是反作用力，把孩子推向了相反方向。**

寻找契机，适当引导

如果孩子真的不喜欢，我们不要逼迫或强制孩子去阅读，而是要找一个契机。

为了激发孩子对经典名著的兴趣，可以采用引导方式。尽管最理想的情况是让孩子直接阅读原著，但如果孩子对此不感兴趣，可以先借助他们更容易接受的媒介，比如电视、电影。有的家长为了解决孩子不愿读《西游记》连环画的问题，给孩子播放电视剧《西游记》。由于电视剧播放有时间限制，孩子为了快速看完整个《西游记》故事，便自己拿起了《西游记》连环画，很快读完了它。这位家长的策略很巧妙，通过提供更易接受的形式，成功地激发了孩子对原著的兴趣，最终让孩子自愿阅读连环画。这个例子说明，适当的引导能够在不强迫孩子的情况下，培养孩子的阅读兴趣。

我有一个学生很不喜欢阅读，她的妈妈求助于我，问有什么方法可以培养孩子的阅读习惯，恰好我知道她很喜欢看《哈利·波特》系列电影，因此我建议妈妈引导孩子看原著。**妈妈告诉孩子："电影呈现出来的精彩，不及书本的十分之一。我建议你去读读原著，你会有意想不到的惊喜。"**孩子半信半疑地读了《哈利·波特》中文版图书，发现确实引人入胜。恰巧她在 2017 年通过夏令营去了英国爱丁堡，在游玩的过程中，被爱丁堡的景色深深吸引了，她仿佛置身于霍格沃茨魔法学校之中。《哈利·波特》的作者 J. K. 罗琳就生活于爱丁堡，这让她兴奋不已，当下就做了一个决定，买一套《哈利·波特》原版读物，并读完它。

这个学生对阅读的热爱得益于电影，也得益于一次旅行。所以，当孩子不愿阅读的时候，我们不妨借助其他媒介，巧妙地引导孩子进行阅读，并培养其对阅读的兴趣，帮助孩子养成阅读习惯。

阅读切莫急功近利

阅读是终身的修养，是一个持久而深远的过程。家长在培养孩子的阅读习惯时，应摒弃通过短期阅读达到即时效果的观念，不要奢望在短时间内，让孩子多读几本书，孩子就能立刻在作文上表现出色。实际上，**大量阅读的成果可能要在孩子初、高中阶段才能显著体现出来**。

阅读对孩子的影响是日积月累的结果，这个过程不仅培养了孩子清晰的逻辑思维能力，而且能对孩子的学习和写作产生深远的推动作用。随着时间的推移，这种基本能力的提升将使孩子在学术和创作方面取得更为显著的进展。通过大量阅读，孩子建立了丰富的知识网络，连接起不同领域的信息，这种知识间的联系会在某一天，以"爆炸式的绽放"表现出来。

因此，让孩子坚持阅读，是一项值得重视的教育任务。这个过程就如同悉心培育一朵花，需要耐心和持之以恒。虽然效果可能不会立即显现，但随着时间的推移，孩子所累积的阅读经验，将会在学业和生活的方方面面展现出来。家长的引导和支持至关重要，家长应该在这个过程中，给予孩子足够的鼓励，鼓励他们探索不同的阅读材料，发现自己的兴趣点，从而让阅读成为一种愉悦而充实的生活体验。通过这样的教育，我们相信，最终会看到孩子如同最美的花朵一样，在知识的花园中盛开。

我建议家长们都能给孩子提供一个书香氛围，以身作则，而不是强迫孩子阅读。只有循循善诱，寻找孩子感兴趣的媒介，以此为出发点，才能逐渐让孩子爱上阅读。阅读应该是伴随人一生的事情，只有家长细心呵护孩子对阅读燃起的小火苗，星星之火方能燎原。

05

端正态度：

巧用策略，让孩子主动学习

为什么孩子突然不爱学习了？

海北老师，最近我发现四年级的女儿竟然被老师要求写检讨书，原因是上课讲话。然后，我又发现她好多作业都是错的或开着天窗，我有一种天要塌下来的感觉！因为四年级前，她成绩很不错，做作业也很主动，没什么需要我操心的地方。她现在上课不认真，马上又面临中段考，我接受不了她现在的学习态度，请问该怎么办？

——家长留言

我经常会收到家长的留言，说孩子以前学习很认真，成绩也比较好，突然在某个阶段就不愿意学习了，成绩也是一落千丈，对此家长到底该怎么办？从家长们的话语中，我可以感受到他们时刻关注着孩子的学习状态，细致入微地观察着每一个细节。当孩子在学习上显露出懈怠、不认真，在完成作业等方面存在问题时，家长们犹如敏锐的捕猎者，能够迅速察觉。特别是当孩子的考试成绩呈下降趋势时，这种关切和担忧会达到巅峰。家长们往往陷入一种焦虑的状态，但是，很少有家长能够迅速冷静下来，深入分析孩子突然不认真学习的原因，并积极寻求解决对策。

从这位留言家长的语气中，我感受到了满满的焦虑感。确实，一到三年级学业都很棒的女儿，在四年级突然不认真学习了，这会让很多父母焦虑不安，对孩子恶语相向，甚至对孩子大打出手。但是焦虑过后，问题还是不能够妥善解决。

我相信，每个孩子都渴望在学业上取得优异成绩，这不仅会得到同龄人的羡慕以及老师的喜爱，更能满足父母的期望。然而，随着孩子的成长，总有某个阶段，他们的学习热情会有所减退，甚至出现不想学习的状态。这并非偶然，而是一系列潜在原因的显现。在这种情况下，家长的责任不仅仅是关心孩子的学业，更在于深入了解问题的根源，只有这样才能真正帮助孩子走出学习的困境。

针对留言家长所说的情况，我谈谈自己的看法。通常情况下，本来很优秀的孩子，突然不愿意学习了，主要有四个原因。下面，我将对这四个原因进行详细论述，并基于不同的原因，给出解决问题的建议，希望能给家长朋友们一些启发。

孩子的习惯没有得到培养

小学阶段有两个分水岭，一个是三年级，一个是五年级。到了三年级，有的孩子会出现成绩下滑的情况，这被叫作"三年级现象"。这往往与家长在孩子早期教育中忽视培养学习习惯有关。

一、二年级时，学科知识相对简单，许多孩子可以轻松取得好成绩，于是，很多家长就忽视了对这一时期孩子学习习惯的培养，比如预习、复习、时间规划、高效完成作业和听课等。这些习惯的缺失，可能会在三年级及以后的学习中显露出来，导致学业下滑。

另外，一些孩子可能提前学过教材上的知识，产生一种自以为已经掌握了全部知识的错觉。这使得他们在课堂上不再认真听讲，逐渐养成了上课不专心的习惯，导致课上知识理解不深刻、作业漏洞百出。

根据留言家长所说，孩子过去学习成绩比较好，这可能是因为孩子从小畏惧家长或老师的权威，态度还比较端正，而四年级是一个迷茫、缺乏目标的阶段，孩子的态度问题就暴露出来，从而导致学业成绩的下滑。也可能是孩子提前学习了教材上的内容（这里我们不得而知，因为家长并没有明白地阐释清楚），导致养成了课上不认真听讲的习惯。

解决这样的问题，需要家长和老师的共同努力。首先，重视培养良好的学习习惯，包括规定规律的预习复习时间、制订合理的时间规划、培养高效完成作业的习惯等。同时，对于提前学过教材的孩子，一定要及时调整孩子的课外培训班，让孩子重视课堂听讲，并鼓励其主动参与课堂讨论，防止养成懒散的学习态度。

家长也要及时跟进孩子的学习情况，并及时与老师沟通，了解孩子在学习上的困难，进而采取有效的辅导措施。通过及时纠正不良习惯，家长可以帮助孩子顺利度过容易迷茫懒散的三、四年级，建立起持久的学习动力和自信心。

孩子在学习上遇到了困难

一、二年级的知识比较简单，靠死记硬背就能够取得好成绩。但是，上了四年级以后，课文的内容变得复杂，练习题对阅读理解的要求较高，原本死记硬背掩盖的问题就暴露无遗了。这就导致有些孩子在一、二年级甚至三年级一直表现不错，但是，到了四年级，成绩下滑就很严重。这些孩子突然间遇到一些难题，自己难以解决，也没有得到有效的帮助。通常情况下，这类孩子是愿意学习的，但是付出了努力却达不到以前的高度，或者不能很好地解决面临的难题。这种突如其来的困扰，使得他们在学习上失去了过去轻松应对的感觉，无法继续体验到学习带来的成就感。由于无法解决学习中的问题，孩子逐渐失去了对学习的信心，对自己的能力产生了怀疑。这种负面的体验导致他们对学习失去了兴趣，甚至对学习产生了厌恶感。

这位留言家长最近发现孩子很多作业都没有完成，错的也很多，这是不是表明孩子在学习上遇到了困难，从而失去了学习的信心呢？

在这样的情况下，解决问题的关键在于及时提供有效的支持和引导。首先，我们需要关注孩子的情绪变化，主动与他们沟通，了解他们在学习上遇到的具体问题和困扰。为了解决这些困难，可以考虑寻求专业老师的帮助，确保孩子得到有针对性的学习支持。

同时，鼓励孩子树立正确的学习态度和价值观。告诉他们，遇到困难是学习过程中的正常现象，过程远比结果更为重要。要鼓励他们勇于面对挑战，培养解决问题的能力，同时教导他们学会向他人寻求帮助，建立积极的学习心态，重新树立起学习的信心。

最重要的是，家长和老师需要共同合作，形成紧密的沟通渠道，密切关注孩子的学习进展。及时介入、关心支持，可以帮助孩子渡过学习的难关，让他们保持对学习的热情，最终重拾学习的自信心。

孩子缺乏学习动力

三、四年级的孩子处于一个特殊的成长阶段，他们既不像一、二年级时那么乖巧，出于对家长和老师的畏惧而认真学习；也不像五、六年级的学生，升学压力是他们认真学习的推力。三、四年级的孩子还未面临升学的紧迫压力，因此缺少一些明显的学习动力。这并不意味着他们不关心学习，实际上，他们可能感到缺乏激励或对学习的目标感到迷茫。

在这个阶段，孩子逐渐展现出个性和独特兴趣点，有了更多的独立思考，特别是对学习产生了自己的想法。低年级时，孩子们大多遵从家长和老师的意见，不会过多质疑"为什么"。然而，到了四年级，孩子的思维能力迅速发展，他们开始具有独立思考能力，开始思考为什么要学习，学习不好又会有什么后果。

由于自我意识的产生，这个阶段的孩子可能会固执地认为自己能够解决所有问题。他们开始质疑学习的目的和意义，探索自身价值。这个时候，家长和老师的唠叨和命令就会产生反效果，让孩子感到厌烦。更重要的是，这种方式会向孩子传递一种错误的信息：学习是一件很艰苦的事情，他们是在为父母而学习，而不是为了自己的未来。这可能导致孩子对学习产生负面情绪，甚至使他们产生对学习的厌恶感，丧失学习动力。

为了解决这个问题，家长和老师可以采取一系列措施。

首先，激发孩子的兴趣是关键。了解孩子的爱好和特长，将学习与他们感兴趣的领域联系起来，可以促使他们主动参与学习。应提供多样性的学习资源，包括图书、游戏、实践活动等，激发他们的学习兴趣。

其次，设定合理的学习目标，并建立明确的奖励机制。学习目标分为长期目标和短期目标。孩子需要明白学习对他们的未来有重要意义，这便是设定长期目标的原因。帮助孩子找到一个激发他们潜在激情的伟大梦想，使其愿意为实现这个梦想而努力向前迈进。为了让孩子的梦想更为具体，最好能够将其可视化，例如将梦想的画面打印成照片贴在书桌前，或者购买海报挂在孩子的房间里。这样，每当孩子看到这个图像时，他们就会被梦想激发，充满学习的动力和斗志。但是，空有梦想也很难驱动孩子一直往前跑，还需要给孩子设定一些短期内可达到的小目标，并设立一些小奖励，帮助他们逐渐树立对学习的积极态度。

此外，家长和老师要经常与孩子沟通，了解他们的需求和困扰。建立一个开放的沟通渠道，鼓励孩子分享学习中的困难和疑虑，以便及时提供支持和帮助。

总之，关注孩子的个性特点，激发他们的兴趣，设定合理的学习目标，以及建立积极的沟通渠道，都是帮助三、四年级孩子产生学习动力的有效途径。这个阶段的学生需要更多的关心和引导，以促使他们发展出对学习的积极态度。

孩子在学校出现了人际交往问题

有些孩子具有较为敏感和感性的内心，对于周围人的评价格外在意。由于在人际交往上的困境，这些孩子选择逃避，甚至可能对学校及其相关事物产生极度厌恶，进而影响到对学习的态度。

首先，孩子可能遇到了不喜欢的老师。出于某些原因，比如老师批评了孩子，或者换了新老师，孩子对老师产生了反感情绪。敏感的孩子通常会因为喜欢一位老师，就好好地学习这门学科；相反，如果讨厌某位老师，孩子可能连这位老师的课都不想听。这位留言家长所说的情况，很有可能就是因为孩子不喜欢这位老师所致。低年级时，孩子学习都十分主动，成绩也很好，说明孩子的学习能力还是不错的，即使遇到了学习问题，也不可能导致孩子学习态度的一百八十度大转变。孩子在课上出现了讲话的情况，这是对老师的不尊重，而老师还让孩子写检讨书，由此可见，孩子与老师的互动并不是积极正向的。

另一个可能影响孩子学习态度的因素是与同学之间发生的矛盾。例如，受到同学排挤或与同学发生争执，这不应被简单地视为孩子们的小别扭，实际上，就像成年人在工作中需要与同事和谐相处一样，对于学生来说，良好的人际关系对学习的积极性至关重要。当孩子在学校受到同学排挤、嘲笑等负面对待时，更容易让他们产生对学校的强烈反感，甚至出现"再也不想去上学"的想法。

可见，孩子在学校的学习生活中，可能会遭遇各种挑战和困扰，而这些问题会直接影响到他们的学习态度和情绪状态。为了解决这些问题，建议家长和老师保持良好的沟通，以更好地了解学生所面临的困境。

首先，建议家长和老师取得沟通。这种沟通包括定期的家长会议、老师家长座谈会或其他途径。通过这样的交流平台，家长和老师能够共同关注孩子在学校中的表现，了解其学业进展和行为变化，从而及时发现可能存在的问题。这种协作关系有助于形成一个全面了解孩子的渠道，为发现和解决问题打下良好的基础。

其次，建议家长和孩子进行心平气和、敞开心扉的交流。在这种交流中，家长应以关爱的态度倾听孩子的感受和困扰，鼓励孩子表达内心的想法。这不仅能够增进亲子关系，还可以让孩子感到被理解和支持。通过与孩子的沟通，家长可以更深入地了解他们在学校遇到的问题，包括与老师及同学之间的矛盾。只有明白了根本原因，才能够对症下药，帮孩子打开心结。

总而言之，**家长一定要和老师保持密切联系，共同关注孩子的学校生活。**而与孩子的沟通则是建立在亲子关系的基础上，家长通过了解孩子的内心世界，找到问题的真正原因，在关爱的氛围中与孩子共同寻找解决问题的有效途径。

本来成绩优秀的孩子，到了四年级，学习态度变糟糕，成绩下滑严重，这个问题的背后有不同的原因。家长朋友们在遇到这样的问题后一定要保持冷静，及时与老师取得沟通，或者与孩子敞开心扉地交谈，找到问题的根本原因，再对症下药，以便帮助孩子跨过学习上以及成长过程中的一道道障碍，让孩子在未来获得更好的发展。

聪明的娃却反感数学，如何引导？

> 我孩子四年级了，语文、英语背诵都很快，成绩也不错，数学一学就会，一点就透，但是他心里很抗拒数学，经常因为粗心丢分，请问该怎么办？
>
> ——家长留言

最近收到不少家长私信，说孩子某一学科成绩不好，但是其他学科很不错，原因何在？作为家长该怎么办？面对这个问题，很多家长往往归因于孩子记忆力不好，或者是孩子数学思维不好等，片面地认为是孩子的智商影响了成绩。

其实偏科现象的产生，原因并不单一，但是偏科的孩子基本都会陷入一种恶性循环，即出于某个原因不喜欢这门学科——不愿意下功夫——成绩不好感到挫败——失去对这门学科的信心——更讨厌这门学科——成绩更为不好，如果进入了这样的循环，想要转变是一件很困难的事情。

孩子不喜欢数学的原因

为了避免孩子陷入这样的循环中，家长一定要知道孩子不喜欢这门学科的原因。不喜欢数学有很多原因，我总结了四个方面，供大家参考。

入学前未做衔接，入学后跟不上节奏

在孩子上小学前，很多家长或者幼儿园都会给孩子进行衔接学习，比如学习 20 以内的加减法。尽管我不太赞成让幼儿园孩子提前学习小学的知识，

但是当这成为一种趋势后，孩子只能被裹挟着前进，提前学习。

如果孩子在幼儿园没有提前学习一年级的知识，或者没有接受思维启蒙和训练，那么，上了小学后，很可能就会感到跟不上学习的节奏。

设想一下，如果老师在课堂上问孩子 1+1 等于多少，绝大多数的孩子都能异口同声地回答出 2，老师会不会认为孩子们都已经掌握了这个知识点呢？大多数孩子确实已经学会了，这就导致老师不会花很多时间在这个知识点上，进而加快了上课的进度。孩子刚刚踏入学校的时候，如同一张白纸，这种情况对他们而言，就是十分不友好的。我们知道，学习是一个不断重复练习的过程，对于一些可能学习能力不是很强的孩子，就需要更高频率、更多形式的练习。如果他们跟不上课堂节奏，就很可能受到一定程度的打击，从而对数学产生畏难情绪，导致不喜欢这门学科。

因此，我认为在孩子上小学之前，家长有必要了解对口小学的教学情况，慎重考虑是否进行幼小衔接，让孩子提前学习小学知识。同时，我建议家长在日常的活动和游戏中启迪孩子的思维，让他们从小就热爱思考。例如，五子棋、数独以及魔方这三个法宝，都是很好的选择，可以有效地培养孩子的思维能力，为小学学习做好准备。从个人经验来看，这样的启蒙和兴趣培养，不仅有助于孩子更好地适应学校的学习，还能够让他们在学科中找到更多的乐趣，培养出对这门学科的热爱。

最近所学的知识，孩子不能很好地理解

很多孩子对数学产生负面的情绪，可能是因为近期的学习任务超出了孩子的能力范围，孩子不能很好地解决问题，因此有了挫败感。

当孩子进入三年级以后，数学的难度会不断上升，不会再像一、二年级学得那么基础。比如应用题的增加，让很多孩子措手不及。应用题不仅需要孩子有足够的阅读能力，读完题后能够勾画出关键信息，还需要孩子将文字转化为数学语言，用数学等式表达出来。阅读对于三年级的孩子来说，本身就是一大障碍，再加上文字向数学等式的转化，这让很多孩子不知从何下手，因而导致孩子的错误率增加，成绩也随之下降。

还有一种可能是孩子没有养成预习、复习的习惯，导致在课上抓不住重

点，学习效果也不佳。如果孩子听课效率不高，或者听课习惯不好，就不能很好地消化吸收知识点。如果孩子没有复习习惯，不能在课后查漏补缺，及时夯实知识点，就会导致对知识点的掌握并不扎实。

数学是用概念、公理以及定理堆积起来的，新旧知识点之间也紧密相连，因此，前面的知识点没有掌握好，后面的知识点就不能很好地消化吸收，这就会影响孩子对数学的态度，导致孩子慢慢变得不再喜欢数学。

在学习过程中，没有得到足够的正反馈

在孩子的学习过程中，及时的反馈有着至关重要的作用。这个反馈如果是正向的，有可能激发孩子更大的学习劲头，孩子也有望取得更好的学习效果。相反，如果反馈更多是负向的，孩子的学习积极性和效果就会受到严重影响。

对于小学生而言，正向反馈对他们的学习产生着积极的影响。正向的反馈主要来源于两个方面，一是老师的认可和表扬，另一个是同学们的欣羡。经常被老师表扬的孩子通常更加自信，学习的积极性也更高，因此，他们取得的学习成果也更为显著，而这又使他们可以进一步得到老师更多的表扬。这种良性循环让孩子对某个学科更加自信和热爱。

然而，如果孩子缺乏足够多的正向反馈，或者得到了过多的负向反馈，孩子的学习积极性和对某一学科的热爱就会受到巨大的冲击。有些家长或老师受到传统教育理念的影响，可能更倾向于采用打压式教育，频繁地进行批评和打击。我建议大家一定要慎用批评，因为过多的批评和打击会破坏孩子的自信心，导致他们对某一学科失去掌控感，从而让孩子逐渐失去对这一学科的热爱，形成一个恶性循环。

因此，在孩子的学习过程中，我认为必须时刻关注并肯定孩子的进步，不断给予肯定和表扬，让孩子尝到成功的喜悦。这样的正向反馈不仅能让孩子获得学习的成就感，维持他们的学习热情，还有助于他们持续取得进步。通过这样的正向激励，我们可以培养出更加自信和热爱学习的孩子。

学习目标不明确，缺乏学习某门学科的内驱力

很多孩子对某门学科的态度，更多是来自外在环境的影响和反馈，他们

没有内驱力，不能自觉主动地将这门学科学好。

什么是内驱力？内驱力就是孩子能够自觉主动地把一件事做好，哪怕自己不喜欢这件事情。正向反馈是获得内驱力的一种方式。让孩子设定清晰的目标是另外一个有效方法。当孩子有了清晰明确的目标后，才会有明确的奋斗行为，实现了目标之后，孩子会收获成就感，这种成就感是推动孩子进一步努力的内在驱动力，有助于孩子自觉主动地付诸实践。然而，一旦孩子没有学习数学的内驱力，就会出现留言家长所说的情况，哪怕孩子理解力好，能够快速听懂数学知识，孩子还是不愿把时间和精力投入到数学上，从而导致粗心大意以及学业表现不佳的情况。

合理的目标设定，对培养孩子内驱力十分重要。家长朋友们一定不要忽视了它的作用，带着目标上路，一步步打怪升级，孩子会走得更快更好。

所以，这位留言家长要想知道孩子为什么不喜欢数学，从这几个方面去探寻，我相信肯定能够找到影响孩子学习态度的根本原因。只有找到了根本原因，才能够对症下药，采取正确的方法，成功地解决这个问题。

让孩子不再讨厌数学

那么，如果孩子很讨厌数学，家长要怎么应对呢？我从三个方面进行论述。

停止焦虑，分析具体原因

在教育孩子的过程中，很多家长常常会出现过度担忧和联想。这种担忧通常是由于家长担心孩子的未来发展，他们可能会把孩子当下的喜好与未来的人生轨迹直接关联起来，形成一种"小剧场"式的担忧链条。比如孩子数学不好，家长可能会这样想：数学学得不好，整体成绩就会不好，进而影响升学和职业发展，最终导致整个人生的失败。其实，家长需要理智看待这些担忧，明确这只是一种虚构的可能性，而不是必然的现实。

我们退一步讲，即使孩子不喜欢数学，也不妨碍孩子学好数学。试问，有多少孩子真正喜欢数学？谁会喜欢单调枯燥地做题呢？谁会愿意去记住各种做题技巧呢？再退一步讲，孩子不喜欢数学，或者是数学成绩不好，这也不妨碍孩子有一个很好的未来，有很多成功人士在学生时代数学学得并不一定好。

明确这两点后，面对孩子不喜欢数学的情况，你就能够冷静下来，并停止过度焦虑了。让我们继续深入分析背后的原因，孩子对数学的不喜欢可能是多种因素交织的结果，而理性分析将帮助我们找到解决问题的正确路径。我在前文提到了四个原因，家长朋友们要分析到底是因为孩子不喜欢老师，进而不喜欢这门学科呢，还是因为孩子遇到了困难，受到了打击，或者是因为孩子在学习过程中接收到了过多负面反馈。不同原因导致的厌恶数学，采用的应对方法也不一样，只有找到病因、对症下药，才能解决这个问题。

总之，关于孩子是否喜欢数学的问题，父母需要以冷静的态度对待，不必陷入过度的担忧。通过深入了解背后的原因，有针对性地采取措施，才能真正解决孩子不喜欢数学的问题，促使他们养成积极的学习态度。

第二，不同原因，采取不同措施

当孩子表示不喜欢数学时，实际上他可能并非对整个数学学科抱有厌恶感，更可能是在学习数学的某个特定环节，或者面对某些具体困难时感到无助。这可能是由于他的理解力较差，难以理解某些内容；也可能是因为数学作业太多，让他感到疲惫；还可能是数学问题过于单调，让他感到乏味；甚至可能只是因为他不喜欢数学老师，或者觉得辅导他的父母给他的负面反馈太多，打击了他的积极性。

所以，当孩子抗拒数学时，最重要的是与他一同分析问题，深入了解他具体的困扰点。如果问题在于理解数学逻辑上的困难，就需要采取多角度的讲解和启发，有些孩子在这方面可能需要花更多的时间，需要老师和家长采取不同的教学方法才能理解透彻。如果问题仅仅是在数学计算的准确性上，那就更不要担心了，所谓熟能生巧，计算需要的是更多的练习，通过练习，孩子的计算迟早会变得更加熟练和准确。如果问题缘于过重的作业负担，那就需要减轻一些不必要的重复性练习。如果与老师存在矛盾，就可以与孩子共同制定化解矛盾的策略，鼓励他将负面情绪转化为积极的学习动力，让老师对其刮目相看……

总而言之，面对孩子对数学的不喜欢，关键在于具体问题具体分析，采取有针对性的解决措施，通过实际行动帮助孩子克服困难，建立对数学的自信心，从而减轻对数学的厌恶情绪。

设定目标，培养内驱力

我在前文第四点原因中说到孩子内驱力的重要性，而设定目标并实现目标，对培养内驱力又有积极的推动作用，因此，家长一定不能忽视了目标的积极影响。

目标，分为长期目标和短期目标。长期目标通常是一些高远的目标，比如，要成为一名数学家，要成为一名科学家，要为国家或人类做出贡献等，这样的目标有一个特点，那就是在短期内很难实现，因此不能很好地维持孩子的学习热情。短期目标则是一个个小目标，是短时间内能够实现的。这种目标有一个显著特点，那就是能够不断地、持续地维持孩子的学习热情。

因此，在孩子的学习过程中，一定要为孩子设定清晰的学习目标，并调动孩子对这一学科的内驱力。为孩子设定一个长期的目标，让孩子找到学习的方向和灯塔，让孩子不再迷茫。除此之外，还要不断给孩子设定短期的目标，比如分数目标、名次目标以及对象目标，我把这三种目标称为三维目标。

很多家长主要设定的是分数目标，但是绝大多数家长并不清楚如何设定合理的分数目标，比如很多家长喜欢以最优的分数为每次考试的目标，这是不妥当的，设定分数目标一定要根据孩子现有的水平，设定一个合理的目标。实现后，父母、老师的肯定和表扬，能够给予孩子正向反馈，不断激励孩子积极主动地学习。随着时间的推移，孩子就会形成学习这门学科的内驱力。名次目标和对象目标，是基于孩子现在的水平，选择一个成绩稍微好于孩子的同学，让孩子以他为参照，不断地去超越，以此维持孩子的学习劲头。

当孩子有了清晰的长期目标和短期目标，并在实现目标后收获了正向反馈，孩子的内驱力就会形成。内驱力是学习的内在推动力，哪怕孩子不喜欢这门学科，也能尽最大努力去学好它。

在这篇文章中，我主要是针对留言家长的问题，对数学学习进行了探讨。家长也可以将数学换成其他任何学科，这些原因和解决途径也是通用的。当孩子不喜欢某门学科的时候，家长一定不要盲目焦虑，而要冷静下来，分析孩子不喜欢的原因，并基于这些原因找到相应的解决途径，这样才能对症下药，解决这个问题。

"老师偏心，我接受不了！"

老师你好！由于我小时候经常生病，学习成绩也不好，老师们也偏心，都喜欢成绩好的同学，我就对学习不感兴趣。小学的数学老师特别凶，我在学校看到他都害怕，下意识就感觉他要骂我。他上课就爱抽那些学习不好的去黑板前做题。他明知道我不会，就是要抽我，每次我不是被骂就是被打（用扫把），有时候被打屁股，有时候被打手背，总之就是被打。更过分的是，有一次我跟另外两个女同学被抽中去黑板上做题，我们三个成绩都不好，不会做题，他就让全班 25 个同学一个一个上来，往我们脸上吐口水，同学们一边吐他还一边骂我们。那时候我才 6 岁吧，真的被欺负得好惨，我又气恼，又没能力反抗。现在我已经 22 岁了，始终忘不了当时那个场景，它是我一生的心理阴影，现在想起都觉得心好痛，成绩不好为什么就要被那样对待？老师的偏心让我接受不了。每到星期五我就特别开心，终于可以回家了，可到了星期天回学校的时候，我的心里就很害怕，那时候也没敢告诉父母，所以变得有些自卑。

——网友留言

看到这位年轻朋友留下的私信，作为一名教育工作者，我深感心痛。这段文字中透露出的情感，似乎是被眼泪浸润过，因为其中蕴含的痛苦是无法轻易消解的。或许我不能亲身体验这种痛楚，但从众多网友的留言中，我能感受到这种教育方式给孩子留下的巨大创伤。在这里，我向广大的教育同人呼吁，在教书育人的过程中，切勿忘却初心，因为忘记了初心，很可能对孩子造成终生无法弥补的伤害。

撰写这篇文章，并不是想批评某些老师，毕竟这样的例子属于极个别情况。然而，我认为有一个值得深入讨论的问题，那就是当孩子感觉老师偏心时，我们该如何应对？偏心现象确实存在，就如同一些多子女家庭中的父母，也无法绝对公平地对待每个子女。况且，孩子与老师并没有血缘关系，所以，偏心的发生似乎也不难理解。如果孩子遇到了偏心的老师，父母应该如何引导孩子？如何解决这一问题，以降低它对孩子的负面影响？在今天的文章中，我将探讨这一问题。

遇到老师偏心，如果父母忽视了孩子的求助，或许就会造成像留言网友所说的那种伤害。如果孩子向父母求助，父母千万不要给孩子讲大道理，说老师这样做是为了你好，孩子并不傻，能够感受到老师的情绪，家长这样做只会把孩子越推越远，使其陷入无助的境地。

当孩子说老师偏心时，家长可以试试这四种方式来帮助孩子走出困境。

拒绝说教，懂得倾听

在我的教育生涯中，我和孩子们的关系一直很好。学校每年也会做问卷调查，让孩子给老师评分。在每年的评分中，我的分数都是接近满分的，在问卷调查最后的文字评价环节，我发现孩子们说得最多的是老师很公平，对大家一视同仁。我对他们很严格，有时候也会就事论事地批评他们，但他们并不太在意，因为当他们表现优异时，我也会毫不吝啬赞美之词，即使是成绩欠佳的学生，他们在任何方面的进步，都会得到我的表扬。可见，在孩子的世界中，公平十分重要。

在 2018 年，上海市教委在孩子中做了一次调研，主题是"你最喜欢什么样的老师"，孩子们踊跃参与。研究表明，孩子不是那么在意老师授课有多棒，但是对公平给予了极高的关注。我们家长也做过学生，在学生时代，你们最看重老师什么呢？老师的偏心是不是会让你们极其反感呢？

因此，当孩子回家抱怨老师偏心的时候，家长一定不要对孩子讲一通大道理，而是要认真倾听，与孩子产生共情。对孩子而言，表达感受比争取认同更为重要。当孩子愿意与父母分享心情时，也是解决问题的黄金时刻。在这个时候，父母无须急于发表意见，而应当温柔地凝视孩子的眼睛，鼓励孩子用自己的语言充分表达目前的情感。

同时，父母可以采用一些有助于确认孩子感受的措辞，比如："哦，你觉得老师这种行为很偏心对吧？""嗯，老师这个行为你认为有些欠妥是吗？"这种沟通方式有助于让孩子感到自己的情感得到理解，从而更快摆脱情绪困扰。关心和理解的态度有助于构建起与孩子更为坦诚和信任地沟通的基础。

引导孩子，鞭辟入里

当听到孩子表达对老师偏心的感受时，父母千万不要着急上火，不管是对孩子说教，还是对老师怒斥，都是不可取的。因为孩子的感受是非常主观的，他们对事件的理解通常并不全面，也很难看到事情的本质。在这个时候，父母需要慎重处理，不要轻易表达对老师的不满，以免加重孩子的抵触情绪。

首先，父母可以适度引导孩子进行善意的推导，帮助他们思考老师的意图。"老师上课喜欢抽你上台做题，会不会是因为他很重视你呢？如果他不抽你了，是不是说明对你不抱希望了呀？"这样的问题可以引导孩子审视事情的多个角度。"好像有点道理。"孩子在思考的过程中可能会更加客观。

接下来，父母可以通过提供一些案例，让孩子思考其他孩子与老师的关系。"如果老师明知道成绩好的同学已经掌握了知识，还叫他们上台做题，他们都能做对，老师就不会再讲解这些题目了，你们是不是就失去了进一步理解的机会了呢？"通过这种方式，孩子有机会理解老师这样做的原因。这会让孩子更加理性地看待同学间的差异，以及老师的不同态度和做法。

然后，家长可以引导孩子思考与自身相关的因素。"因为你的基础不是很扎实，如果老师不抽你回答问题，他就不能知道你对知识的掌握情况，抽你起来做题和答题，其实也是对你的负责任，你说对吗？"这样的解释能够帮助孩子找到更多正面的归因，建立积极的认知体系。

同时，鼓励孩子平时多与老师进行沟通，让孩子用适当且合理的表达方式向老师提出自己的疑问和顾虑。"老师，您知道吗，上课您抽我起来做题，我没做出来，感到很难过，下次您可不可以先抽我回答简单的问题呀？"这有利于让老师知道，孩子的态度是端正的，也让老师明白教育学生不能操之过急，否则会给孩子带来过多负担。这样做也有助于建立起老师与孩子之间的和睦关系，促使他们更加理解彼此，进而营造更好的学习氛围。

教会孩子，正视偏心

在我们这个世界里，不公平是不可回避的话题，也是孩子成长过程中必须直面的事实。无论是谁，包括老师在内，都会有自己的好恶，他们会凭借自己的主观感受来认知这个世界。例如，有些老师可能更喜欢成绩好的、勤奋踏实的孩子，而另一些老师则更喜欢活泼好动、全面发展的孩子。这是他们认知世界的方式，也是他们的权利，我们应该尊重。

就像孩子也有权利不喜欢某些老师一样，可能是因为老师长得不好看，或者是老师比较严厉等，这也是孩子的权利，他人无权剥夺。

然而，这并不意味着孩子失去了争取别人喜欢的权利。即使老师现在并不太喜欢孩子，孩子仍可以尽可能努力争取老师的认可。在班级中，有时候即便孩子在学业和社交方面表现得很好，老师仍可能更加欣赏那位虽然学习成绩一般，但乐于助人、活泼好动的同学。孩子可以多多帮助同学，做一个乐于助人的人，以此改变老师对自己的态度。但如果最终争取不到，也不必过于沮丧，因为每个人都有自己的喜好和倾向，而这种不公平不是孩子能够轻易改变的。

因此，孩子一定要明白，世界并不总是公平的，不是自己付出努力就一定能够改变的。我们所能做的，就是学会以礼待人，包括那些可能并不喜欢自己的人。

只有以一颗宽容的心，理解这个世界的复杂性，并学会在面对不公平时，保持坚韧和善待他人的态度，孩子才能从负面情绪中走出来，并且以平和的心态对待身边的不公平。这样的心态将有助于孩子更好地理解并适应社会的复杂性，培养出坚强而善良的性格。

抽丝剥茧，满足诉求

孩子因老师的不公平而感到情绪不安，这缘于他们在进行自我认知时，过度依赖他人的评价。换句话说，就是孩子通过别人对自己的评价来认识自己，给自己定位。由于孩子不成熟，他们很难客观公正地看待自己，并认知真实的自己，老师和同学对他们的评价，构成了他们对自己的初步认知。当孩子向家长抱怨自己受到不公平对待时，实际上是在进行一种自我与他人的比较，认为自己在某些方面不如他人，或者是没能得到足够的关注。

在这种情况下，父母的引导十分重要，要明确告诉孩子，每个同学都有自己的闪光点，都是值得赞赏的。同时，也要让孩子看到自己的优势，让他明白自己并非一无是处，只是同学们各有长短。孩子没必要事事拿自己和别人进行比较，学会接纳自己的不足，做自己就好。

当孩子意识到这一点时，说明孩子开始正视这种不公平，也为重新构建自我认知奠定了基础。在这个前提下，引导孩子将关注的重点放到自己身上，认识到自己内心的真实诉求。孩子为什么抱怨不公平？说明他内心深处渴求得到更多的关注。

当父母听到孩子抱怨不公平时，一定要和孩子深入沟通，发现孩子对于肯定和被看见的深层需求，并有针对性地满足这些需求，而不仅仅是满足于表面沟通。这种深度的理解和关心，将更有助于孩子树立积极的自我认知和自尊心。

孩子抱怨不公平，实际上是在表达自己对这方面的渴望和需求，家长一定要抽丝剥茧，充分尊重孩子的真实诉求，再有针对性地给予满足，这样才能让孩子构建积极的自我认知，真正做到平和地对待这个世界。

当孩子抱怨老师不公平对待时，父母的态度十分重要。如果选择漠视或者说教，可能会给孩子造成负面影响。只有倾听孩子的心声，引导孩子正视偏心，明白孩子的真实诉求，父母才能帮孩子以一颗平常心对待老师的"偏心"。在这个过程中，父母不仅是引导者，更是孩子内心世界的理解者和支持者，帮助他们建立积极的自我认知，为他们未来的成长奠定坚实基础。

孩子学习不主动，不愿做额外作业，怎么鼓励？

> 海北老师，我想问问小男生的自驱力怎么培养。三年级的男孩子，性格比较内向，除了语文稍微弱了一点，英语和数学经常满分，人缘也还行，选上了中队长。但我总感觉他没有主观能动性，除了完成课内作业，家长安排的作业总是不太情愿做，一直是我推着他往前走。
>
> ——家长留言

　　许多家长向我反映孩子在学习方面缺乏主动性。尽管孩子能够很好地完成学校布置的作业，但当涉及由父母布置的任务时，孩子表现得较为排斥。有时需要父母采取糖衣炮弹战术，或者需要父母强制要求，孩子才勉强完成。上面这位家长在留言中提到了她三年级的孩子，成绩优秀，人缘良好，甚至当选为中队长。然而，令人感到困扰的是，尽管孩子在许多方面都表现出色，却存在学习不主动的问题。他不愿意完成额外的作业，需要家长的督促才能完成。对于这种情况，家长感到疑惑，为什么这么出色的孩子，在学习方面却显得不那么主动呢？

　　家长额外为孩子安排任务的动机，主要是希望孩子在竞争中更为出色。刚刚踏入职场时，我也曾有着相同的想法。每天我都全情投入学校的事务，不仅备课改作业，还会给学生布置额外的任务，督促他们在完成当天作业的基础上，进一步提高自己的水平。一开始，我充满激情，因为孩子们的进步是显而易见的，我认为付出再多都是值得的。然而，由于一次经历，我受到了沉重打击，瞬间清醒过来，认识到这样的行为并不可取。

那天，学部的主管校长邀请我到她的办公室交谈。原因是我们班的一些同学向她投诉我过于严格，每天都要进行单词听写，而在完成正常作业后，我还会额外布置任务，导致他们感到压力巨大，对这样的教学方式心生反感。校长建议我适可而止，强调优秀的教学不在于让学生做堆积如山的作业，而是要确保学生获得良好的学习体验，这才能维持好的学习效果。

这番提醒让我感到沮丧，觉得自己的努力仿佛白费了。回忆起班里孩子们刚入学时，英语成绩垫底，经过一学期的努力，他们取得了年级第二的成绩。本以为这是一项值得自豪的成就，结果却遭到了孩子们的投诉，仿佛一盆冷水兜头浇下，让我陷入冰窟之中。当晚，我辗转难眠，感到自己的辛勤付出并未得到应有的认可，为何孩子们不感恩，反而满怀怨言呢？

我的同事观察到我情绪低落，询问具体原因。我毫不保留地向他陈述了事情经过，他的一番开解给了我很多启示。他说："实际上，孩子是否愿意做一件事情，主要取决于他们的心理预期。当孩子们参与一项活动，而这个经历给予他们积极美好的感受时，他们会渴望一直从事这项活动。反之，如果他们预期到这项活动可能带来负面体验，他们的大脑会发出警告信号，告诉他们迅速回避。"

听了他的话，我陷入了深思。尽管孩子们的学业取得了显著的进步，然而整个过程并不愉快。我们每天进行单词听写，我会在孩子们听写不理想时进行批评，试图通过严厉的措辞促使他们端正态度，更加认真地学习。我甚至会单独叫没过关的同学到办公室再次听写，这引起了班里其他学生的好奇，他们纷纷猜测这些同学是否会受到老师的惩罚。这些孩子已经是高中生，他们中的大多数都有较强的自尊心，我的做法无疑让他们感到难堪。我推测，这段时间的学习对于许多孩子而言是一段痛苦经历，因此，他们选择通过抱怨甚至投诉来表达对这种教学方式的不满。

如果有家长向我抱怨孩子缺乏学习主动性，不愿完成额外的提高型作业，我有理由相信，这类作业对孩子而言，带来的更多是不愉快的体验。

一些家长向我反映，孩子回家做作业总是显得极为拖沓，仿佛在刻意拖延时间。明明能在一个小时内完成的任务，却被拖延至两个小时。为何会如此？因为很多家长在孩子完成了正常作业后，依然会额外布置任务。孩子不愿意做，但父母坚持认为"这是为你好，你必须完成"。孩子要么心不甘情不愿地勉强完成，要么拖拉磨蹭，迟迟不愿完成学校老师布置的作业。他们或许内心默默在想：反正你总是给我布置额外作业，我就慢慢地完成，一直到晚上十点，看你还要不要再给我布置额外的作业。这种情况使孩子对学习产生负面情绪，将学习视为沉重的负担而非愉悦的体验。

有些孩子在完成了家长布置的额外作业后，表现良好便罢，假如表现不佳，可能会面临父母的一通批评和责骂。额外作业本来就是为孩子增加的一种"负担"，完成后却得不到表扬，这对孩子而言无疑是难以接受的。

让我们换个角度思考，如果你的老板要求你加班，你辛辛苦苦完成了额外工作，却遭到老板的责备，指责你工作质量不佳，态度不端正，工作不够积极主动等，你会有何感想？你是否还会愿意主动承担加班任务呢？我想答案是否定的。通过这样的类比，我们或许能更好地理解，当孩子遭遇了和你类似的情况时，他们自然也不愿意承担额外作业。孩子出现这样的情况，很可能是因为家长与孩子的沟通不足，家长单方面施加压力，要求孩子必须完成。这或许解释了留言中家长所说的"家长安排的作业总是不太情愿做，一直是我推着他往前走"这一情况的发生原因。

此外，孩子不愿意完成额外作业，可能是因为他并未真正理解做额外作业的价值。许多家长对孩子的玩耍行为不以为然，将孩子的空闲时间安排得满满当当，不是让孩子观看在线课程，就是要求孩子不断刷题，认为只要孩子完成足够多的题目，就能够取得进步。这种观念是错误的，刷题的目的究竟是什么呢？是因为孩子在某个领域存在不足，需要通过刷题进行弥补，还是因为孩子在做题方面不够熟练，需要通过做题巩固所学知识？如果是后者，适度地刷题是可以理解的，但如果是为了解决孩子在某方面的问题，那么盲目地刷题是不明智的。因为刷的试题可能是孩子已经熟练掌握的，继续做就是在浪费时间，而孩子对此也会感到乏味，因而排斥额外作业。

家长应该有针对性地夯实和巩固孩子在学业上的薄弱环节，而非采取广撒网的刷题方式。在进行练习之前，家长应该对孩子所学知识进行评估，识别出尚未掌握的知识点，然后选择与这些知识点相关的题目，让孩子有针对性地进行练习。这样做不仅能让孩子了解自己的学科短板，也能让他明白刷题的意义，即为了填补自身的不足。当这种练习对提高成绩产生了积极效果时，孩子就能获得成就感，从而更积极地投入额外作业中。

这需要家长对孩子所学内容具有相当程度的了解，能够深入跟踪孩子的学习进程，发现并理解孩子的学科漏洞和不足之处。然而，许多家长难以做到这些要求，只是简单选择了题海战术。

取得学业进步对于孩子的学习积极性有着很大的促进作用，然而，学校的考试周期相对较长，只有期中和期末两个大的考试机会，两次考试之间会有两个月左右的时间间隔。这样的周期使得孩子的学习成果无法快速显现，因而难以持续地激发他们的学习兴趣。刷题这一学习方式容易使孩子感到疲倦，需要家长长期督促，甚至是推着孩子前进。

在这种情况下，家长需要持续给予孩子正向反馈，无论是鼓励还是表扬，目的是让孩子看到自己在不断进步，感受其所带来的愉悦感，从而持续激发他们前进的动力。正如马克·吐温所言："一句赞美的话可以抵我十天的口粮。"如果孩子无法及时获得学习上的正面反馈，父母应当充分运用表扬和鼓励的手段，对孩子的积极行为进行充分肯定，让孩子看到自己的阶段性进步，以调动孩子主动学习的内驱力，这样可以让他们更加主动地完成任务。

这就是所谓的"赫洛克效应"，具体来说就是：及时对工作结果进行评价，能强化工作动机，对工作起促进作用。适当表扬的效果明显优于批评，而批评的效果比不予任何评价的效果好。可见，一句表扬或赞美，可能会胜过十次说教，只有美好的事情，才能激发人们做事的动力。这种动力需要精心呵护才能长期地维持下去。

因此，家长们要采用合适的手段调动孩子的内驱力，让孩子自觉主动地学习，而不是让孩子迷失在茫茫题海之中。

孩子考前压力大，如何缓解情绪考出好成绩？

> 我女儿五年级，现在心里老是有压力，害怕考试成绩不好。现在数学考试都是 80 多分，一到考试就紧张得小手冰凉，请问该怎么办？
>
> ——家长留言

每一次考试都是对孩子阶段性成果的检验，同时也是孩子向他人证明自己能力的方式。因此，考试前许多孩子对学习变得更加重视，即使是平时需要家长敦促的孩子，在考试前也变得自觉起来。回到家后，他们不再看电视、吃零食，而是提着书包直奔书房，专心做作业。当父母看到孩子突然"醒悟"时，虽然感到欣慰，但也开始格外紧张，生怕打扰到孩子。

其实，过分关注每一次考试并非明智之举。有些孩子在考试前感到紧张，时刻担心考不好，甚至出现考前焦虑，影响了正常的生活。正如这位留言家长描述的："一到考试就紧张得小手冰凉。"还有的家长反馈称："孩子一到考试就开始茶饭不思，甚至出现失眠现象。"这导致孩子在考试前状态低迷，学习效率大大降低，因此，很多平时成绩优秀的孩子，在考试中反而表现得不尽如人意。

对于孩子考前紧张焦虑的情况，家长的反应和引导至关重要。适当的引导可以帮助孩子将紧张感控制在合理范围内，并将其转化为动力，有利于提高考试成绩。然而，若引导不当，就会加重孩子的焦虑感，从而影响其在考试中的发挥。

如何正确把握这个度，让许多家长感到困惑。为了帮助孩子克服考前紧张，我们首先需要了解导致孩子紧张情绪的原因，并有针对性地引导，这样方能取得事半功倍的效果。考前紧张或焦虑的原因，我认为主要有五个方面。

考前紧张或焦虑的原因

基础不牢，考前问题太多

很多孩子在日常学习中表现得马虎草率，缺乏对学业精益求精的态度。尽管一些家长采取了激励措施，如制订学习计划、设定学习目标，并以物质奖励为激励手段，但效果并不明显。当这些方式遭遇挫败，有的家长就转向传统的"棍棒教育"，试图通过强硬手段，迫使孩子学习，然而这往往适得其反。

由于孩子基础薄弱，未能形成有规律的复习习惯，不能及时查漏补缺，导致考试前学习陷入混乱状态。即使孩子尝试在考试前匆忙应对，但这种临时性的学习并未带来明显效果。孩子对自己的能力缺乏信心，因此在考试前感到无所适从，产生紧张和焦虑情绪。

平时学习太随意，考试不适应

在日常学习中，很多学生缺乏良好的学习习惯。部分父母并未意识到时间规划的重要性，对孩子的学习要求较为宽松，只要孩子完成当天的作业即可。另一部分家长虽然意识到时间规划的重要性，每天让孩子制订详细的时间计划表，明确每项作业的完成时间，但在实际执行过程中，孩子却未能严格按照计划完成作业，导致时间规划流于形式。

这种情况使得许多孩子在做作业时，缺乏时间的紧迫感。一些孩子在做作业时，经常中途离座上厕所，或者摆弄玩具，导致作业拖延至深夜才能完成。可想而知，孩子在考试中，也可能面临无法按时完成试卷的困境，或者在非常仓促的情况下匆忙完成。

有的老师经常对孩子说："将作业考试化，才能让考试平常化。"明确要求孩子在平时做作业的时候，一定要在规定时间内完成。有的老师甚至在布置作业时，给出完成作业的具体时间，可见将作业考试化的重要性。如果平时做作业的时候太过随意，考试时就很难提速，这就会导致孩子在考试前不适应，从而导致其紧张和焦虑的情绪。

家长期望太高，过分强调分数

很多家长对孩子的期望过高，将孩子的学业成绩看作唯一重要的事情。受到"万般皆下品，唯有读书高"这种传统思想的影响，中国家长普遍都看重孩子的学业成绩，将成绩和孩子的未来，甚至家族荣耀捆绑起来，对孩子寄予厚望。很多家长认为"有压力才有动力"，因此不断用高标准要求孩子。不可否认，适度的压力可以激发孩子学习的动力，但这种压力必须是适度的，不能给孩子造成过大的心理负担。

在教育过程中，如果家长过于理想化地期望孩子在学业上表现出色，忽略了孩子自身的学习水平和能力，这种期望可能会出问题。当孩子一次次达不到父母预设的目标时，他们将会产生挫败感，对自己失去信心，认为自己不够优秀，不可能取得更好的成绩，从而畏惧考试。

有的家长给孩子设置了较高的目标，一旦孩子在考试中无法达到这种期望，有些家长就会对孩子流露出失望态度，而不是帮助孩子分析试卷，了解孩子的真实水平，为孩子设定更合理的阶段目标。更有甚者，还会采取打骂等惩罚手段，以发泄对孩子成绩的不满，或者将其视为鞭策孩子的手段。但是，这种行为容易给孩子留下心理阴影，让孩子对学习和考试产生负面情绪，一旦意识到要面对考试，就会感到极度紧张，难以自控。

紧张的情绪会传染

在有的家庭中，随着期末考试的临近，整个家庭仿佛面临着一场严峻的考验，这种紧张氛围在全家蔓延。孩子埋头复习之际，家里的氛围也随之发生变化。曾经大声打电话的父亲此刻悄悄走到阳台，低声细语；平日喜欢唠叨的母亲也变得默然无声，生怕一点微小的噪声都可能影响孩子的学习。有的父母为了确保孩子专心备考，反复叮嘱孩子认真对待考试，取得更好的成绩；有的父母甚至取消了孩子的娱乐活动，以便为孩子留出更多的做题时间。

一些家长在考试前对孩子体贴备至，不仅在学业上给予关心，连日常食谱也进行了调整。为了补充营养，母亲特地炖上了鸡汤，确保孩子获得充足的营养，生怕自身的疏忽可能对孩子的发挥产生负面影响。曾有高中生家长在评论区留言，说有的父母为了让孩子能专心考试，竟然买药推迟其生理期，这种行为无疑是将孩子的成绩看得高于一切，甚至高于孩子的健康状况。

父母的紧张和焦虑情绪具有传染性，当孩子感受到家庭氛围的变化，内心状态也会相应改变，紧张和焦虑的情绪陡增。

老师和同学也是孩子的紧张源

孩子在学习过程中，承受着来自多方面的压力，其中既包括家长的期望，也涉及老师的期望，甚至还有来自同学之间相互比较而产生的自我期望。多重压力构成了一个复杂而紧张的环境，容易使孩子陷入紧张焦虑的情绪中。

来自老师的期望是不可忽视的学习压力。在学校环境中，老师往往对学生的学业表现寄予厚望，期待他们在考试中获得好成绩。尤其是在备考期间，这会对孩子形成一定的心理压力。孩子需要不断努力以满足老师的期望，这可能导致紧张和焦虑。

此外，同学间的比较也是一种潜在的学习压力。在班级中同学之间往往会形成一种相互比较的氛围，比如成绩排名、学科能力等方面的竞争。这样的比较可能使孩子在学业上感到竞争激烈，希望通过超越同学来获取自身的成就感。然而，这种竞争往往会加大学习压力，导致孩子产生紧张和焦虑情绪。

可见，孩子所面临的学习压力不仅来自家庭，还包括来自老师和同学的压力。多种来源的压力往往交织在一起，使孩子陷入紧张焦虑的状态。

降低孩子考前焦虑的方法

随着考试的临近，适度的学业压力对于激发孩子的潜力具有促进作用。然而，过多的压力，也会让孩子的学业表现不尽如人意。在孩子面临考前紧张的情况下，家长应该采取何种措施，以降低孩子的焦虑感呢?

降低期望值，引导孩子正确看待考试成绩

很多家长对子女的学业都抱有很高的期望，不允许孩子犯错，给孩子制定了很高的分数目标，这或许正是导致孩子考前紧张或焦虑的主要原因。有些孩子担心自己无法达到父母的期望，会被父母责骂或惩罚；有些孩子或许仅仅是不愿辜负父母的期望，想要尽最大努力在考试中获得好成绩。这两种心态都可能使孩子情绪紧张，对考试并无助益。

父母的职责在于教导孩子重视学习过程，但要理性看待考试结果。学习是一个不断努力的过程，试图通过临时抱佛脚来取得好成绩，或许在短期内有效，但并非长久之计。孩子应该在平时就用心学习，努力夯实基础。家长要协助孩子每天复习功课，对所学知识进行复盘，查漏补缺，这是取得考试成功的关键。当然，在考试即将到来时，依然需要让孩子认真对待，设定合理目标。在定目标之前，可以让孩子做一套模拟试题，一来是为了让孩子适应考试节奏，避免因时间管理不善而引发紧张情绪；二来是为了了解孩子的真实水平，把各个学科的分数目标降低到合理区间，只要孩子达到这个目标就是合格，要是高于这个目标，就是进步。将孩子的关注点从考试成绩转移到个人进步上，会让孩子更加关注学习过程，这将极大降低孩子的考试压力。

引导孩子正确看待考前焦虑

在孩子遭受考前紧张或焦虑情绪时，父母需要与孩子坦诚沟通，聆听他们的感受和担忧，并对孩子进行心理疏导。父母不用把这样的沟通搞得很正式，否则会增加孩子的紧张感。可以挑选一些轻松的场合进行交流，比如饭后散步的时候，让孩子说出心理压力，只要孩子的压力得到了释放，就会感到轻松。父母要让孩子知道，在面对考试时，每个人都可能经历紧张焦虑，这种情绪非常正常，孩子不需要刻意去逃避或消除它。家长要让孩子明白，适度的焦虑实际上能够提升学习效率。适度的紧张感可以增加肾上腺素的分泌，提高警觉性和注意力，使孩子更专注地学习。通过正确看待焦虑，孩子可以减少心理负担，大大减轻对考试的恐惧感，并更好地利用这种情绪的积极作用来提高学习效果，以期更从容地面对考试。

引导孩子学会放松，调节自己的状态

父母可以利用空闲时间，带孩子到户外去亲近大自然。在这些宁静的地方，孩子能够欣赏蓝天白云、感受花香、聆听鸟叫声，舒缓紧张情绪，减轻焦虑感。

腹部放松呼吸法也是一种缓解焦虑感的有效手段，能够帮助孩子调整自己的身心状态。家长可以引导他们放慢呼吸，深吸气至腹部，然后缓慢呼气，以此来放松身体。同时，听舒缓的轻音乐也是有益的，音乐的旋律可以产生一种愉悦的感觉，有助于缓解紧张情绪。

除此之外，适当的运动也能够缓解孩子的紧张感和焦虑感。运动可以带来多方面的生理益处，包括优化心血管和呼吸系统，缓解压力。《美国医学会杂志》发表了一项研究结果，发现运动对缓解压抑情绪、降低抑郁症发病率也有积极作用。因此，当孩子因为考试而感到焦虑时，家长可以鼓励他们开展适度的运动。

当孩子的紧张情绪可控时，可以采取较为轻松的有氧运动，比如慢跑、快走、跳绳以及体能训练等，这些运动不会太过剧烈，不会引发孩子额外的身体负担。它们可以有效地帮助孩子调整呼吸、放松身心，以此摆脱焦虑情绪。如果孩子的压力过大，找不到好方法摆脱焦虑情绪，那就可以选择无氧运动。相对于有氧运动，无氧运动更容易引起肌肉疲劳，会让孩子感受到肌肉酸痛的感觉。这种肌肉疲劳感能够有效替代脑力劳动所带来的疲劳，从而转移孩子的注意力，使其不再沉浸于焦虑情绪中。

然而，需要注意的是，考试前的运动一定要量力而行。专家提醒，有些孩子可能在平时缺乏运动，若此刻进行大量运动，容易导致运动损伤。因此，应该谨慎选择运动方式和强度。

让孩子保持正常饮食，注意营养均衡

父母完全没有必要给孩子额外服用大量营养品，保持营养均衡即可。大家一定要记住，越是到关键时刻，越要保持常态，平时怎么吃，备考期间也怎么吃，但是要避免让孩子摄入含糖量、含油量太高的食物，考试当天也不要让孩子吃得太饱，避免孩子犯困，从而影响考试的发挥。如果实在担心孩

子因为紧张睡不着觉，可以在睡前让孩子喝一杯热牛奶，这样可以提高睡眠质量。

在此，我想强调的是，教育孩子不应该仅仅注重分数，学习也并非孩子生活的全部。父母要以平常心对待孩子的学习，只有在这种氛围下，孩子才更有可能避免过度的考试焦虑情绪，更好地应对未来生活中的各种考验。让我们共同为孩子创造一个健康、宽松的学习环境吧！

孩子学习全靠骂，这并非长远之计！

老师你好，关注你的账号有近一年的时间了，学习了很多知识。我儿子读小学二年级，有个情况很让我头疼，当我对他严厉些，他就会做得很好，比如口算，正常情况总要错上几道，如果严厉批评了，他就可以全对。如果写作业速度慢，骂一顿就快多了。此外，还有写字不工整的毛病，骂一顿就写好了。可是，也不能总是用这样的方法，时间久了，他习惯了，再骂也不管用了，求老师支招儿。

——家长留言

在家庭教育中，我们普遍面临这样一个情况：不辅导作业母慈子孝，一到辅导作业鸡飞狗跳。许多孩子在开展与学业无关的活动时，能够进入非常专注的状态，甚至连续数小时也不愿中断，比如玩游戏、看漫画、观看动画片等。然而，一旦涉及学习，孩子的专注度就明显下降，状态也变得萎靡不振。

为了解决这一问题，家长们尝试了多种方法，试图激发孩子内在的学习动力，培养其自主学习的能力。有的家长严格监督，不断了解孩子的学习进展；有的家长尝试通过奖励的方式激发孩子对学习的兴趣；有些家长给孩子制订时间计划表，强调按照计划进行学习；另一些家长则通过催促和责骂的方式，逼着孩子专注于学习。虽然方法千差万别，但很多家长发现这些尝试并未取得理想的效果。

正如这位家长留言所述，她对于二年级的儿子感到头疼。孩子在受到严厉批评时表现出色，比如在口算、书写，以及做作业的效率方面；然而，在没有外界强烈敦促的情况下，孩子的表现就不理想。这种现象表明，孩子的能力本身没有问题，问题在于孩子缺乏自发的学习动力。孩子只有在家长的强烈鞭策下，才能取得较好的学习成绩，而在缺乏外部激励时，孩子对学习就缺乏积极态度。

我们深知，在教育孩子的过程中，使用胡萝卜和大棒两种手段均能发挥作用，然而，过度依赖单一手段，可能带来相反的效果。正如这位留言的家长所指出的，过于频繁地责骂可能导致孩子产生麻木感，一旦麻木，这种教育手段将失去促进作用。家长的忧虑不无道理，在我的教学生涯中，也见过不少相关案例。

我国传统教育往往以"棍棒教育"为主导思想，奉行"棍棒之下出人才"的理念。这种教育观念不仅影响了众多父母的育儿方式，也支配着许多教师的教育行为。我身边许多同事认为，在教育孩子时，建立威望至关重要，而这需要坚决的态度和有力的手段。因此，他们常常采取批评和打压的手段，意图使孩子"言听计从"。在孩子刚入学的阶段，这种手段或许能取得短期效果，因为责骂和惩罚能够让孩子在短时间内感受到"痛"，从而趋利避害，不敢违背教师的意愿。然而，随着这种手段的重复使用，孩子逐渐变得麻木，他们的忍耐阈值逐步提高，这就迫使老师需要不断升级责骂和惩罚的力度，才能让孩子感到畏惧。这或许可以解释，为何一些老师不得不采用体罚等极端手段，结果让学生的身心都遭受不同程度的伤害。充斥着这类教育手段的班级失去了内在动力和自我管理的能力，学生们可能在老师面前装出听话的模样，可一旦失去了监督，整个班级就会陷入混乱，方方面面的表现都不尽如人意，由此成为名副其实的"差班"。

这也就很好说明了为什么有的孩子在低年级阶段十分听话，成绩也不错，到了高年级就"原形毕露"。在孩子尚未形成独立意识之前，他们可能会敬畏父母的权威，对父母的责骂保持沉默。然而，随着孩子年龄的增长，他们开始产生对抗心理，变得难以管束，或者表现出消极怠工的态度，对学习逐渐产生厌恶情绪，导致学业成绩急剧下滑。在责骂孩子学习不认真的同时，家长是否思考过，是什么原因造成了孩子这样的行为？

对于此种行为产生的原因，丹尼尔·卡尼曼提出了峰终定律（Peak‑End Rule）加以解释。丹尼尔·卡尼曼是著名的心理学家，也是诺贝尔奖得主，他通过实验发现，人们对体验（体验事物或者产品）的记忆由两个因素决定：一个是体验最高峰时的感受（最高峰分为正的最高峰和负的最高峰），另一个是体验结束时的感受。除此之外的其他感受，无论好与不好以及时间有多长，对记忆的影响并不大，都会被选择性忽略。也就是说，在做一件事的时候，我们最后能够记住的，只有过程中最强烈的感受，以及结束时的感受。下面这一幅图很直观地展示了峰终定律。

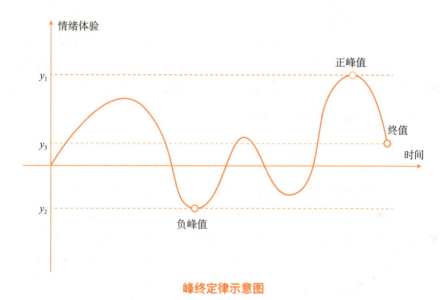

峰终定律示意图

在体验一件事情的时候，我们只会记住那些关键时刻，也就是"峰"和"终"的感受，即图上的负峰值、正峰值以及终值。我们希不希望再做这件事情，或者是用什么态度再做这件事情，都是由峰值和终值决定的。

如果我们在做一件事情的时候，情绪体验的峰值是正的，就说明我们的感受是积极的、愉悦的，我们对于这件事情的记忆也就是正向的，这会让我们期待再次做这件事情；如果我们做这件事情的时候，情绪体验的峰值是负的，就说明我们的感受是消极的、不愉快的，我们对这件事的记忆也就是负向的，这会让我们讨厌做这件事情。同样地，如果在终值处，我们的情绪是正向的，我们就会期待再次做这件事情；相反，我们就会逃避再次体验。

这就很好地解释了为何孩子在从事一项任务，比如学习时，会表现出抗拒情绪。其根本原因在于，完成作业的过程中或完成后，孩子体验到的主要是负面情绪。

比如说，在做作业过程中，父母往往以抱怨和指责为主："赶快去做作业，每天就知道玩！""为什么你老是要我提醒你，才会去做作业呢？你自觉一点不可以吗？""你的字怎么写得这么糟糕，你练字练到哪儿去了？""这么简单的题都不会，你上课听了吗？"诸如此类的抱怨和指责，让孩子认为完成作业是一项痛苦的任务。

在做完作业后，父母的评价也往往带有消极色彩，比如："今晚做作业你用了两个多小时，你就不能做快一点吗？""你怎么又错了这么多，你上课在干吗？""这道题昨天才做过，你又错，你给我做十遍。"这样的评价，让孩子感觉自己一晚上的努力化为乌有。

对于留言家长所提及的问题，我们就不难找到原因了。在孩子完成作业的过程中，他所面对的可能是满满的负面反馈。想象一下，一名二年级学生刚刚完成口算作业，家长的第一句话却是："你怎么又错了3道题？你认真做了吗？"这种责备如同一盆冷水浇在孩子的头上，让孩子的好心情瞬间跌到谷底。

在完成作业后，等待孩子的并非表扬，而是更多的学习任务："今天这么快就做完了？那我们再复习一下单词吧，一会儿你来听写。"

听到这话，孩子放松的心情可能瞬间崩溃，暗暗决定：下次一定要拖到最后一刻才完成作业！这样或许就能避免爸爸妈妈布置更多的作业。

可见，孩子对于做作业这件事情，并没有感受到愉悦和成就感，而是感受到反复的挫败感。渐渐地，孩子对于做作业变得消极，将其视为负担，因此不愿意积极主动地完成，这就需要家长不断地督促甚至责骂，才能推着孩子向前，这无疑是一个恶性循环。

要解决这一问题，家长必须致力于为孩子创造一种积极的体验，使其渴望从事这项活动。我们不妨认真回想一下，在日常生活中，孩子是否有一些特别期待的事情，愿意持续投入其中？这些事情肯定是存在的，打游戏就是其中之一。为何许多孩子沉迷于游戏？就是因为孩子在游戏中，能够持续获取正面反馈，感受到满满的成就感。游戏中设置了一系列关卡，只要孩子成功通过，就会得到奖励，这激励他们继续前行，追求更多更大的奖励。在整个游戏过程中，不会有一句批评的话，相反，孩子听到的全都是肯定和鼓励，这为其创造了积极的体验。

随着一步步打怪升级，孩子的体验逐渐达到高潮，最终在成功击败终极大 boss 后，画上了完美的句号。在峰值和终值的时刻，孩子所体验到的皆是愉悦和满足，因此陷入游戏难以自拔。

从打游戏的例子中，我们可以得到两个启示。首先，为孩子构建积极正向的高峰体验至关重要。其次，需要为孩子创造一个让他们意犹未尽的结尾。我将分别从这两个方面进行详细论述，并提供相应的建议。

构建积极正向的高峰体验

在学习的过程中，一定要为孩子创造积极正向的高峰体验，因为这有助于孩子建立对作业的积极态度。为此，家长一定要减少孩子的负面体验。哪些因素会导致孩子的负面体验呢？回到家后，家长的过度催促可能引起孩子的负面情绪；在做作业的过程中，家长的不断唠叨可能令孩子感到厌烦；对孩子的表现进行冷嘲热讽，会使孩子失去前进的动力；因表现不佳而责骂或惩罚孩子，可能让孩子产生逃避的心理……这些行为都会给孩子带来许多负面体验，使其在完成作业的过程中充满挫折感，从而导致他们不愿意积极主动地完成作业，或者作业完成的质量不尽如人意。那么，父母应该采取何种措施，以构建起孩子积极正向的高峰体验呢？

停止不断催促，与孩子一同制订学习计划

孩子放学回家后，最为紧要的任务便是完成家庭作业。很多父母在孩子回到家后，便开启催促模式，不断地敦促孩子迅速完成作业，这种做法显然不可取，因为它为孩子埋下了消极体验的种子。孩子已经在学校度过整整一

天，大脑高速运转，身心俱疲。回到家中，父母还要不断地催促孩子做作业，不仅让孩子感到烦扰，还会让他疲惫的身体得不到短暂的休息，这对孩子长时间专注学习并不利。在开始作业之前，可允许孩子休息片刻，吃一些点心或水果，因为很多父母通常将晚餐时间定在孩子完成作业之后。提前进食有助于孩子恢复体力，更好地投入学业。为避免父母在孩子做作业过程中频繁催促，父母和孩子需事先制订学习计划，对当天的作业进行详细规划，明确每项任务的完成时间。这有助于孩子清晰了解当天的作业量，培养时间观念，按时完成相应的任务。在做作业之前，合理安排一些时间用于复习，温故而知新可弥补不足，防止在做作业过程中，因知识遗忘而频繁翻书查笔记，或者向父母求助，这也有助于减少错误发生，避免给孩子带来挫败感。

采用番茄时钟法，维持孩子的学习状态

在一整天的学习之后，孩子通常感到疲劳，而做作业仍然要求孩子全身心地投入，这无疑会进一步增加孩子的疲劳感。合理安排作业时间是减轻疲劳的有效手段之一，一般以 20 ～ 25 分钟为一个学习周期，完成后，孩子可以休息 5 ～ 10 分钟。这种做法有三个优点，第一，将学习过程划分为多个短时段，避免孩子长时间地进行单调学习。过长的学习时间，可能使孩子感到疲劳，导致其注意力难以高度集中，从而影响学习效果。短时休息能够帮助孩子恢复体力，为接下来的学习储备精力。第二，每个时间周期对孩子而言都是一个关卡，设定一个短期目标后，孩子需要在这个目标内完成相应任务（这在学习计划中已明确规划）。限制时间有助于保持孩子的专注力，持续激发其学习兴趣。在一次次的任务完成过程中，孩子获得了连续的成功，从而体验到成就感和满足感。第三，在完成作业的过程中，孩子有了清晰的时间规划，无须父母的催促，这有助于减少孩子因父母言辞而产生的负面体验，在这一过程中，父母的角色变成了陪伴者，而非监督者。

通过制订学习计划和分段学习，可以很好地减少父母的干预，维持孩子的学习动力，更有利于调动孩子的学习内驱力，以此帮助孩子构建积极的体验，从而维持孩子长期的学习热情和学习效果。

创造让孩子愉悦的结尾

在峰值处的情绪体验，会影响孩子做一件事的态度，在终值处也是一样。在做完作业后，孩子的感受决定了他以何种态度对待作业。如果孩子拥有愉悦的心情，他会更愿意积极主动地完成作业；相反，则会消极对待作业，甚至产生厌恶情绪。

在辅导孩子作业时，切莫做这三件事情。

不要在负峰值处结束当天的作业

有的父母在辅导孩子的作业时，不能很好地控制自己的情绪，在讲解多次无果之时，通常情绪失控，对孩子一顿责骂，甚至大打出手。孩子要么在父母负面情绪的炮轰下完成了作业，要么在手足无措中草草结束当天的作业，这就会导致孩子一直处于负峰值状态，其学习体验极为糟糕。在这种情况下完成作业，孩子会对学习感到恐惧甚至厌恶。最终，孩子将会失去学习动力，成为名副其实的"问题学生"。

当孩子完成作业后，一定不要随意批评

孩子辛苦完成了作业，早已身心俱疲。如果父母对孩子的表现过于苛刻，只看到问题，孩子将难以对学习保持兴趣。如果孩子确实有表现不好之处，家长也要注意沟通技巧，避免带给孩子负面的学习体验。有的父母简单地认为，给孩子直接指出问题是为了孩子好，大可不必拐弯抹角。咱们换位思考一下，如果你辛辛苦苦做完工作后，被老板一顿数落，你会有什么样的感受？

不要"突然袭击"布置额外作业

当孩子提前完成作业时，最好不要临时起意，给孩子布置额外的作业，这样会极大地打击孩子的积极性。一些父母见不得孩子休息，只要孩子有空就让其学习，要求孩子看书刷题，这会导致孩子故意拖延时间，本可在一个小时内完成的作业，硬生生拖到了两个小时，以此逃避父母布置额外作业。

这样的操作逐渐耗尽了孩子的积极性，使学习变得被动，最终需要父母持续鞭策，才能完成相应的学习任务，父母和孩子从此便开始了拉锯战。

父母要做的，是为孩子创造一个愉悦的结尾，这样才能让孩子爱上做作业，并期待下一次的作业。父母可以从以下两个方面着手。

根据孩子的学习计划进行总结，并给予积极的反馈

在教育孩子的过程中，确立长远目标，如成为科学家或成功商人，虽然有助于塑造孩子的远大志向，但这些目标过于遥远，难以产生长期激励。因此，短期目标变得至关重要，它可以维持孩子学习的积极性。每天的学习计划即为孩子可见的小目标。

在制订学习计划时，孩子需要对前一天的学习表现做出全面评估，为当天的学习设定合理目标。比如，如果昨天花了半小时完成语文作业，今天同等量的作业可以提前两分钟完成，或者今天的计算题要比昨天多对三道，等等。在孩子完成作业后，应与孩子一同根据学习计划总结当天的表现。对表现良好的方面予以表扬，对不足之处进行分析，与孩子共同探讨解决方案，再提出对第二天学习的期望，这就是制订学习计划的依据。

在总结复盘过程中，父母务必以平和的语气和孩子进行交流："宝贝，你今天的学习状态真的很棒，你的书写特别工整，妈妈为你点赞。但是你今天的时间规划好像不是很好，因此完成作业的效率不高，明天在做作业前好好规划，你肯定能够做得更好，加油，妈妈相信你。"

这样的表达方式先是正面肯定孩子的优点，表达对孩子的认可，然后指出需要改进的地方，并鼓励孩子在未来有所提升，使孩子更容易接受。这种精心设计的反馈方式，能够增强孩子的学习动力，使他们期待自己更好的表现。

通过奖励机制，激发孩子对下一次作业的积极期待

当孩子顺利完成每日的学习计划时，家长的认可和表扬将是孩子前进道路上的强大助推器。然而，在孩子形成内在动力的初期，引入奖励制度能够

更好地维持孩子的学习激情，使其期待接下来的学习任务。这里的奖励并非直接给予物质奖励，而是颁发一张"完成卡"。每当孩子完成当天的学习任务，父母可奖励一张完成卡，当孩子集齐七张完成卡时，将获得一个奖品。

奖品的选择不应是父母即兴决定，而应是经过与孩子的充分交流后，让孩子列出愿望清单，再从中选取。孩子需自行写下奖励清单，与父母商议价格，确保奖品涵盖高、低价位，但也要视情况而定。有些家长一听到孩子提出昂贵的奖品，就立刻予以拒绝，使孩子感到沮丧。父母千万不要急于否定，可以答应孩子准备一到两个昂贵奖品，但奖品的准备要呈现金字塔结构，以低价奖品为主。

在获取孩子的愿望清单后，家长可为孩子准备一个抽奖盒，只需孩子集齐七张完成卡，即可进行一次奖品抽取。这一奖励方式极富刺激性，能够有效激发孩子的兴趣。为了获取所期望的奖品，孩子将会对每一次作业充满期待，愿意更高效地完成学习任务。

辅导孩子学习，是父母的一场修行。在辅导孩子学习时，父母不妨尝试使用"峰终定律"，改善孩子的学习体验，让孩子爱上学习，并期待以后的学习任务，这样才能调动起孩子的学习内驱力，以此帮助孩子在未来的学业上取得成功。

孩子假努力，学习没效果！

海北老师，您好。我一直是您的粉丝，从抖音到小红书，受益良多。孩子六年级了，期末考试，语数英都是 80 多分。语文作文只扣了 3 分，但是阅读理解很差劲，字词的掌握也不行。数学应用题全对，但填空题、计算题错误很多。英语听力、阅读都全对，但其他题目考得不好。口算也是天天在做的，阅读理解也是常常练的，可成绩就是不行。孩子学习有主动性，但就是经常走神。我去年一年没上班，全职陪读，谁知就这结果，希望您能帮我分析分析，感谢。

——家长留言

首先，我要对这位家长表达感谢，感谢您一路以来对我的支持。阅读到这位家长的留言，我能够理解她内心的失望。明明投入了大量时间和心力，全职辅导孩子学习，却感到自己的努力与所得之间并未成正比。这位家长产生了想要放弃孩子学习的念头，这无疑反映了其内心的无奈和绝望。

实际上，这并非仅仅这一位家长的心声，很多家长在孩子学习方面投入了全部心力，收获的却不是成功的喜悦，而是满满的挫败感。他们的付出换来了孩子的反感、叛逆，以及各种学习问题。

有的孩子表现出一种应付的态度，只在父母在场时认真学习，一旦父母离开，就变得散漫拖沓；有的孩子总是在学习上拖拉磨蹭，每晚都要熬夜才能完成作业；有的孩子虽然勤奋，却缺乏计划，努力付出而没有实质性的学习效果；有的孩子制订了详尽的学习计划，但从未按计划执行；有的孩子在上课时埋头记笔记，却对所听到的知识一知半解，课后也不复习和总结，导致学习效果欠佳；有的孩子虽然做了大量题目，但常会忽视基础题的训练，明显缺乏思考；还有的孩子表面上看似学习用功，但一遇到困难就回避，缺乏钻研精神。这些现象都说明孩子并不是在真正地努力学习，而是在假努力。

这位家长留言说孩子很听话，自己也要求学习，但成绩还是不行。在学习过程中，孩子总是走神，浪费时间，这不正是假努力的体现吗？当孩子在假努力时，许多家长通常采用不断催促或责骂惩罚的方式进行干预，然而效果似乎并不明显。为了有针对性地解决问题，我们需要深入探讨孩子假努力的深层原因，并寻找相应的解决方案。

我认为孩子假努力可以分为两种情况：

其一，孩子并不愿意真正付出努力；其二，孩子可能出于某种原因无法"真努力"。

孩子不愿真正付出努力

孩子不愿真正付出努力，我认为存在以下三个方面的原因。

孩子受到环境的影响

当今社会，我们的孩子通常是被裹挟着前进。整个社会对孩子的期望就是好好学习，一旦孩子偏离学习的轨道，往往被视为"不良"学生，这种环境无疑给孩子带来了很大的压力。许多家长和老师非常注重孩子成绩，有些甚至到了偏执的地步。在生活和学习中，成绩被视为评价孩子的标准，而孩子在整个学习过程中，并未感受到足够的关注。在学习过程中，一旦孩子显露出懈怠或偷懒的迹象，父母和老师并不关心孩子是否遇到了困难，是否需要协助，相反，他们可能采取责骂或惩罚的方式，试图"纠正"孩子的态度。为了规避责骂或惩罚，许多孩子可能选择假努力，以迷惑父母或老师。

孩子失去了对时间的掌控感

不少家长奉行"赢在起跑线"的教育理念，或者受到周围环境的影响，让孩子学习各种知识，为其报名各类课程。这些家长似乎无法容忍孩子在学业上的片刻放松，只要有空闲时间，便会为孩子安排学习任务。例如，有的家长在孩子完成作业后，要求他做额外作业；有的家长让孩子学习《新概念英语》或奥数；还有的家长会为孩子安排各种网上课程，提前学习高年级课程；有的家长会安排孩子弹琴、练吉他等。然而，孩子每一天的时间都是有限的，这些活动的时间往往只能从孩子的休息和娱乐时间中腾出。如果孩子拒绝，就可能会面临家长的逼迫和惩罚，甚至引发家庭矛盾。为避免这些麻烦，孩子可能选择"屈从"，假装在学习。

我曾有个邻居，她是一位焦虑的母亲，时刻都在催促孩子学习，甚至在炎热的夏日正午，只要孩子没有午睡，她就会敦促孩子做题。为此，孩子感到非常烦躁，但在母亲的权威面前，只能迎合母亲的意愿。于是，他坐在书桌旁，将书本竖立在桌上，手里却拿着玩具或手机。他非常警觉，只要听到父母的脚步声，就会迅速收起自己的玩具，假装认真看书。直到有一天，他因为沉迷游戏，没有听到母亲的脚步声，他的假努力才被发现了。尽管母亲对孩子的督促十分严格，但孩子对学习并不感兴趣，高中毕业后便直接去打工了。很多家长喜欢在孩子完成作业后安排"妈妈牌"作业，未经孩子同意就擅自决定，以为这对孩子有益，孩子应该照做。这常常违背了孩子的意愿，让孩子失去了对自己时间的掌控感，因此孩子就通过拖延、假努力等方式进行无声的反抗。

孩子选择迎合家长

部分父母将学业视为孩子的唯一责任，认为只要孩子努力学习，父母就应该无条件为他提供支持，满足他的各种需求。在亲友的眼中，孩子的学业成绩似乎是他们唯一关心的话题，问候的第一句常是"你考得如何？"在给孩子红包时，也往往伴随着"你要努力学习，以后才能出人头地"等劝告，仿佛努力学习是孩子最重要的事。

然而，物质条件较为优越的孩子，往往缺乏奋斗精神，当面临学习上的困难时，也缺乏足够的毅力去克服。因此，他们的学业表现可能并不令人满意。为了不辜负家长的期望，他们选择"假装"努力学习。有些孩子甚至愿意在周末进行额外补课，以展现出勤奋的一面。孩子努力勤奋就是家长最愿意看到的，孩子只要表现出努力的模样，家长就不好再说什么了。为了满足家长的期望，一些孩子选择了假努力。

孩子出于某种原因无法"真努力"

孩子假努力，并不一定都是出于孩子不愿努力的心态，有可能是孩子暂时不能够"真努力"。

孩子缺乏内在动力

这可能缘于孩子对所学内容缺乏兴趣，或者是由于缺乏明确的人生方向，不明白为何要付出努力。在应试教育体系中，教育目标主要集中在取得优异成绩，进入优质学府，最终找到一份理想的工作。因此，所有教育活动都围绕着分数而展开。课堂教学主要侧重于考点，而非培养孩子的兴趣；课后学习以做大量试题为主，目的是巩固知识、促使孩子灵活运用所学知识。这使得培养孩子对学习的热爱变得困难，许多孩子并不真正热爱学习。

此外，许多孩子整天被紧张的学业所困扰，几乎没有时间去探索世界。这让孩子失去了认识世界、发现自我的机会。试问，一个从未见过网球的孩子，如何能培养对网球运动的热爱？如何能够梦想成为一名优秀的网球运动员？孩子若被束缚于学业，就无法停下脚步去仰望星空，也难以培养起远大的理想。对学习的热爱和对未来的憧憬，是孩子最强大的内在动力，能够使其主动、全身心投入学习。如果这两者缺失，孩子很可能缺乏内在动力，从而不愿认真努力地学习。

孩子的理想宛如一座灯塔，是远大的长期目标。然而，仅有远大目标难以充分维持孩子对学习的热情，因此，还需要设定一系列短期目标。缺乏明确的短期目标会导致孩子缺乏学习的积极性。很多家长习惯性地为孩子设定期中或期末考试的分数目标，这便是孩子的阶段性目标。相较于孩子的理想，这些阶段性目标属于短期目标。然而，其中、期末考的周期是二到四个月，这可能还是不能很好地维持孩子的学习动力。因此，更为精确地设定每周或每日的小目标十分重要。

很多家长并不清楚如何为孩子设定周目标或日目标，导致孩子在日常学习中缺乏具体目标，不清楚自己要解决什么问题。缺乏明确的前进方向，可能导致一些孩子在学习时表现出不努力的态度，只是为了应对家长的敦促而表面做出努力的模样。

孩子缺乏学习方法

很多同学在课堂上从头至尾都在做笔记，生怕漏记老师说的某一个知识点，一堂课下来，写了满满几页纸的笔记，但是，如果问他们某个知识点的具体含义是什么，应该怎么运用，他们可能就支支吾吾，不能很好地说出来。

可以看出，这些孩子并不是不努力，而是不知道高效的学习方法，没有养成预习的习惯，不知道本堂课的重点和难点是什么，因而不懂取舍。有的孩子在做作业的时候，也没有复习的习惯，导致知识点不能消化吸收，做作业时也无法灵活运用所学知识，做作业的效率很低。有的孩子不知道做题技巧，也不能总结出做题的规律，导致花了很多时间刷题，学习效果还是不尽如人意。比如，有的孩子在做应用题的时候，不知道如何勾画关键词，不能有效地找出关键信息，因而不能将文字信息转化为数学语言，无法将应用题解答出来。这些都是孩子没有高效学习方法导致的，他们并不是不愿努力，而是不知道怎么努力。

孩子害怕吃苦和失败

一些父母过分呵护孩子，未能培养他们吃苦耐劳的精神，孩子面对困难和挫折时，就没有足够的毅力去克服它。这类孩子通常无意追求卓越。有些孩子害怕付出努力后无法获得成果，在面对挫折和失败时选择回避。还有一些孩子经历了连续的失败，逐渐失去信心，形成了"习得性无助"的心理，认为无论付出多大努力，都无法解决问题或战胜挫折，从而选择逃避。这样的孩子在学习过程中缺少成功的体验，故而深陷于情绪泥沼之中，难以自拔。

孩子自控力不足

在学习中，孩子由于自控力不强，难以在面对外部诱惑时有效地约束自己。例如，在完成作业时，孩子可能因为玩具而分神，甚至一边做作业一边玩玩具，这导致孩子需要花费更多时间完成学习任务，极大地降低了学习效率。有的孩子沉迷于手机短视频或游戏，时刻受其诱惑，无法全神贯注于学业。受家长的逼迫，他们只得假装努力，以避免家长的责罚。

以上原因都有可能引发孩子假努力的现象。家长朋友们可以看看你家宝贝有没有假努力，以及其中可能存在的原因。弄清楚孩子假努力背后的动机和根本原因，对制定相应的纠正措施至关重要。接下来，我将给出我的建议，帮助家长纠正孩子的假努力。

家长如何帮助孩子摆脱假努力？

家长需要调整自己的期望

家长需要调整自己的期望，避免将孩子置于过高的期望之下，以免孩子因无法达到父母期望而感到挫败。家长往往都望子成龙、望女成凤，但若期望过高，孩子可能陷入"习得性无助"的状态，不断失败会令他们失去对学习的信心。

家长应接纳孩子的平凡，肯定孩子的优点和进步，让孩子形成正面的、合理的自我认知。

家长不应过分追求分数，而要确保孩子的身心健康

家长切勿为了追求高分而采用过度的题海战术，以免给孩子带来过大的身心压力。学习是一生的事情，不应在学生时代就扼杀了孩子的学习热情。除学业外，家长还应引导孩子参与体育锻炼，培养阅读等良好习惯，发掘并培养孩子的兴趣爱好，促使孩子德、智、体、美、劳全面发展。

家长应以身作则

言传身教是对孩子最有力的教育。父母应传递认真积极的学习态度，表现出勇敢面对困难的心态，以此激发孩子的学习兴趣和应对挑战的勇气。在学习过程中，家长应以陪伴者的角色存在，而非监督者。不要过于干预孩子

的学习，也不要像监工一样不断地催促和监督孩子。家长应为孩子提供高质量的陪伴，关心和支持孩子，让他们明白在学习的道路上自己并不是一个人在战斗，无论面对何种困难，家长都会陪伴他们一同克服。带着家长的关心和支持，孩子将能够更好、更远地前行。

家长必须提升孩子的内在动力

家长应培养孩子的学习兴趣，家长可通过更富趣味性的方式协助孩子学习，例如引导孩子观看纪录片，深入了解知识背后的故事，使学习不再单调乏味。在假期，多陪伴孩子外出游览，因为通过亲身实践获得的知识往往更深刻。博物馆、科技馆也是孩子学习的理想场所，家长可合理安排时间，带孩子前往参观，以获得更丰富的收获。当孩子成功地将书本知识与客观世界联系起来时，他们将更容易发现学习的乐趣。

此外，家长还应协助孩子明确学习的意义，让孩子了解未来的职业选择和人生目标。孩子只有确立了明确的前进方向，内在动力才能够被有效地调动起来。除了长远的人生目标外，制定合理的短期学习目标同样重要。家长应分析孩子的现有水平，与孩子一同设立切实可行的学习目标。如何设立合理的学习目标，我在"考后不分析试卷，等于白考！"这一节有详细讲解，可以参考。合理的目标，一定要基于孩子现有水平而定，切莫将目标设置得太高，否则会让孩子产生挫败感。

有一句老话是这样说的："失败是成功之母。"然而，我认为"成功是成功之母"。孩子在不断实现目标、享受成功的愉悦后，才能迸发出前进的动力，期待下一次的成功。为了实现目标，切实可行的学习计划是不可或缺的。家长在孩子回到家后，应引导其制订科学合理的学习计划，培养孩子自主学习的能力。制订了学习计划后，孩子必须严格执行，切莫将学习计划当作一种可有可无的形式。学习计划可以为孩子提供明确的方向和约束，让孩子不再需要家长长时间的督促和唠叨，最终实现自主学习。当孩子设定了长远的人生目标，同时又拥有实际可行的短期目标后，只要孩子能够切实执行学习计划，其内在动力将会得到有效调动，从而避免假努力的出现。

家长要帮助孩子掌握高效的学习方法

在孩子学习的过程中，家长有责任协助孩子掌握高效的学习方法，以提高其学习效率。在小学阶段，就应让孩子养成预习和复习的良好习惯。通过上课前认真预习，了解每个章节的知识点和重难点，孩子能够带着问题参与课堂学习，主动向老师请教未理解的内容，并有针对性地记笔记。在完成当天的学习后，及时复习所学知识，温故之后再做作业，能使作业的完成更加顺畅，同时能够检验所学知识的掌握情况。而那些难以解答的问题就是孩子没有完全理解的部分，需要家长或老师进行深入讲解，以帮助孩子将其完全消化和吸收。

此外，掌握做题技巧、整理错题等方法同样重要，它们是帮助孩子取得进步的有效保障。一旦孩子掌握了高效的学习方法，就能够提高学习效率，避免长时间低效率的假努力。

家长一定要提升孩子的自信心

孩子对困难和失败的畏惧，可能导致他们回避学习中的难题。家长千万不要因此责备孩子，而应与孩子平等交流，倾听其感受和困惑。在倾听的过程中，家长应协助孩子排解挫折引发的消极情绪，给予积极的鼓励，使其不再惧怕面对困难和失败，进而让孩子相信自己有能力克服这些困难。此外，务必多给予孩子肯定和表扬，让孩子看到自己在不断进步，这有助于增强孩子的信心。

家长切忌只关注最终的分数目标，而应看到孩子的每一次进步，只要孩子有了进步，就应给予适时的表扬，这有助于孩子摆脱习得性无助的状态。一旦孩子尝到了成功的滋味，他们会向往第二次、第三次……这无疑会极大地提升孩子的自信心，让孩子有更多的勇气面对学习上的困难和挑战，进而拥抱更多的成功。

在孩子出现假努力现象时，家长切勿急于责备或惩罚孩子，而应深入分析导致孩子假努力的根本原因，并采取相应的措施，帮助孩子度过这一阶段，使其能够真正地付出努力。

孩子沉迷于网络游戏，怎么教育？

　　海北老师，我家孩子沉迷于网络游戏，被我狠狠揍过一次，但还是会偷着玩，我已经有点无奈了，不知道还有什么办法教育他。他做事情只考虑自己，不考虑父母，我感到很伤心。

——家长留言

　　在很多家长眼里，网络游戏就是一个恶魔，随时都会将孩子吞没。他们将网络游戏和问题孩子、不爱学习、不务正业等标签关联起来，觉得网络游戏就是让孩子变坏的根源。为了防止孩子沉迷网络游戏，家长采取了一系列极端手段，比如断电、拔网线、砸手机、砸电脑、揍孩子等。这些措施虽然是出于家长的担忧和责任心，但却并非解决问题的有效方法。相反，这些行为可能引起孩子的反抗心理，使问题更加复杂。这位留言家长揍孩子没有取得效果，觉得孩子很自私，不考虑父母，越想越难受。可想而知，他们的亲子关系在急剧降温。

　　有的家长解决不了孩子的网瘾问题，甚至将孩子送去一些专门戒网瘾的机构，采用一些非常暴力的手段治疗孩子的网瘾问题，让孩子身心受到了严重的伤害。可能孩子的网瘾问题是解决了，但是他们却变成了一个更加"不正常"的人。

　　很明显，这些方法和手段是失败的。所以，这位家长才会在无可奈何之时向我发来求助信息，哪怕有一丝丝希望，我相信这位家长也会不遗余力地抓住它。我在这里写这篇文章，希望能帮到这位绝望的家长，也为其他面临同样问题的家长提供一些思路。

所谓知己知彼，方能百战不殆。我们要避免孩子沉迷网络游戏，首先要知道网络游戏的本质到底是什么，为什么孩子会沉迷于网络游戏。只有明白了背后的原因，我们才能够找到相应的办法，帮助孩子戒掉网瘾，或者说帮助孩子合理规划游戏时间。

网络游戏的本质

网络游戏的本质是什么？它是一种将复杂事物进行条理化的产物。网络游戏设计的灵感源于我们的生活，深植于人性的需求和欲望。但是，网络游戏又不同于现实，它比现实更加条理化，比如它的规则更清晰、反馈更明确、更能满足玩家的需求。因此，在网络游戏中，玩家能够得到即时满足感，这是在现实生活中难以获得的。

为了让新手快速上手，网络游戏设计者设计了大量的细节目标，玩家可以根据规则，按部就班地打怪升级，并获得即时的奖励。网络游戏设计者绝大多数都是名校高才生，他们对玩家的心理把握得十分精准，因此他们精心设计和打磨网络游戏的每个环节，目的就在于让玩家（包括你的孩子）能够继续玩下去。

可见，网络游戏设计者不仅仅是在创造一个游戏，更是在塑造一种体验，一种让玩家沉浸其中、愿意花费时间去理解和掌握的体验。每一个环节都以数据为指标，旨在让玩家更好地理解游戏规则和技能，从而更好地享受游戏。

在这样的"精心设计"下，很多孩子会沉迷于网络游戏就不足为奇了。

孩子沉迷网络游戏的原因

就游戏本身而言，它其实是一个好东西。研究表明，有游戏经验的孩子更具有发散和灵活的思维，相比不玩游戏的孩子，他们能够发挥更高水平的创造力。让孩子在游戏中学习，原因也是如此吧！幼儿园的孩子，如果坐在教室里学习拼音、汉字、算术，这样培养的孩子往往是没有创造力的。玩游戏是人的天性，不仅孩子，大人也喜欢玩，因为玩游戏能够带来愉悦感。这种情绪能提高他们的观察力、创造力和探索力。

可见，游戏并不是恶魔。但是，为什么有的孩子会沉迷于网络游戏之中呢？哪些孩子会更容易沉迷于网络游戏呢？我认为四类孩子容易有这个问题。

缺少陪伴的孩子

孩子对亲密关系的渴望，是构建健康人际关系和发展良好心理状态的基础。这种需求往往通过与家人和朋友的亲密互动得到满足。然而，如果孩子在家庭环境中未能获得足够的关爱和理解，在社交圈中也缺乏支持，他可能会感到孤独和缺乏生活的愉悦感。

网络游戏作为一种虚拟的社交空间，提供了一种替代性的交往满足。在网络游戏中，孩子可以结交虚拟朋友、追求目标、获得成就感，这些都是在现实中缺失的体验。网络游戏往往设计得引人入胜，玩家通过完成任务和挑战来获得奖励，从而满足了孩子追求成就的心理需求。这种虚拟世界中的友谊和互动，也弥补了他在真实生活中的孤独。

因此，孩子容易沉迷于网络游戏的原因之一，是在游戏中能够获得在真实生活中无法获得的情感满足。家长需要认识到网络游戏对孩子来说不仅具有娱乐功能，还具有满足心理需求的功能。

缺少成就感的孩子

在孩子的成长过程中，家庭教育起着至关重要的作用。然而，一些父母在教育孩子时，可能采取了打压式的方法，也就是我们常说的打压式教育。他们往往会过分放大孩子的小错误，对孩子的要求十分苛刻，让孩子认为自己什么都做不好。更糟糕的是，一些父母还喜欢将自己的孩子与别的孩子做比较，通过贬低自己的孩子来彰显别人的优秀，他们似乎认为这样的方式可以激励孩子。殊不知，这会使孩子的自尊心受到伤害，价值感极度缺乏。

在这种情况下，网络游戏成了孩子寻找自我价值感和成就感的渠道。在网络游戏中，孩子能够完成各种任务，获得奖励，这为他们带来了在现实生活中难以获得的成就感。网络游戏中的角色扮演和任务完成，成了孩子体验虚拟成就感和肯定的方式，因此他们往往沉浸在网络游戏的虚拟世界中，寻找属于自己的快乐。

想要逃避现实的孩子

网络游戏在孩子的生活中扮演着多重角色，除了之前提到的获得虚拟友谊和成就感外，网络游戏还为孩子提供了一种逃避现实问题的途径。一些孩子在学校里可能和其他同学相处得不好，或者面临着沉重的学业压力；一些孩子可能面临着紧张的家庭关系，比如父母关系不好或者亲子关系欠佳；等等。这些都会导致他们选择沉浸于虚拟世界中，以此来获得片刻的放松，缓解消极情绪。

在网络游戏中，孩子可以摆脱现实的困扰，找到属于自己的安宁角落。这种逃避现实的方式，为他们提供了一种短时解脱，让他们暂时忘却学业压力或人际纷扰。在虚拟世界中，他们能够获得自由度和掌控感，这让他们得到了在现实生活中缺失的情感满足。因此，面临紧张的人际关系或沉重的学业压力的孩子，很容易沉迷于网络游戏。

不受规则约束的孩子

父母在孩子成长过程中，往往忽视了规则的建立，尤其在孩子的小学阶段，由于孩子比较顺从，家长可能误以为孩子很听话，从而忽视了规则的重要性。随着孩子逐渐长大，特别是进入青春期后，父母发现自己已经无法像之前那样轻松地掌控孩子。这时，由于一些微小的摩擦和冲突，父母与孩子之间的关系可能出现裂痕。

在这个阶段，父母的说教可能引起孩子的反感，因此，只能通过建立规则来对孩子进行约束。如果在小学阶段没有培养规则意识，孩子在面临困扰时可能会通过玩网络游戏来逃避现实。网络游戏成为他们寻求自由和快乐的途径，因为在网络游戏中，他们能够感受到一种掌控感，与在家庭中或学校里受到约束相比，这种感觉更为自由和愉悦。

帮孩子戒掉网瘾

当我们知道了网络游戏的本质，以及造成孩子沉迷网络游戏的原因，我们就可以采取相应的措施，帮助孩子戒掉网瘾。下面这三点，不管对于已经成瘾孩子的家长，还是有可能成瘾孩子的家长，都有一定的指导意义，供大家参考。

多一些亲子时光

孩子沉迷于网络游戏，很多时候是受到父母的影响，或者是因为缺乏父母陪伴而感到孤独。父母如果每天都沉浸在手机中，孩子就容易模仿，将手机作为自己的主要娱乐工具。此外，如果父母总是忙于工作或其他事情，孩子就会寻找手机等电子设备来排解孤独感。因此，父母一定要和孩子良性互动，打造高质量的亲子时光。

然而，要完全禁止孩子使用手机并不现实。我们应该寻找方法来合理减少孩子使用手机的时间，让他们有机会暂时"忘记"手机，多参与其他有益活动。例如，在放学后，可以陪孩子一起打球、骑车、滑冰，既可以锻炼孩子的身体，也能为孩子提供社交互动的机会，帮助孩子摆脱对手机的过度依赖。

周末时，可以安排一些户外活动，如郊游、爬山等。这样的活动不仅能让孩子呼吸新鲜空气，感受大自然的美好，还能让全家共同度过愉快时光。这些活动不仅可以减少孩子对手机的依赖，还能够培养他们对自然和社交的兴趣，促使他们更全面地发展和成长。

因此，家长应该在引导孩子逐渐减少手机使用的同时，提供丰富多彩的替代活动，使孩子在快乐和充实的体验中，渐渐淡忘手机。这样的教育方式有助于培养孩子的兴趣爱好，促使他们在更广泛的领域中发现自己的潜力和价值。

家长参与到游戏中

对父母来说，引导孩子正确玩游戏的最好方法之一，就是接纳游戏并尊重孩子的习惯。了解游戏对孩子的吸引力，对于建立更积极的亲子关系和有效沟通至关重要。家长可以尝试与孩子一同参与游戏，即便自己并不精通，也可以与孩子分享游戏的乐趣。通过这种方式，父母不仅能更好地理解孩子的游戏体验，还可以建立起与孩子更紧密的情感联系，这就是一种同盟关系。

在孩子沉浸于游戏中时，建议父母先保持沉默，尊重孩子的专注状态，也可以选择陪他们一起玩，或静静观察他们的游戏过程。这种做法可以避免破坏孩子的专注力，减少可能引起逆反心理的情境。等到孩子自愿退出游戏时，父母再选择合适的时机，与孩子进行沟通。

在孩子退出游戏后，父母可以择机询问孩子在游戏中的体验、感受，以及有什么收获。这可以让父母更好地理解孩子的兴趣和需求，同时也为进一步引导孩子学会合理管理时间奠定基础。在这个过程中，家长要耐心地教导孩子如何平衡好游戏与现实生活，以及学会有效管理自己时间的重要性。通过尊重和理解孩子，父母可以更好地引导他们健康地玩游戏，同时促进良好亲子关系的建立。

和孩子"约法三章"

在网络游戏的本质那一部分，我讲到游戏并不是恶魔，反之，它可以增强孩子的创造力，因此，孩子可以适当地玩游戏。但是，一定要约定好时间和规则，不能让孩子毫无顾忌地放纵自己。只要孩子在规定时间内玩，父母不应该干预。但是，一旦孩子违反了规定，一定要给予孩子相应的惩罚。

在和孩子"约法三章"的时候，如果注意以下四点，成功执行的概率就会大大提升。这是我在多年教学中采用的方式，引导孩子做出约定和承诺，并鼓励他们遵守，这是培养孩子内驱力的有效方式。

1. 是约定，不是命令。

约定的关键点在于"约"，而不是"定"。

在约定的过程中，追求的是达成约定双方共同的意志，也就是找到一个平衡点，父母和孩子都能接受。这样做既不会剥夺孩子玩游戏的权利，又能让孩子感受到被尊重，从而更加愿意去遵守这个约定。这就减少了父母和孩子因为意见不统一而导致的摩擦。

2. 明确约定好时间。

和孩子约定好一周能玩几次游戏，分别是哪几天，以及每次玩游戏的具体时段。比如，孩子周一到周五只能玩半个小时，必须是在做完作业之后。通常情况下，孩子 7:00 可以完成作业，那么，孩子可以从 7:30 玩到 8:00。周六、周日是晚上 8:00 到 9:00，孩子可以玩 1 个小时的游戏，到点就必须停止。当然，很多家长在周一到周五是不让孩子玩游戏的，因为还有其他的额外作业，这都没问题，只要和孩子约定好即可。明确好玩游戏的时间段，目的在于让孩子知道什么时候可以玩游戏，什么时候不可以玩，这也能避免孩子要赖发脾气。

3. 明确权利和义务。

在约定中，不仅要明确玩游戏的具体时间，还应该明确孩子遵守约定后有什么奖励，违反约定后有什么惩罚。比如，孩子如果遵守了约定，就可以在周末出去看一场电影；如果孩子没能遵守约定，第一次违反就取消一次玩游戏的机会，第二次违反就取消三次玩游戏的机会，第三次违反就取消玩游戏的权利。当然，这只是举例说明，具体怎么约定，还得看父母和孩子的沟通和交流。这样做就很好地明确了孩子的权利和义务，让孩子知道，在享有权利的同时，还得履行相应的义务，只有履行了义务，才能一直拥有权利。

4. 将约定写出来，贴在显眼处。

这样做的目的，是让孩子能够时刻看到自己和父母做的约定，反复提醒自己有哪些权利和义务。这就避免了父母不停地唠叨和说教，避免了父母和孩子之间的摩擦。这是从人管向规章管教的过渡，是培养孩子内驱力的有效方式之一。

在这里，我要提醒一下父母们，在孩子沉迷于网络游戏之前，我们一定要抽时间多陪陪孩子，和孩子培养共同的兴趣和爱好，增加亲子互动和沟通，这是避免孩子沉迷网络游戏最有效的方式。如果孩子已经迷恋上了网络游戏，父母一定要理解和尊重孩子，分析导致孩子沉迷网络游戏的原因，再对症下药。在这个过程中，一定不要采取过激方式，应在尊重的前提下，和孩子做好约定，并引导孩子严格遵守，从根本上帮助孩子摆脱网瘾。

六年级孩子，居然谈恋爱了！

老师你好！我大儿子才六年级，成绩在班级前十名左右。最近我发现他早恋了，虽然只是局限于和女同学拉手、聊天。我怕拆穿他会让他有心理阴影。可如果我装不知道，又怕早恋会影响他的学习。我该怎么做才好呢？

——家长留言

两年前的某一天，隔壁读三年级的小女孩跑过来对我说："叔叔，我给你讲，我们班有一个男生和一个女生谈恋爱了，老师还叫家长了。"听她一本正经地说着，我觉得有些好笑，三年级的孩子，哪里知道什么是情什么是爱？我装作很吃惊，反问了她一句："你有喜欢的男生吗？给我说说怎么样？"她害羞地跑开了。

三年级的孩子，我确实是不相信会有谈恋爱这回事，还把家长也请来，我觉得有些小题大做了。不过五、六年级的孩子开始对异性产生好感，或是有了像这位家长留言说的牵牵小手、诉诉衷肠的行为，我认为是可以理解的。这个时期，孩子们已经开始步入青春期，性意识开始觉醒，孩子开始对异性产生好感，也非常在意异性对自己的看法。他们通常通过异性的看法来探索自己、认知自己，异性就成了这个阶段孩子的一面镜子。这种变化，从生理和心理层面都是正常的。

但是，很多父母对这种现象十分担忧，因为他们担心这会影响到孩子的学习。从家长发给我的私信中，我读到了潜在的焦虑，有担心女儿吃亏的，有担心影响学习的，有担心处理不当伤害孩子的，等等。因此，我写这篇文章，想和大家一起探讨一下什么是早恋，为什么会早恋，以及怎样应对孩子的早恋。

何为早恋？

早恋，这个话题一直以来都备受关注，其定义似乎并没有一个明确的标准。我发现随着时代的发展，人们对于何时算早恋的认知也在不断变化。百年前，十几岁的孩子已然结婚生子，那时的人们并没有称之为早恋。现在，我们认为在孩子上大学之前，涉足感情就是早恋，因为早恋被我们赋予了社会属性。小学五、六年级进入青春期，性意识开始觉醒，这时孩子们开始对异性产生好感。我觉得这是一种自然而然的生理和心理的变化，异性在这个阶段成了他们自我认知的一面镜子。在这个阶段，孩子们开始变得十分在意异性的看法，他们开始通过异性来探索自我，对于他们来说，这是一种正常而积极的发展。

因此，我认为青春期对异性产生爱慕之情并没有错。爱是一种能力，它是需要培养的。我们关注的不应该只是如何阻止孩子去爱他人，而是如何让孩子正确地理解、表达和珍惜爱。在这个过程中，家长的理性引导和关怀尤为重要，只有深入了解孩子的内在需求，才能更好地协助他们处理感情问题，为他们的成长提供支持。

孩子为何会早恋？

早恋的发生，原因是多种多样的。由于这种复杂性和多样性，很多家长在面对孩子早恋时如临大敌、束手无策。这也是这位家长给我留言的原因。只要我们知道了早恋产生的原因，就可以深入分析具体案例，并找到应对方法。我曾看过一档节目，它深入探讨了早恋产生的原因，我觉得很有道理，在这里分享给大家。

导致孩子早恋的原因，主要有三个：（1）由孩子的生理和心理发展规律决定；（2）受外部环境的影响；（3）孩子心理和情感发展不成熟。接下来，我将为大家进行详细论述。

由孩子的生理和心理发展规律决定

五、六年级孩子早恋，是这个特定年龄段经常发生的一种现象。我们可以从不同角度来看待这种早恋现象，将其划分为欣赏型、好奇型和愉悦型。

欣赏型早恋建立在青春期的孩子们对异性某些特质的欣赏上。在这个阶段，他们可能会被对方的外貌、能力或品质等所吸引，这样的吸引让他们产生了与对方交往的欲望。

好奇型早恋涉及孩子对于自身生理发育和异性的好奇心。随着年龄的增长，孩子开始认识到自己的身体发生了变化，这种认知引发了他们对异性的好奇心理。出于对性成熟和性别认知的自然反应，他们可能愿意尝试与异性交往，逐渐建立被称为"恋爱"的关系。

愉悦型早恋缘于异性同学之间一起做事、学习或参与社团活动时产生的愉悦的情感体验。这种愉悦体验使孩子渴望更深入地与异性交往，从而滋生出早恋的倾向。积极的互动和共同体验，成为这种类型早恋的主要催化剂，激发孩子们对恋爱的兴趣。

总的来说，这三种早恋类型在五、六年级的孩子中较为常见，每一类型都反映了不同的心理需求和生理发展，了解这些类型有助于更全面地关注孩子在感情方面的成长。

受外部环境的影响

孩子早恋也可能是受外界环境影响而产生的，主要包括从众型早恋和模仿型早恋，这两种类型的早恋都与这个群体的特点密切相关。

从众型早恋是因为周围同龄人的影响而产生的。在这个阶段，孩子们可能感受到同龄人之间的巨大压力，可能是因为身边的同龄人普遍都在谈恋爱，为了保持自己的面子或避免被视为异类，他们会迫于同伴的压力而进入早恋状态。也可能是由于同龄人的起哄、舆论压力等因素，孩子被迫去谈恋爱，即便他们本身可能并不真实地渴望这种情感关系。

模仿型早恋涉及孩子对流行文化的效仿。在这个年龄段，孩子们可能会非常热衷于模仿社会上、网络上或书籍中的偶像。当这些偶像谈恋爱成为社会或网络的热点话题时，孩子可能受到这种潮流的引导，也会在模仿他们的过程中产生早恋的现象。同龄人之间的相互影响也在这一情境下起到了重要的作用，因为孩子可能会希望迎合社会潮流，与同龄人保持一致。

总的来说，这两种类型的早恋与这个群体的心理和社交特点紧密相关。了解这些外部环境的影响，有助于更全面地理解早恋现象，以便采取相应的教育和引导措施，帮助孩子更理性地面对感情。

孩子心理和情感发展不成熟

早恋现象与孩子的心理和情感发展不成熟密切相关，主要涉及情感补偿、逆反心理和情感缺失，这三个方面在一定程度上揭示了孩子在早恋行为中的内在需求和心理状态。

情感补偿型早恋是指一些孩子在面临学习生活中的挫折或困扰时，为了减轻痛苦或寻找情感上的弥补而陷入早恋。在这种情况下，早恋可能被视为一种逃避现实或寻找情感满足的手段。孩子们在感到其他方面的不足时，将焦点转向异性关系，期望通过谈恋爱来填补空虚。

逆反心理型早恋是指一些孩子由于与家长、老师的关系紧张或不和谐，产生一种逆反心理，试图通过早恋行为来表达对家庭或学校权威的反叛。在这种情况下，早恋可能被视为一种寻求独立性和自主性的手段，他们可能选择通过早恋来彰显自己的独立身份。

情感缺失型早恋与一些孩子在成长过程中缺乏安全感、被需要感和被重视感有关。这种类型的早恋可能是对内在情感缺失的一种回应，孩子通过建立恋爱关系来寻找情感上的依托和安全感。他们渴望在恋爱中找到被理解、被关心的感觉，以填补心理上的空虚。

这三种类型的早恋都可能带来一些隐患，需要家长们引起重视，并采取适当的教育和引导措施。家长一定要理解孩子的心理需求，并对其提供支持和指导，这有助于帮助他们更健康地发展人际关系。

在上面的讨论中，我们深入探究了早恋现象的三个主要原因。可见，早恋的发生是一个复杂的问题。我们一定要明白，每个孩子的情况都是独特的，具体的案例呈现出多种原因交织的情况也是很正常的。要想将所有情况都分门别类并不现实，因此我们需要根据具体情况具体分析。

如何应对孩子早恋？

面对孩子早恋这个问题，很多家长如临大敌，不仅担心早恋会影响孩子的学习，还担心如果处理不当将会影响孩子的一生。确实，这个阶段的孩子对情与爱的认知非常模糊，这个阶段是他们婚恋观形成的初期，家长对待早恋的态度会直接影响孩子对恋爱的认知，可能还会影响孩子对幸福的定义，以及今后对伴侣的选择。因此，父母一定要妥善处理孩子早恋的问题。

前面两个原因导致的早恋是比较好解决的，但是第三个原因导致的早恋，具有一定的复杂性，处理起来不光耗费精力，还耗费时间。在这里，我将从四个方面给大家提供应对方案，以便父母更好地解决孩子的早恋问题。

切莫将早恋妖魔化

在处理孩子早恋问题时，很多家长常常表现得过于急躁和冲动。有些家长可能会采取偷看孩子的日记或聊天记录的方式来获取信息；有些家长可能会向老师或同学家长打听，试图从外部渠道获取线索；甚至有些家长在搞清楚事情之前，就对孩子进行一番严厉的说教，试图通过强硬手段阻止早恋行为。

这些过激行为会带来负面效果，不仅无助于解决早恋问题，反而可能导致孩子产生反感情绪，使问题进一步恶化。在解决孩子早恋问题时，应该采取冷静而理智的态度。首先，家长应该保持冷静，理性思考问题的根本原因，而不是急于求解。其次，应该尊重孩子的隐私，避免采取过激的侵犯手段，破坏亲子信任关系。最重要的是，家长应该采用开放、平和的沟通方式，倾听孩子的心声，建立起互信的基础。通过理性的对话，家长可以更有效地了解孩子的需求和想法，从而制订更有针对性的解决方案，帮助孩子更理性地面对感情问题。

引导孩子树立正确的婚恋观

孩子早恋了，父母的首要任务并非强行阻止，而是真诚接受并引导孩子正确处理。我们知道，一个人的思想决定了一个人的行为，所以，引导孩子树立正确的婚恋观，是解决孩子早恋问题的根本途径。

要树立正确的婚恋观，一定要基于良好的亲子关系。平等交流是关键，父母可以分享自己的爱情故事，打破这个尴尬的局面。妈妈可以和女儿分享自己爱上爸爸的原因，突显爸爸的品质；爸爸可以向儿子解释选择妈妈的理由，以及妈妈的优点。在交流中引导孩子建立自己的择偶标准，并提供合理建议。共同阅读经典著作和观看经典爱情电影也能为亲子交流提供大量的教育素材。在这个过程中，父母应尊重孩子，鼓励孩子畅所欲言，避免单方面的说教。

在交流中要让孩子明白行为准则，清晰地知道什么可为、什么不可为，以便为孩子管理自己的行为提供准则和依据。特别提醒一下父母们，不要期望一两次交流就能塑造孩子正确的婚恋观，父母需要在日常交流中持续植入正确观念，通过润物细无声的方式达到教育目的。这种渐进的引导过程，有助于孩子在不知不觉中形成对爱情的正确看法。

引导孩子用优秀赢得优秀

正如我在前文说到的那样，当孩子早恋了，家长的第一反应不应是急于制止，而应尝试与孩子建立共情，为其提供心理和物质上的支持。这种支持不仅有助于孩子更加坦然地对待爱情，还能够在家庭中形成开放的沟通氛围。

得到父母认可和支持的孩子更容易对爱情产生积极态度。家长的接受，让孩子更乐意分享，在这个时候，家长可以适时地与孩子探讨对方的情况，并耐心地倾听孩子的真实感受和看法。这样的沟通可以使家长更全面地了解孩子的心理需求，也有助于建立亲子之间更深层次的信任关系。

有这样一段话："喜欢一只蝴蝶，不要去追它。你应该去种花、种草，等到春暖花开，蝴蝶自然会飞回来。"这段话给家长朋友们一个启示：在对孩子的心仪对象进行评价时，家长应与孩子一同发现对方的优势，并引导孩子向对方学习。家长还可以鼓励孩子通过自身努力去赶超对方，以此去吸引对方，而不是过于主动或者强求。这种正向的亲子互动，有助于培养孩子的自我认知和学习能力。

家长朋友们，一定要告诉孩子，只有通过不断进步和保持优秀，才能够肩负起未来的责任。这是一种激励孩子自我提升的积极心态，也是保持长久而美好的感情的必备条件。让孩子明白，只有不断进取，他们才能在感情中走得更远，获得更多的幸福。

弥补孩子的情感缺失

第三个导致孩子早恋的原因，涉及亲子关系的不和谐或孩子的情感缺失，这是一个较为复杂的问题，因为它牵涉到父母和孩子个体心理的相互影响。这种情况下，早恋不再是单一的行为，而是一种逃避现实、寻求情感依托的心理表达。

首先，这一问题的解决需要家长了解亲子关系的本质。家庭中是否存在紧张、疏离、缺乏交流的氛围，以及父母是否能够满足孩子的情感需求，这些都是值得关注的问题。父母需要自我反思，清楚亲子关系中出现的问题，并认识到这才是导致孩子早恋的根本原因。

其次，对于情感的缺失，家长应该采取有针对性的措施。如果是因为缺少陪伴，家长就需要调整自己的时间安排，争取多多陪伴孩子，并提高陪伴的质量。如果是由于亲子交流不畅，父母就需要营造平等、相互尊重的沟通氛围，以便更好地满足孩子的内心需求。

此外，关注孩子在学习和生活中的困扰也是解决问题的关键。家长要主动了解孩子的学业情况、人际关系等，及时发现问题并给予关心和支持。在孩子面临困难时，父母要及时帮助他们化解困难，而不是让孩子通过早恋来逃避或寻求短暂的情感安慰。

只有了解了孩子具体的问题所在，家长才能有针对性地采取措施。这不仅有助于孩子摆脱早恋的困扰，还为建立更加健康、稳固的亲子关系奠定了基础。因此，解决孩子早恋问题不仅仅是对早恋行为的干预，更是对家庭亲子关系的全面调适。

在解决孩子早恋问题时，理性而负责任的态度是家长解决问题的出发点和基石。家长要深刻理解早恋背后的原因，注重亲子关系的建设，为孩子提供良好的成长环境，这将是解决问题的关键。通过这样的细致关怀和积极引导，家长可以帮助孩子树立健康的婚恋观，为其未来的感情生活奠定坚实基础。

给孩子奖励，为何不起作用？

海北老师，您好！我孩子现在二年级，对学习没有兴趣，做什么都需要我催，不催就不主动做。我想了很多办法，给他买喜欢的东西，带他出去吃好吃的，这有一定的作用，但是过一段时间又不行了。有时候，气急了我也会打他，打完之后，我也很后悔。现在不知道该怎么办了，麻烦您给我一些建议，谢谢！

——家长留言

我一直强调，育儿就是家长的修行。为了培养一个热爱学习、自主学习的优秀学生，家长们付出了巨大的心力，不遗余力地尝试各种方法。很多家长喜欢通过自媒体获取育儿专家、教育博主，甚至其他经验丰富的父母分享的育儿方法，这是一种值得肯定的做法。然而，网上的方法可能存在差异，甚至截然相反，因此，有些家长不知道如何选择。

有家长留言表示，有些教育博主建议通过奖励激发孩子学习的积极性，而有些却不提倡，认为奖励会破坏孩子学习的内驱力，不利于激发孩子的学习积极性。这位留言家长提到奖励的效果有限，无法长期激励孩子。那么，是不是应该放弃奖励孩子这种手段呢？而奖励对孩子无效的原因又是什么呢？

实际上，问题并不在于奖励这一行为本身，而在于奖励孩子的操作是否得当。一些家长向我留言称，孩子无所谓成绩，对奖励也毫不在意，这令家长感到困扰。然而，是否有真正不喜欢奖励的孩子呢？为何孩子对奖励漠不关心呢？接下来，我们一起来探讨一下孩子不在乎奖励的原因。

孩子不在乎奖励的原因

奖励并不符合孩子的期望

一些家长为了激发孩子的积极性，会采用奖励的方式，因为这种方式能够直接而迅速地调动孩子的兴致。然而，在选择奖励方式或奖品时，许多家长却未充分与孩子沟通，没有真正了解孩子的需求。就如很多妈妈批评孩子挑食，不喜欢吃自己做的菜，每次为了让孩子多吃饭，少不了一番说教。然而，她们往往忽视了一个事实，那就是这些饭菜可能并非孩子所爱吃的。妈妈在购买食材时，更多是根据自己的口味来准备，而很少有妈妈会事先征求孩子的意见，因此常常发生孩子对妈妈烹饪的菜品不感兴趣，宁愿到外面餐馆吃饭的情况，这使妈妈感到沮丧。有的妈妈知道孩子喜欢吃什么，就一直购买这一种，时间长了，孩子也就失去了新鲜感。奖励孩子也是如此，准备孩子不喜欢的奖品，或者持续奖励孩子同一种东西，都可能导致孩子对奖励失去兴趣。

奖励制度设定的门槛过高

有些家长在为孩子设定学习目标时，未能充分考虑孩子的实际情况，而是单方面制定了一些标准。例如，孩子的数学成绩仅为七十多分，但家长却设定了九十五分的目标，这二十分的差距就如同一道巨大的鸿沟摆在孩子面前，让他们感到无法逾越，进而选择放弃奖励。这是家长中普遍存在的问题，倾向于以最高标准要求孩子，却往往忽略了孩子的实际水平和考试难度。目标设定过高，导致孩子逐渐失去对奖励的兴趣，呈现出无动于衷的状态。

家长未能履行奖励的承诺

有些家长为了激励孩子，设定了一个目标，承诺孩子只要达到目标就能获得相应的奖品。然而，由于目标设置得过于简单，缺乏科学性，孩子轻松达到目标的情况屡见不鲜。家长感觉孩子轻而易举就达到了目标，因而不愿履行承诺，这就打击了孩子的积极性。还有另外一种情况，在设定目标时，家长为了更好地激发孩子的动力，以极具诱惑力的奖品作为条件，孩子为了实现目标全力以赴。然而，出于种种原因，例如奖品价格偏高等，家长未能兑现承诺，这必然会令孩子感到失望。若类似情况屡次发生，将逐渐损害家长的信誉，致使孩子对家长的奖励失去兴趣，因为他们明白这些奖品其实可望而不可即。

孩子对父母的奖励不感兴趣，并不代表奖励本身不起作用，问题出在了采用奖励手段的人身上。提出"操作性条件作用"的斯金纳先生说过，给孩子奖励可以强化期望行为。在斯金纳看来，奖励是一种对孩子特定行为的强化方式，旨在提高该行为的复现概率。换句话说，给孩子奖励可以激励孩子重复之前的优秀行为，并促进孩子不断取得进步。他将强化分为两种，一种是正强化，另一种是负强化。

正强化指的是通过呈现令人愉悦的刺激以增加某一行为的发生概率，比如孩子在一次考试中取得了优异的成绩，父母为了鼓励孩子继续努力学习，对孩子采取奖励措施。负强化则是通过消除令人讨厌的刺激以增加某一行为的发生概率。比如，孩子不喜欢每天练字的活动，父母可以告诉孩子，只要他每次作业都写得整洁规范，就不必再练字，从而激励孩子更加用心地书写，避免字迹潦草。

正确运用奖励手段

奖励机制能够有效激发孩子的积极性，为其取得更大进步提供助力，然而，若不妥当运用奖励手段，可能会破坏孩子内在的动力。在奖励孩子的过程中，我们需留意一些要点，以确保其发挥积极作用。

表扬 > 给予权利 > 给予物质奖励

在奖励孩子的时候，要把握一个原则：能表扬，就不要给予权利；能给予权利，就不要给予物质奖励。我们都说"兴趣是最好的老师"，孩子若对某事感兴趣，便会自发地投入其中。在这种情况下，父母应尽量不干扰，允许孩子自主发展。有些家长反映，孩子在学习上缺乏专注力，然而，当涉及他们喜欢的活动，如玩乐高时，却表现得非常专注。这说明并不是孩子的专注力有问题，而是孩子不喜欢学习内容或方式。

因此，**当孩子投入他们感兴趣的活动时，家长只需给予精神奖励，也就是夸奖或给予积极的反馈即可。**这样的奖励能够极大地激励孩子。若直接采用物质奖励，可能会导致孩子将注意力从活动本身转移到物质奖励上，一旦失去了奖励，孩子对该活动可能会失去兴趣。

有的孩子可能不吃表扬这一套，那就可以给予孩子一定的权利，比如自由活动、玩乐高积木、看电影等，想要拥有一定的权利，就得履行相应的义务，比如按时完成作业、课外阅读、做家务等。通常情况下，孩子为了获得相应的权利，会更有动力，更愿意将这件事做好。接下来，才是利用物质奖励。在奖励孩子时，物质奖励不要随便使用，如果使用过度，将会减少奖励的"威力"，孩子的心理满足线将会越来越高，父母可能会发现，越来越难以满足孩子的要求，孩子的内驱力也渐渐丧失。

为了不破坏孩子的内驱力，建议只有当孩子表现出对活动或任务不感兴趣时，才用外在奖励。若奖励对孩子具有足够吸引力，孩子为了获取奖励，将会更加努力地、专注地完成活动或任务。在完成活动或任务的过程中，孩子会逐渐体验到它的乐趣，由此建立起内在的驱动力。

设定合理目标

我的一位同事曾经分享了一席让我深感启发的话："**如果孩子不热爱学习，我最开始的要求就是让他表现得像是在认真学习。随着时间的推移，他会将最初的伪装逐渐转化为真实的行为。**"同理，当孩子对某项活动没有浓厚兴趣时，通过外在的奖励来激发他的积极性，久而久之，这种状态可能转变为他的日常表现，并最终转化为对此类活动或任务的兴趣。

当面临需要耗费较长时间的任务时，使用奖励来维持孩子的兴趣和热情也是一种行之有效的策略。

对于一项需要较长时间完成的任务，孩子在进行过程中可能会逐渐失去积极性，就如同参加马拉松比赛一样，由于终点过于遥远，很多选手无法坚持到最后。以日本马拉松选手山田本一为例，他成功夺得马拉松冠军的秘诀在于，将 40 多公里的赛程分解为多个小目标。在比赛中，他专注于迎接第一个小目标，然后迅速冲向第二个、第三个……如此循环，最终轻松完成了 40 多公里的赛程。山田本一最初并不了解这一道理，将目标设定在 40 公里外的旗帜上，结果在十几公里处就感到疲惫不堪，被眼前那段遥远的路程吓倒。孩子在面临一项耗时较长的任务时，同样可能畏惧于前方漫长的道路，因而变得气馁或失去积极性。因此，家长可以将任务分解为几个小目标，每当完成一个小目标，即可给予孩子奖励，从而有效地维持其积极性和热情。

在给孩子设定目标时，一定要保证目标的合理性，目标不能太高。正如我前文所说，如果目标太高，不利于对孩子的持续激励，孩子在完成一件事或一项任务的过程中，可能会失去兴趣和激情，导致完成效果不佳。因此，要设定孩子够得着的目标，这就必须基于对孩子的全面分析。比如，父母在和孩子设定期末考目标时，设定的分数不是越高越好，而是要基于孩子平时的作业表现以及考卷难度，分析孩子有什么短处，找到这些问题的解决方法，然后，在此基础上设定分数目标。

在考试前，我建议家长让孩子做一下模拟测试，分析试卷上孩子的丢分点，丢分是因为粗心马虎、基础掌握不扎实、做题方法不熟练还是题目难度太大，前面两种问题可以通过短期复习得以解决，因此目标就可以设定为：模拟测试分数 + 粗心丢分 + 掌握不牢丢分，这样的目标就是合理的，因为孩子通过努力是能够达到的。至于某些题不会做的问题，孩子需要一段时间来加以解决，因此可以把掌握这些题目的解法设为较长期目标。

当孩子达到目标时，应给予相应的奖励，这将激励孩子迈向下一个目标，获得更大进步。在选择奖励方式时，必须顾及孩子的兴趣，只有确保奖励是孩子期望的，才能激发其奋斗的动力。

与孩子商定愿望清单

在确定奖品之前，家长应与孩子充分沟通，让其书写愿望清单，并据此着手准备。愿望清单可以包含低、中、高价位的奖品或活动，但应呈现出金字塔结构，高价位奖品数量较少，低价位奖品数量较多。家长应该允许愿望清单中有一两个较为昂贵的奖品，因为这会激发孩子更强的动力。就如同购买彩票一样，如果只有 10 元、20 元的小奖，人们就不愿购买了，人们购买彩票是冲着百万大奖去的，这种吸引力难以抗拒。

注意奖励孩子的方式

首先，不要提前告知孩子具体的奖品是什么。若告知孩子，在他获得奖品后，下一次的奖品必须更具吸引力，才能继续调动孩子的积极性。如果下一次的奖品没有足够的吸引力，孩子的动力将减弱。这将导致孩子对奖品的期望值逐渐升高。因此，让孩子撰写愿望清单，并准备一个抽奖箱，让孩子从中抽取奖品，抽到什么是什么，这就增加了每次奖品的不确定性，避免孩子对奖品的过度挑剔。

其次，要减少抽奖的频率，以免孩子失去兴趣。在奖励孩子时，切忌过于频繁，这会使奖励失去"分量"。家长可以采用积分卡的方式，每次孩子达到目标，都给予一张积分卡，当孩子集齐一定数量的积分卡时，就有机会进行抽奖。例如，孩子在一天中表现良好，就可获得一张积分卡，当累积到七张时，便可进行一次奖励抽取。

此外，家长还可以设立一个积分商店，孩子在每周的固定时间里，可以用积分兑换奖品。奖品根据等级划分，随着等级的升高，所需积分增多，想要获得更好的奖品，孩子就需要更持久的努力，达到更高的目标。每个奖品需要多少积分才可以兑换，家长可以根据奖品的实际价值进行设定，让孩子感到所付出的努力是值得的。

前述的奖励方式属于正强化，通过给予孩子他们渴望的物品来增加特定行为出现的概率。与此相对，负强化则通过消除令人讨厌的刺激来增加特定行为出现的概率。比如，有许多孩子不愿意练习书法，因为这需要耗费时间和精力。在这种情况下，家长可以告诉孩子，只要他们在平时的作业中保持字迹工整，就可以免去专门练字的任务，从而激励孩子养成随时注意字迹的习惯；在听写汉字或英语单词时，如果孩子能够完全正确，就可以免去抄写字词或单词的任务，从而鼓励孩子优化记忆方法，提高学习效率。

这种负强化的方式在我以前的教学中取得了良好的效果。当孩子学习时，我们不能老是给孩子做加法，让孩子有做不完的作业。相反，我们应学会给孩子做减法，省略一些不必要的步骤和环节。这也是对孩子的一种激励，有助于提高孩子的学习效率，让孩子取得持续的进步。

奖励作为一种常见的教育手段，被广泛运用于肯定孩子的能力、任务完成质量以及在学习过程中所取得的进步等方面，以期激发孩子不断提升自我。然而，在进行奖励时，如果缺乏有效的操作方法，可能会产生适得其反的效果，甚至对孩子的内在动力造成不良影响。因此，家长在实施奖励时需审慎行事，以免好心办了坏事。

06

思维能力：

因材施教，让孩子更加敏捷

上课不专注，经常走神，怎么办？

海北老师，我儿子 7 岁，读一年级，上课纪律不好，特别好动，有的时候会走神，一点都不听老师的话。老师说她管不住了，打电话给我沟通，我都不知道该怎么办了。

——家长留言

很多小学家长留言，说经常收到老师的投诉，抱怨孩子上课不认真听讲，讲话、走神，搞得家长很是焦虑。

对于上课走神不认真听课这个问题，很多家长即使着急上火，依然无济于事。有的家长说："我每天在送孩子上学的路上，都会告诉他：上课要认真听讲。孩子答应得好好的，但是到了学校，该怎样还是怎样。"还有的家长说："我打也打了，骂也骂了，他还是走神，我真的没办法了。"还有些家长的语气中多了一点抱怨："孩子在家很认真，做作业也挺好的，怎么到了学校就不认真了？"这样的私信，我三天两头就会收到。

这个问题确实挺棘手的。我们都知道，课堂是孩子学习的主阵地，如果上课走神、讲话，听课不认真，家长也不能去学校陪着孩子上课，那么，家长是不是真的就无能为力了呢？其实，对于孩子上课不专注这个问题，很多父母停留在了表象上，并没有深究这个问题背后的原因。今天，我将会为大家分析一下这一现象背后的原因，并为大家提供相应的解决方案，希望对大家有所帮助。

孩子上课注意力不集中，可以分为两种类型：一种是"不想"，另一种是"不能"。

孩子"不想"认真听课

"不想"，顾名思义就是孩子不想认真听课。

我总结了四点原因：

一是因为课上内容都懂了，听着没意思。通常情况下，这类孩子比较聪明好动，接受能力强，听懂了以后，要么东张西望，要么走神发呆。

二是因为孩子在家提前预习了，上课就不想听了。

三是因为老师对课堂节奏把控不好，对知识点的呈现和讲解很无趣，不能吸引孩子的注意，导致孩子不爱听。这主要是老师授课技巧的问题，家长朋友们也无法改变，总不能把老师赶下来，自己走上台去讲。

四是因为身边有干扰因素，导致孩子分心。比如孩子的同桌特别爱讲话，或者孩子带了玩具或课外书到学校等。这种情况比较好鉴别，如果孩子在一段时间内听课表现不佳，成绩有了起伏，家长就可以排查一下，看有什么干扰因素导致了孩子上课不专注。

针对这种上课"不想"听的问题，家长只要做好以下四个方面的工作，就能在很大程度上帮助孩子在课堂上提升专注力。

让孩子停止预习

既然孩子是因为在家预习了而不听讲，那就停止预习，让孩子带着空白的大脑去听课。全新的知识对孩子会具有更大的吸引力。家长要做的，就是放学回家后，让孩子将课上讲的知识复述一遍，这有两个目的，其一，孩子回家后想要流畅地讲解知识，在课上一定得听懂了，这有利于敦促孩子课上更加认真地听讲，其二，这也是很有效的复习方式。很多家长朋友们不知道如何让孩子复习当天学习的功课，只是让孩子做作业，其实，让孩子复述一遍课上内容就是很好的复习方式。

将孩子安排进课堂活动中

如果停止了预习，孩子上课还是不听，但孩子的学业成绩并不受影响，这主要是孩子聪明、理解力强。家长可以和老师进行沟通，让老师给孩子安排一个职位，比如纪律委员，让孩子听懂后帮助老师维持班级的纪律，这样的职位在身，对孩子既是一种肯定，又是一种鞭策，无形中对孩子形成了约束。也可以让孩子在课上多回答问题，或者充当小老师，帮老师带读课文，讲解某些知识点，这样的做法会让他们更有参与感。我们知道，能够将知识正确流利地表达出来，仅仅听懂是不够的。让孩子做小老师，讲解知识点，不仅为孩子在课堂上设置了挑战，以吸引他们的注意力，还培养了孩子的表达能力，可谓一举两得。

找到干扰因素，逐一排除

家长可以和老师沟通，将爱讲话的同桌调开，家长可以在每天上学前检查一下孩子的书包，看孩子是否偷偷带了玩具或课外书到学校。另外，查看同学之间是否存在交换课外书的情况也很重要。如果同学之间经常交换课外书，也可能导致孩子在课堂上分心，影响听课效果。因此，与其他家长和老师保持紧密联系，了解孩子在学校的日常表现，可以帮助家长及时发现和解决这类问题，帮助孩子维持良好的学习状态。

在家和孩子做好约定，并给予相应的奖励和惩罚

比如，家长可以告诉孩子，一周之内如果收到老师几次投诉，就会有怎样的惩罚，当然，如果没有收到投诉，或者是投诉在允许次数之内，就会有一个奖品，这个奖品一定是孩子想要的，以便对孩子产生足够的吸引力。家长可以让孩子罗列一个愿望清单，再把清单上的奖品写在纸条上放进抽奖箱里，每次让孩子自己抽取，不管是贵的还是便宜的，抽到什么是什么。这就避免了孩子讨价还价的问题，这种不确定的方式也会更加有趣，更具有吸引力。

孩子"不能"认真听课

针对"不能"这种情况，我将从两个方面论述其原因，并给出相应的解决方案。

孩子上课走神，有可能是听不懂老师讲解的内容

家长朋友们有没有发现，一些学习不好的孩子，特别容易出现上课不认真听讲的情况？这样的孩子是不是智商低呢？其实未必。有些孩子之所以成绩不好，可能是因为一开始没听懂，后面的课就跟不上了。慢慢地，孩子的大脑就自动选择不听了，就像我们听别人诵经一样，一开始或许还会认真听，但是慢慢地就听不懂了，就开始打瞌睡。我们因为听不懂，所以就失去了兴趣。孩子上课也是一样，如果听不懂，就会失去兴趣，不想再听了，这样成绩就会受影响。

要解决这个问题，唯一的办法就是提高孩子这门课的成绩。补课并不是一个理想的方式，如果孩子在课堂上都不认真听讲，补课也不一定会有好效果。重要的是，一定要培养孩子预习的习惯，这能解决课堂上一大半的问题，孩子上课就会感到轻松很多，既听懂了知识也能够和老师进行互动，这能够提升孩子在课堂上的信心，让孩子对这门学科产生更浓厚的兴趣。课前搞懂的知识，在课上就当作复习，而将更多精力用在没搞懂的知识上面，这样一来，孩子在课堂上就更加有的放矢。回到家后，做作业前再进行复习，相信当天的知识消化吸收情况就很不错了。只有这样，孩子在听课时才不会走神，成绩才有可能提升。通过提高成绩，孩子在后续的课堂上也能更集中注意力，因为他们听得懂、跟得上，就不容易走神了。

孩子上课走神，可能是专注力有问题

怎么判断孩子是不是专注力差呢？家长可以看看孩子平时的表现，如果无法久坐，或者在进行自己喜欢的活动，比如看书或玩游戏时也只能保持短时间的专注，那么很可能是因为孩子的专注力较差。另外，如果孩子在课上只能专注 15 分钟，后面的时间经常处于走神状态，这可能和孩子的年龄段相关，越是低龄的孩子，他的专注力就会越差。

专注力差导致的听课效率较低，要解决起来并非易事。以下是对几种常用方法的分析，供家长参考。

做作业时，有些孩子可能只能保持 5 分钟的专注时间，之后就难以继续。家长可以通过逐步增加孩子的专注时间来训练。例如，观察孩子的表现，每

次递增 1 分钟，让孩子逐渐延长专注时间。在这个过程中，父母最好不打扰孩子，可以在一旁看书，使用奖励或其他方法，确保孩子每次都能延长一小段时间，逐步提高专注力水平。

家长可以告诉孩子这样的听课秘诀：老师说话，看（老师的）嘴巴；老师写字，看黑板；老师叫看书，就看书。老师讲话时，听清每一个字，老师写板书时，看清每一个字，有效利用记笔记和休息的时间。

除此之外，网上有专门培养专注力的游戏，市面上也有专门培养专注力的资料，大家也都可以利用起来。

如果孩子是病理性因素导致专注力差，那还是要及早带孩子去医院接受正规治疗，千万不能讳疾忌医。

在面对孩子上课不听讲的问题时，家长一定要全面了解具体情况，不能直接责怪打骂孩子，因为上课不专注有"不能"和"不想"两种类型。家长需要主动与孩子的任课老师取得联系，详细了解哪些课程出现了不听讲的情况，究竟是什么原因导致的，以及这种现象持续的时间有多长。只有及时与老师沟通，家长才能更加准确地把握孩子在学校的学习状态，才能更好地引导孩子，制定切实可行的解决方案，确保孩子能够在课堂上保持专注，取得更好的学习成绩。通过积极的家校合作，我们能够为孩子铺平学习之路，帮助他们更好地适应学校生活。

小测不错，但大考一言难尽，怎样突破？

> 海北老师您好，我孩子上二年级，课程在暑假都提前学了一遍，每天都复习、预习，还爱看各种课外书。平常坚持用"337晨读法"，家庭作业家长也是跟着检查辅导的，平常小测验基本都是98分，但期中考试三门都是七八十分，错得五花八门，不知道咋回事。请问老师，后面我该怎么教呀？
>
> ——家长留言

在学生时代，我们面临着各种考试，大大小小的考试层出不穷。期中考试、期末考试、各种模拟考试和联考，我们称为大考；而老师组织的周测、月考等则被归类为小考。然而，有趣的是，有的学生在不同的考试中表现差异明显，常常在小考时成绩出色，但在大考中却频频失利。这种现象究竟该如何解释呢？为什么学生在不同类型的考试中，会有截然不同的表现？

这位留言家长描述的情况，就是小测不错大考不行的典型案例。这并不是说孩子学习不认真，态度不端正，这种现象涉及多种因素和复杂的心理机制。下面我将分析这种现象背后的原因，并给予大家相应的建议。

这种现象通常是由两个因素导致的，一是心理因素，二是非心理因素。

导致大考表现欠佳的非心理因素及其解决方案

导致大考表现欠佳的非心理因素

就非心理因素而言，我从两点进行分析。

小考和大考所考查的范围不同。小考通常涵盖一个模块或一个单元的内容，而大考则涉及多个模块或多个单元的知识点。这种差异导致了学生在应对小考时更容易，因此，通常能够发挥较好，取得较高的成绩。

然而，大考涉及的知识点更为广泛，可能覆盖整个学期乃至整个学年的内容。在这种情况下，学生需要掌握更多的知识点，这就会涉及他们不够熟悉的知识领域，他们对考试的重难点也很难有明确的认知，这将会对他们造成一定的压力，从而导致大考欠佳的现象。

可见，小考和大考的差异不仅仅在于考试的规模，更在于所考查知识点的广度。

小考和大考试卷的综合性不同。一般而言，小考试卷的题型单一，综合性较弱，每道题目通常只涉及一个特定的知识点，学生相对容易准备和应对。

相较之下，大考试卷更具综合性，一道题目可能考查两到三个不同的知识点。这意味着学生需要在一道题目中灵活运用多个知识点，要求其具备更强的综合能力，包括理解能力、逻辑思维能力、推理判断能力、空间想象能力等。面对这样的考题，学生需要深入理解和掌握各个知识点之间的关联，同时能够在解答问题时将这些知识点有机地结合起来。

但是小学生对知识点的整体把握能力并不是很强，因而容易出现在单一试题上表现较好，在综合试题上表现欠佳的现象。

针对非心理因素的解决方案

总的来说，孩子在应对综合题的时候表现欠佳，主要还是因为孩子对各个知识点掌握得并不扎实，认知也不深入，导致不能灵活运用，不能融会贯通、举一反三。要解决这样的问题，需要从两个层面做好工作，即知识层面和能力层面。

知识层面

就知识层面而言，一定要熟练掌握各个知识点，完善知识体系。为了在大考中取得与小考一样的优异成绩，孩子需要采取一系列措施，主要包括查漏补缺、攻克薄弱知识点以及完善知识体系。

首先，孩子要认真分析自己在小考中的表现，找出自己掌握不牢固的知识点。对于那些存在漏洞或者没有充分理解的知识点，需要有针对性地进行查漏补缺。这可能包括重新学习相关知识点，参考多种学习资源，寻求同学或老师的帮助，确保对每个知识点都有清晰而全面的理解。

其次，攻克薄弱知识点是提高大考成绩的关键。一旦确定了薄弱环节，孩子应该有计划地深入学习这些知识点。可以通过做大量的练习题来加以巩固。同时，建议制订学习计划，合理分配时间，确保在考前能对薄弱知识点进行全面而深入的复习。

最后，要实现知识点的全面掌握，孩子需要建立完整的知识体系。这意味着不仅要关注单一知识点，还要了解它们之间的关联，建立起整体知识结构。这有助于在大考中更好地应用知识点，使不同知识点能够融会贯通。在这一过程中，制作思维导图、总结提纲、归纳笔记等都是有效的学习方法。

总体而言，要想在大考中表现不亚于小考，需要以查漏补缺为出发点，积极攻克薄弱知识点，并构建完整的知识体系。这样的学习策略将有助于孩子加强对学科知识点的全面把握，更加游刃有余地应对考试。

能力层面

就能力层面而言，在学习过程中培养孩子总结、归纳和反思的能力十分重要。这一过程不仅有助于深刻理解知识点，还能提高学习效果，为孩子的进步打下坚实基础。

第一，总结老师课堂教授的知识点是学习的基础。

孩子可以通过整理重要知识点，建立知识框架，形成逻辑清晰的学习体系。这种总结有助于强化记忆，使知识点掌握得更为牢固，这就是我一贯强调的做作业之前一定要先复习的原因。

第二，归纳相似题型的答题技巧是提高解题水平的有效途径。

孩子可以通过比较和总结相似题型的解题方法，提炼出通用的解题技巧，培养对各类题目的灵活应对能力。这种归纳不仅能提高解题效率，还能培养孩子分析与解决问题的思维习惯。现在有很多阅读理解答题公式，孩子可以根据这样的模板，熟悉同类问题的答题思路。

第三，反思错误原因与自身不足是进步的关键。

孩子在错误中汲取教训，发现自己的弱点和不足之处，有助于有针对性地进行提升。通过深度反思，孩子可以找出解题思路上的漏洞、知识点的薄弱之处，并制订相应的补救计划，防止类似错误的发生。

总结、归纳、反思是一种有机的学习循环，推动孩子在学业上不断取得进步。这一过程不仅能培养孩子的自主学习能力，也能为他们建立完整的知识体系奠定坚实的基础。通过不断地运用这些学习方法，孩子将更有信心、更有智慧地应对学习中的各种挑战。

以上是针对非心理因素进行的论述，我论及了导致大考表现欠佳的两种非心理因素，并从两个方面提出了应对这种情况的解决方案。

导致大考表现欠佳的心理因素及其解决方案

还有一种因素也会导致孩子大考表现欠佳，即心理因素。这种心理因素导致的考试表现不好的现象叫作詹森效应。

詹森效应

詹森效应是一种心理现象，源自运动员在正式比赛中由于过度紧张和压力过大而表现不佳的情况。有一位名叫詹森的运动员，他在平时的训练中表现出色，非常有实力，但在正式比赛中却表现欠佳，让人失望。

这一现象揭示了心理素质在体育竞技中的重要性。詹森效应的出现通常是由于运动员无法有效地处理竞技压力和紧张情绪。在平时的训练中，他们可能表现出色，但当置身于正式比赛的环境中时，情绪变化和心理压力可能使得他们失去了平时的水平。

这种现象不仅局限于体育领域，也会出现在其他竞争性环境中。在考试、演讲或其他正式场合，个体都可能因为过度紧张而导致表现不佳，即便他们在平时表现良好。这凸显了在竞争激烈的环境中，心理素质对于保持稳定表现的重要性。这位留言家长所描述的孩子情况，或许就是心理因素导致的。

有的孩子在平时学习中表现不错，努力认真完成作业，甚至额外花时间进行练习，但一到大型考试就出现问题，这可能涉及他们在考试时的应变能力和应试技巧。平时的小测验更注重基础知识的掌握，而在大型考试中，可能需要更好的时间管理、更多的解题策略和更强的应对压力的能力。平时的小考知识点单一，时间充裕，而到了综合性的大考，题目的难度增大，时间捉襟见肘。很多孩子平时没有养成在规定时间内完成作业的习惯，也缺乏模拟考试经验，因而在考场上把握不好节奏，不能采用正确的答题策略，心态失衡。

还有的孩子容易在考试前感到紧张，这可能是因为他们对考试结果过度担忧，导致进入考场时难以保持冷静。之所以对考试结果过度担忧，要么是因为父母期望过高要求过严，给了孩子太多心理压力；要么是因为孩子对自己要求过高，过于看重考试成绩。这种心理状态会影响他们在考试中的表现，使他们难以集中注意力、难以正确理解题目或者灵活运用学过的知识。

针对心理因素的解决方案

要解决这样的问题，以下四个方面的措施能够很好地帮助孩子。

第一，关注考试本身，而不是考试结果。

很多孩子认为，考试成绩不好会很没面子，或者将考试成绩和自己的前途捆绑起来，觉得考试成绩好才能有一个好的未来，从而引起过度焦虑。孩子应该把大大小小的考试看作查漏补缺的机会，将考试视为自我检测和巩固知识点的过程，而不是过度关注分数的高低。这种看法强调了考试的实质是为了帮助孩子发现并解决问题，而非仅仅获取一个数字上的评价。

其实，中考、高考反映的是孩子平时的学习效果，平时的学习质量对于最终的大型考试结果有着直接的影响。要关注平时的学习过程，形成深层次的理解，练就纯熟的技能，至于考试成绩，要学会坦然面对，只要尽力了，不管什么样的考试结果都能接受。

此外，还要让孩子知道，考试中的紧张和压力都是正常的，适度的压力有助于激发自身的潜力。接受考试压力，学会应对它，可以帮助孩子更好地发挥自身水平。

总的来说，我们应该重视孩子平时的学习过程，培养正确的学习态度，将考试看作发现问题和提高自己能力的机会。

第二，养成在规定时间内完成作业和进行模拟考试的习惯。

很多孩子在平时做作业的时候比较随性，他们会根据自己的节奏完成作业。比如说，有的孩子是通过延长学习时间而取得好的结果，在遇到难题时，孩子会花很多的时间进行思考，或许孩子的作业结果看起来不错，但是完成作业的效率是不高的。还有的孩子没有模拟考试的习惯，在答题的过程中不懂得运用答题策略，不知道将难题放到最后完成，因此在考试时来不及做完试卷。在时间非常有限的情况下，孩子就心慌了，导致很多基础题、计算题都出错，有的题根本没看清楚题意就提笔回答，这就是这位留言家长说的"错得五花八门"的原因。

平时，家长可以为孩子准备一个闹钟，要求他们在规定时间内完成作业，将平时作业考试化，以此提升孩子做作业的效率，提前适应考试的节奏。在考试之前，一定要安排模拟考试，家长要教会孩子如果遇到没有思路的难题，就先放一放，等到完成了其余试题后，再返回来完成这些难题。这样的答题策略能够保证孩子有充足的时间完成自己能够完成的题目。

只有将考试平时化、作业考试化，才能让孩子更好地适应考试的节奏和压力，才不至于让孩子在考试中手忙脚乱。

第三，在考试时学会调整心态。

考试的时候感到紧张，这是在所难免的，适度的紧张反而有助于提升考试成绩。为了避免过度紧张，我为大家分享两个在考试中调整心态的方法。

孩子可以采用呼吸调整法，这是一种相对容易操作的方法。在考前紧张时，进行深呼吸，将注意力转移到呼吸上，放缓呼吸的节奏，同时深入感受每一次呼气和吸气的过程。这个动作可以让孩子暂时抛开对考试的担忧，经过一两分钟的练习，身体会逐渐放松下来，以此缓解紧张情绪。

还有一种方法叫作回忆法，即回顾自己曾经表现最佳的一次考试。孩子可以通过想象和回忆那个成功的瞬间，重新体验当时的心理状态。通过情景替代，孩子可以在考前建立积极的心理预期，从而减轻焦虑和紧张感。这一方法旨在通过积极的心理情境调整，使学生更加放松、自信，提高应对考试压力的能力。

通过有针对性地练习和运用这两种方法，孩子可以逐渐培养自己的心理调适能力，更好地迎接考试挑战。

第四，家长应避免将焦虑情绪传递给孩子。

孩子的焦虑问题很多是缘于外在压力，而这种压力往往是由于家长或教师对孩子期望过高而产生的。由于对分数的过分看重，家长或老师经常给孩子灌输这样的理念：考不到好的分数，就上不了好的高中以及好的大学，就会找不到好的工作，整个人生就完了。因此，孩子错误地将考试分数和好的学校、好的工作，以及好的人生对等起来，这让孩子的学习目的变得不纯粹，在学习过程中，孩子背负了太重的负担。

在考试前，有的家长甚至一改常态，在家里做事都蹑手蹑脚，生怕打扰了孩子复习，这样的氛围在无形中给了孩子很多压力。

有的父母看到孩子紧张时，会指出孩子的这个问题，其实这是一种负面强化，说出孩子的紧张并不能改变这种情况，反而将孩子的注意力转移到紧张这种情绪上，加重了孩子的负面情绪。

那么，什么才是正确的做法呢？当家长发现孩子存在心理问题时，应该谨慎处理，避免直接告知或提示孩子。相反，家长应该暗暗寻找缓解压力的方法，以温暖关怀的方式化解孩子的困扰，避免增加新的心理压力，这有助于将紧张情绪击碎于无形之中。

家长在平时考试前，也要给孩子进行心理建设，明确告诉孩子，考试就是检验平时学习效果的一种手段，它是促进学习快速进步的方式，只要平时认真对待了，考试取得好结果就会变得水到渠成。因此，过程才是第一位的，而结果只是对过程的一种量化，是附属的。家长要鼓励孩子将考试看作一场竞赛游戏，一次与老师的比拼。通过鼓励孩子战胜自己、战胜考卷和老师，帮助孩子树立积极的心态，使他们能够更好地应对考试挑战。

　　以上分析了平时小测不错而大考失利的原因，我从心理因素和非心理因素两个方面进行了论述，并分别给出了不同的解决方案。希望这篇文章能够解答这位留言家长的疑问，并为其他拥有此类问题的学生家长提供明确的思路和解决问题的方案。为了孩子能有更好的表现，我们一起加油！

在家考得好，在校考不好，为什么？

老师好，我家孩子目前读六年级，在家做的数学卷子考得很理想，最差也有 95 分，在学校最差的一次就只考了 55 分，卷子的题型基本一样，语文和英语就没有这种情况，怎么办呢？

——家长留言

许多家长纷纷向我反映，他们的孩子在学校学习认真努力，然而在家庭环境中的学业表现却明显不如学校。这种现象很容易理解，因为学校的学习氛围很浓，大家都在认真学习，对孩子也产生了积极的影响。除此之外，学校也有严明的纪律，规约着孩子的行为，因此孩子学习更加认真。然而，鲜有家长提及孩子在家中表现优异，在学校考试中却未能取得理想成绩。这一现象并非不存在，也曾有几位家长给我留言说：孩子在家里完成作业或接受检测时表现出色，可一到学校考试，却如同坐过山车一般，表现极其不佳。正如这位家长留言说的那样，孩子在家考试能够考到 95 分以上，但是在学校最差只能考到 55 分，如此巨大的差距让人摸不着头脑。

这引发了一个问题：为何孩子在家和在学校的表现存在这么大的差异？这个问题背后隐藏着怎样的原因，值得我们剖析。接下来，我将从五个方面进行论述，为大家提供一些思路。

孩子在家考得好在校考不好的原因

环境不同，心态迥异

在家中进行考试时，考试环境通常是十分舒适的。孩子的学习空间往往是独立的，父母常为其准备独立的书房，使得孩子可以关上门，独自专心应考。父母的行为举止都小心翼翼，生怕产生任何噪声干扰孩子，从而使孩子能够高度专注。此外，家中提供了舒适的椅子和柔软的靠枕，让孩子在考试时感到轻松自在，不易受紧张情绪的困扰。

然而，学校的考试环境则截然不同。在考场里，同学们专注做题，沙沙的写字声和试卷翻动的声响交织在一起，会给孩子带来相当大的心理压力。这种考试场景中的紧张氛围，往往导致孩子在考试过程中变得紧张不安，甚至影响了本来能够做对的题目的正确率。因此，家庭和学校的环境差异，也许是孩子表现出不同学业水平的原因之一。

期待过高，心态失衡

在学校考试中，老师常常会进行排名、批评和表扬，这使得孩子渴望取得优异成绩，获得老师的夸奖和同学的羡慕。我们知道，重视一件事情有助于更好地完成它，但如果过于在意，可能会出现反效果。以奥运会为例，竞技场上的选手都是各国的一流高手，在这样的激烈竞争中，谁能够获得奖牌，不仅取决于技术水平，还取决于运动员的心态。以著名跳水选手全红婵为例，她的"水花消失术"堪称一绝，但却有一个弱项——207C 这个动作。这个动作若发挥良好，冠军是板上钉钉的，而一旦发挥不佳，金牌就可能失之交臂。因此，每次跳这个动作时，全红婵及其教练都会极度紧张。在东京奥运会跳水 10 米台预赛中，她就遭遇了重大失误，但幸运的是，在决赛中成功克服了这一困难。可见，追求金牌的心态让全红婵的情绪产生了波动。

在宽松的家庭环境中，孩子将测试当作是平时作业一样，心态比较平和，不会出现过度紧张的情况。这种心态往往有助于孩子更好地发挥，取得更佳的表现。在家里，考试不会排名，孩子也不会受到老师的表扬和同学的羡慕，这反而让孩子能够心无杂念地专注于测试，可以更充分地发挥自己的潜力，因而在家庭考试中表现得更为出色。

知识不熟，时间有限

在家庭测试中，父母通常不会设定明确的时间限制，因此孩子可以根据自己的节奏自由完成试卷。与此不同，在学校考试中，每位同学都必须在规定的时间内完成指定题目，这要求孩子不仅要熟练掌握知识点，还要能够迅速解答问题。

首先，孩子对知识的掌握可能并不够扎实，当看到题目时不能够迅速做出反应，需要花费大量时间来思考。这可能是因为孩子在学习过程中没有形成系统的知识结构。

其次，孩子的练习不够充分，导致对题目的处理不够熟练。在家庭测试中，因为没有时间压力，可以随意思考，故而孩子会以较为缓慢的速度答题。但在学校考试中，由于时间限制，孩子需要高效完成试卷。如果他们没有进行足够的练习，就无法熟练掌握解题技巧，使得在考试中无法快速而准确地完成任务。

出于这些原因，孩子可能在学校考试中不能迅速完成试卷。这就可能导致孩子心态更为紧张，进而影响他们发挥真实水平。

不懂策略，顾此失彼

在孩子做试卷时，良好的习惯是至关重要的。很多孩子在拿到试卷后，往往迫不及待地开始做题，这种做法并不明智。其实，拿到试卷后，孩子首先应该从头至尾快速浏览一遍。这一步骤的目的有两个：首先，检查试卷是否完整，有无缺页漏题等情况；其次，了解试卷的整体情况，包括题目数量、题型等。随后，可以对每道题目估算所需的时间，这有助于在考试过程中合理分配时间，避免因某一题占用过多时间而导致其他题目无法完成。

当孩子遇到不懂的题目时，若思考几分钟仍无思路，建议跳过该题，先解决其他相对容易的问题。很多孩子在考试中存在不愿意放弃的倾向，尽管这种钻研精神值得肯定，但在考试中，如果一直困扰于一道难题，会导致整张试卷无法完成。因此，明智的做法是先解决易于解答的题目，将试卷基本完成后，再回过头来解决较难的题目。

试想一下，如果孩子在考试进行到一半时，发现自己仅完成了试卷的三分之一，孩子会有何表现？可能会因时间压力而感到紧张和焦虑，不能够很好地集中注意力，从而影响到后续的发挥。

借助工具，虚假得分

学校考试往往有明确的规定，包括禁止翻书翻笔记本，禁止使用计算器等工具，不允许交头接耳，旨在全面考查学生的真实水平。

在家里做试卷，当遇到不会做的题目时，孩子可以翻阅书本、查看笔记。而且，由于很多父母不会陪伴或监督孩子做试卷，孩子对于工具的使用可能并不受到限制。孩子会借助各种工具，将原本难以完成的题目顺利地解答出来。这会让父母误以为孩子对学习的知识掌握得比较牢固。

避免在家考得好在校考不好的措施

基于以上五点原因，我认为家长可以从以下三个方面着手，帮助孩子避免这样的问题。

每天验收知识点，确保孩子扎实过关

孩子每天学习的知识点，在做作业之前需要进行认真复习。为了检验孩子是否真正掌握了当天的知识点，家长可以采用费曼学习法，要求孩子流畅地讲解当天学到的知识点，并理解知识点之间的内在联系。此外，父母还应让孩子完成足量的练习，尤其是数学科目。虽然不主张过度依赖题海战术，但足量的练习有助于检测知识点的掌握程度，同时提升孩子的做题技巧和效率。

要求孩子在规定的时间内完成作业

很多孩子在家里做作业时，可能由于舒适的环境和其他诱惑，注意力分散，作业效率较低。通过设定完成作业的时间，可以增加孩子的紧迫感，促

使其高度集中注意力，快速完成作业。这也有助于将考试的紧张感平时化，使孩子在考试环境中感到更加熟悉。

引导孩子有针对性地培养考试习惯

很多孩子在遇到问题的时候，会翻书翻笔记，或者是向父母及手机寻求帮助。父母一定要告诉孩子，复习好功课之后再做题，做题过程中不能翻书翻笔记，不能随意离开座位寻求帮助，如果遇到几分钟甚至十几分钟都不能想出思路的题，可以先放在一边，等完成了所有作业之后，再回过头来思考它。这可以帮助孩子养成更好的学习和考试习惯，提高应对考试的能力。

总而言之，孩子在家考试表现良好而在校考试却不太理想，可能受到客观环境和孩子本身因素的共同影响。家长需要深入分析原因，制定有针对性的帮助措施，以确保孩子在学校考试中能够稳定地发挥出自己应有的水平。

数学思维，如何从小培养？

　　海北老师，您好，我是一位三年级学生的妈妈。孩子上了三年级，语文成绩不错，可数学成绩从 90 多分下降到 80 多分，问题主要出在应用题上。我发现孩子字都认识，但题目就是做不出来，我觉得这是因为他的思维能力比较差。我不知道怎么办，请老师帮帮我。

——家长留言

　　在我所居住的小区中，有一位母亲对孩子的学习极为重视，让小女儿超前学习知识。小女儿在幼儿园时，已开始学习小学一年级数学，涉及数数以及加减法的学习。小女孩每天坚持进行数数，并完成 30 道数学计算题。尽管尚未进入一年级，但她数数已经能数到 500，而计算也做到了 100 以内的加减法。在大家看来，这显然是一个出类拔萃的孩子，她的母亲更是经常赞扬孩子的聪明才智，似乎对她寄予了极大的期望。

　　她知道我是一名老师，经常找我交流孩子的教育问题，从语文规划说到英语规划，从奥数规划说到以后的升学规划，她咨询了不少。但是，有一天，她一脸严肃地向我求助，说遇到了一个问题，实在想不通。她告诉我：她问小女儿，自己有 20 块钱，借给了奶奶 8 块，还剩多少钱，孩子支支吾吾了半天，没能答出来。她感到困惑，因为孩子 100 以内的加减法做得很熟练，这个问题仅仅涉及 20 以内的加减法，怎么会卡壳呢？我问她："有没有一种可能，你家宝贝并没有理解这些数字背后的意义，她只是在背题？"听了我的话，她沉默了。

实际上，很多家长一提到数学学习，就想到让孩子学会数数，并掌握加减法，因此，他们花了大量的时间在这些数字上，比如很多父母每天让孩子做大量的计算题。但是，这种方法往往是错误的。学数学，不仅仅是会数几个数，会做几道计算题，更重要的是激发孩子对数学的兴趣，培养孩子的数学思维，并让孩子学会运用数学思维解决实际问题。

很多家长也都表示，在孩子一、二年级的时候，基本不用花太多心思，孩子就能够学得很好，但是上了三年级之后，就明显感到吃力，家长辅导起来也明显更为费力，主要问题就出在应用题上。其实，如果将应用题的等式列出来，我相信大多数孩子都能够解答出来，因为计算一直是孩子学习的重点，是他们的强项。但是为何孩子不能解答出应用题呢？主要原因可能在于孩子没有建立起数学思维，不能将文字转化为数学语言，不能找到文字背后的数量关系，导致脑子一片空白。

要解决这一问题，有必要从小培养孩子的数学思维。在培养数学思维的过程中，首先需要了解什么是数学思维。数学思维并非一种知识，而是一种能力，具有一定的抽象属性。数学思维借助语言、表象、动作来认识生活中客观事物之间的关系，包括数量关系、空间关系、数和形的关系等，它是一个高级的认知过程，涉及分析、综合、比较、抽象和概括。数学思维包含逻辑思维、形象思维、抽象思维、空间思维等多个方面。数学思维是一个复杂的主题，在此我不做深入探讨，因为很多家长可能对这些理论知识不感兴趣。我将以简明的语言阐述一些实用的方法，以帮助家长在日常生活中培养孩子的数学思维。

瑞士儿童心理学家皮亚杰曾指出，学龄前的孩子正处于心智发展的"前运算"阶段。在这一时期，孩子逐渐掌握了对事物进行符号思维的能力，简而言之，当孩子看到某个词或物品时，他能够联想到相应的符号表征。例如，孩子看到一个苹果可能会联想到 1 这个表征符号，看到一双筷子可能会联想到数字 2 这个符号。

然而，在"前运算"阶段，直接让孩子学习数字和计算是不明智的。因为数字仅仅是一种符号表征，孩子若不理解这些符号背后的含义，只能通过死记硬背来记住它们。学数学并非仅仅是死记硬背数字和运算符号，更重要的是理解它们所代表的含义，以及在实际生活中加以应用。我小区的邻居妈妈提到的问题，正是让孩子在学习数学的过程中脱离了实际，未能将数学符号与现实生活联系起来，使孩子只是记住了数字和运算符号，却难以应用数学知识解决实际问题。

为了解决这一问题，首要任务是协助孩子建立数感。数感涉及对数和量、数量关系、运算结果估计等方面的感悟，是数学思维能力的基础之一。建立数感，有助于孩子理解数在现实生活中的意义，理解或表达具体情境中的数量关系。数感并不能简单地从学习数数或数字符号中得到。父母要让孩子在实际生活或游戏中逐渐获得数感。

1. 教孩子进行口头数数。

在家中，父母可以与孩子一同进行数数的活动，采用一定的节奏或打拍子的方式，使得数数变得更加有趣。我的朋友教导孩子数数的方法值得借鉴，她在家中的饭厅张贴了一张包含 1～100 数字的画报，每次用餐结束后，她都会陪伴孩子一起朗读这些数。每次完成后，她都会给予孩子表扬，并赠予孩子一个大大的吻，这使得孩子迅速地喜爱上了数数。她每天不会让孩子读很多的数，等孩子能够熟练地朗读已学过的数后，她才会引导孩子继续学习更多的数。

当孩子掌握正向数数后，她会引导孩子尝试反向数数，甚至随机选取一个数，让孩子从该数往后或者往前进行数数。例如，孩子能够从 1 数到 100 后，她可能让孩子从 100 反向数到 1，或者随机选择一个数如 20，要求孩子往前数到 10 或往后数到 30。接下来，她可能随机抽取一个数，询问孩子该数前后的数，以促使孩子理解数与数之间的关系。因此，她的孩子对数的记忆深刻而全面，不仅避免了死记硬背，也保持了对数的持久掌握。这个方法家长朋友们在家中可以用起来。

2. 家长务必善用日常物品，让孩子深入了解数量关系。

在生活中，父母应有意将数学融入日常，使数感的培养贯穿于生活的方方面面。例如，在用餐时，父母可以引导孩子点数家中的成员，确定需要几把椅子，摆放几套餐具；在享用水果时，妈妈可以让孩子自己拿取 3 个橘子，为爸爸拿 2 个橘子等；在穿衣时，让孩子数数衣服上的扣子数量；上楼时，可以询问孩子台阶的级数等。

这一系列活动的目的在于让孩子理解这些数字的实际含义，避免数字成为空洞的符号，不能在实际生活中加以应用。这些日常数数的经验将有助于培养儿童对数字的敏感性。

由于孩子年幼，他可能会将某个数字牢牢地与某个具体物体建立固定的关联，例如孩子理解了"4 个苹果"，但如果父母提到"4 个橘子"，孩子就会感到困惑。因此，父母应当协助孩子将生活中或个人认知中的数字与数量建立联系。例如，提到数字 3 时，与之关联的物品可以是 3 个人、3 个碗、3 颗糖果、3 本书等。这种做法有助于拓展孩子的思维，使其理解数字与生活实物的多样联系，从而进一步培养数感。

一旦孩子建立了数字和数量之间的关系，接下来可以引导孩子比较两个数的大小。由于孩子在数字比较方面可能存在理解上的困难，因此要借助量来感知数的大小。家长可利用生活中的物品让孩子进行比较，以此达到教育的目的。在陪孩子玩积木的时候，父母可以抽取一些积木并将其分为两堆。父母可以在左侧放上 5 块积木，右侧放上 3 块积木，要求孩子分别说出两侧的积木数量，然后询问孩子哪一侧的积木更多。当孩子能够辨认出哪一侧的积木较多后，再引导孩子进行数量结合，量多就表示数大，积木较多的一侧对应的数就较大，从而使孩子直观地理解 5 比 3 大。

在日常生活中，父母可以频繁采用这种方法，帮助孩子进行大小多少的比较。例如，当孩子向妈妈索要车厘子时，妈妈将车厘子分别放在左手和右手中，然后询问孩子："你想要多的一边，还是少的一边呢？"孩子可能回答要多的一边。接着，妈妈继续问："多的一边有几颗呢？少的一边有几颗呢？"以此引导孩子认知数值的大小。

在帮助孩子掌握数量大小关系的基础上，我们有必要进一步向他们介绍"增加"和"减少"的概念，以便他们更深入地理解数学运算，并培养数感。家长可以通过生动有趣的方式进行教学，比如将孩子喜欢的彩虹豆放在盘子里，要求孩子仔细数一数盘子里有多少颗彩虹豆。一旦孩子完成计数并报告总数，家长可以往盘子里再放一颗，随后询问孩子："妈妈（爸爸）刚才加了一颗彩虹豆，现在盘子里有几颗彩虹豆呢？是变多了，还是变少了？"通过这样的互动，孩子将直观地感受到数量的增加。在吃饼干的时候，妈妈可以将一些饼干放在盘子里，让孩子数一数，然后再拿走一块饼干，问孩子现在盘子里的饼干是多了还是少了。这样的实际场景将帮助孩子更好地理解数量减少这一概念。通过这些教学活动，孩子不仅能够了解加法和减法的运算含义，还能够在实际生活中灵活运用这些数学概念，这有助于培养孩子对数学运算的深刻理解和实际运用能力。

3. 培养孩子的观察能力。

除了培养数感，家长还需着重培养孩子的观察能力，这是发展高级数学思维的基石。在孩子年幼时，他们对周围世界的认知尚未完全建立，因此充满好奇心，对微小事物也会表现出浓厚兴趣。比如，当孩子在户外发现蚂蚁搬家时，他可能会蹲在地上专注地观察很久；在池塘边看到蝌蚪后，孩子也会驻足不前，聚精会神地观察这些小生物。对这些微小事物的观察，是孩子认识周围环境的重要途径，也是培养观察能力的关键一步。

在孩子观察事物的过程中，父母应避免打断孩子，以免破坏其认知过程。若观察过程受到干扰，孩子的积极性可能会受损，这不利于培养孩子的观察能力。相反，父母应该在孩子观察外部世界时给予陪伴，鼓励并引导他们，以保持他们观察世界的热情。有些父母可能不清楚应该让孩子观察什么，费尽心思地在家中准备大量材料，实际上，孩子只需亲近大自然即可，因为大自然中有丰富的材料，能引发孩子的好奇心，如各种有趣的昆虫（蛐蛐、甲壳虫、蝴蝶、蜜蜂等）、形态各异的石头，还有色彩斑斓的花草。

此外，生活中的游戏也是培养孩子观察能力的好方法。许多父母喜欢让孩子玩"找不同"的游戏，让孩子从两幅图中找出它们的不同之处。例如，两幅图中有 10 处不同，引导孩子仔细观察并逐一找出。孩子或许容易发现大的不同，但找出一些微小的不同可能会比较困难，这时就需要家长引导孩子观察，如从左往右、从上往下逐一观察，这就是观察能力的培养。

在家中，父母还可以有意识地训练孩子的观察能力。

我在这里为大家提供一个操作示范,供大家参考。父母可以准备8个苹果、8个橘子和8个小盘子,要求孩子将苹果和橘子放入盘子,他可以任意拿几个盘子,但是要使每个盘子里的苹果和橘子数量相同,引导孩子注意观察有多少种分法,当孩子完成后,再询问这几种分法的异同。这种包含了思考的训练,对培养数学思维能力有积极影响。

由于小学阶段的孩子以形象思维为主,开始逐渐过渡到抽象思维,因此,**将抽象概念具象化能有效减少孩子对抽象概念的认知难度**,并在这一过程中提升孩子的数学思维能力。父母可以在家中引导孩子自己动手,通过实际操作来提升其思考能力。

我回重庆过年时,堂弟家的6岁小侄女在我家住了几天。为了培养她的思维能力,我取出一张A4纸,让她折成两部分,两部分大小要相同。她想了一小会儿,很快通过对折找到了一种解法。接着我问:"还有其他的方法吗?"她仔细观察后,将纸横过来再次对折,巧妙地解答了我的问题。我进一步引导:"还有没有其他的方法呢?"她思索片刻,沿着对角线将纸再次对折,询问:"这样做对吗?"我鼓励她观察两个三角形是否相等,她认真看了一会儿,高兴地点了点头。她接着说:"我还有一种方法。"随即沿着另一条对角线将纸对折,成功找到了又一种方法。我对她的聪明给予表扬,她也为此而高兴不已。

我继续追问她,是否能够用其他不同方式进行对折,使得两个部分依然相等?她思索良久后摇了摇头。我给了她一些提示:"在这几次对折中,你有没有发现它们之间的相同之处?"她拿着纸认真研究起来。

对于一个6岁孩子而言,这个问题可能有一定难度,因为这要求她具备一定的分析综合能力,并通过观察与分析得出结论。

我再次提醒她:"看看折叠的痕迹,有没有什么是它们的共同之处呢?"她观察了一会儿,指着几条线的交点,不太确定地问我:"它们都经过了这里,对吗?"我点头表示肯定。我告诉她,通过这一点进行对折,得到的两部分都是相等的。她对此表示怀疑,拿着纸随意通过中点进行了对折,疑惑地问:"这两部分真的是一样大的吗?"我坚定地回答:"是的。"

她有点难以置信。我建议她沿着这条对折线将纸撕开,然后再进行比较,结果显示两部分完全重合,小侄女发出了惊叹声:"呀!真的啊!"

在我的引导下，孩子逐步解答了我提出的问题。如果我不作任何引导，那么解答这个问题对于孩子来说可能会过于困难，孩子难以找到规律，最后大概率回答不出我的问题。通过亲自实践，抽象的概念逐渐被具象化，通过观察和分析，孩子最终找到了答案。这一过程不仅培养了孩子的观察能力，还有助于提升孩子的分析综合能力，这些能力对数学思维的培养也是非常重要的。因此，对于以形象思维为主的孩子，我们应当避免采用"满堂灌"的方式教授知识，而要鼓励他们在实际动手中进行探索。在这个过程中，父母可以不断提出问题，引导孩子思考，逐步解决问题。

在五年级的数学学习中，孩子将接触到立体图形和平面图形的转化，这对于许多孩子而言是一个难点。初次认知图形时，孩子们首先接触到的是三维立体图形，如家中的冰箱、洗衣机、衣柜等。将这些三维立体图形转化为二维平面图形相对较为复杂，这需要孩子具备较好的空间思维能力。**空间思维能力的培养可以通过实际的动手操作来实现。**

家长可以为孩子提供一些可拆卸的立体物品，例如鞋盒、牙膏盒、快递纸箱等，让孩子动手拆解它们。在实际动手过程中，孩子能够感知到立体图形向平面图形的转化。接着，让孩子将平面图形重新折叠成立体图形，通过这样的转化，孩子能够在脑中形成一种动作记忆，这种记忆具有较长的保留时间，类似于学会骑自行车后，即使多年不骑自行车，再次接触仍能轻松驾驭。父母可以有意识地通过实际动手操作，将一些抽象的知识具象化，在这一过程中培养孩子的数学思维。

值得注意的是，家长一定要基于孩子的现有水平，提出具有一定挑战性的问题，不断地引导孩子深入思考，在这个过程中，培养孩子的思考能力。例如，在搭建正方形的任务中，孩子可能已经了解到，需要4根相等长度的小棒才能构成一个正方形，这对他们而言并不具有挑战性，也不会有太大的收获。在此基础上，家长可以逐步提高难度，询问孩子搭建两个正方形需要多少根小棒。孩子的初步反应可能是8根，因为一个正方形有4条边，两个正方形就有8条边，这是相对容易的。家长可以提示孩子，其实用7根小棒也可以搭建两个正方形，然后让孩子思考该如何搭建。

这样的问题具有一定挑战性，因为它超越了孩子的正常思维范围。家长不必急于揭晓答案，而是应该让孩子亲自动手搭建，在尝试中找到突破口。在仅有 7 根小棒的情况下，孩子可能会想到共用一条边，构成"日"字形状，这涉及共用边的概念。对于较大的孩子，可以引导他们推导搭建三个、四个、五个正方形所需的最少小棒数量，逐渐加大问题难度。

这样的方法能有效提升孩子的思维能力，这对数学学习至关重要。在提问时，家长要根据孩子的当前水平选择问题，避免提出过难的问题。如果孩子努力尝试后仍无法解决问题，容易导致他们产生自卑感，不利于长期学习。虽然许多家长给孩子灌输"失败是成功之母"的观念，但我认为成功才是成功之母。只有当孩子体验到成功的喜悦时，才会热爱成功的感觉，从而更积极地追求下一次成功。

数学思维并不是每个孩子天生具有的，需要后天有意识地培养。在此过程中，父母能做的，就是陪着孩子一步一步去探索，在实际动手中逐渐锻炼孩子的数学思维能力。而专业的培养，如思维的有序性、广阔性、严谨性、深刻性等方面的培养，则更适合由专业教育者来负责。毕竟很多家长对此并不专业，须谨防好心办了坏事，那将会得不偿失。

培养兴趣特长，到底要不要考级，
兴趣特长生还有没有未来？

> 你好，海北老师，我家孩子今年五年级了，男孩，从幼儿园大班开始学围棋，目前三段。每周有线下课 2 次，平时学校作业比较多，没有什么时间练习。如果以考段为目标，以目前的情况肯定是无法达到的；如果只是兴趣爱好，每周占用的时间又很多。不知道要不要放弃，期待海北老师的看法。
>
> ——家长留言

《战国策·赵策》中提到"父母之爱子，则为之计深远"，意思是说，父母疼爱孩子，就要为他们做长远打算，不能只顾眼前的利益。这是很有见地的一句话，道出的不仅是父母对孩子的爱，还有如何做才是有智慧的父母。

很多父母为了让孩子有一个好的未来，对孩子的教育投入了大量的时间、精力和金钱，给孩子报了不少兴趣班，旨在让孩子全面发展，培养孩子的特长和优势。有很多家长给我私信留言，说他们为一年级的孩子报了 5 个兴趣班，目的是为以后升学做准备。由此可以看出，父母对孩子的教育十分上心，甚至到了焦虑的状态。电影《起跑线》里的教育机构说过一段话，对这种焦虑状态及其原因描述得十分透彻，我分享给大家：

"如果你们不接受培训，皮雅就不能进好的幼儿园；如果她进不了顶尖的学校，她就进不了我们国家的任何一所名牌大学；简历里没个名牌大学，就进不了外资企业；没有一份好的工作，她的所有朋友都会超越她，而她就会孤单一个人；如果她孤单一个人，就会觉得自己是失败者；她会抑郁……如果她开始吸毒怎么办……"

这段话把父母焦虑的心理描绘得十分形象。确实，没有父母不愿意投资孩子，很多教育培训机构正是抓住了父母的这种心理，将兴趣培训、考级和升学三者结合起来，进行大量的宣传和洗脑。很多机构打出这样的宣传口号："学习编程，让孩子参加竞赛，给孩子一条上北大清华的捷径""学习棋类可以活跃孩子大脑，很多中学都有棋类特招生""美术考满十级，好中学你随便挑，高考也有 46 所高校认可"，等等。这样的宣传直击家长的升学痛点，让不少家长对培训趋之若鹜。其实，很多项目的加分已经在小升初、中高考中取消了，但不明真相的父母还在为此埋单，甚至热衷于让孩子考级。

由于给孩子报了兴趣班，不少父母都会面临是否让孩子考级的问题。这主要是因为家长为孩子花了那么多钱参加培训，想要通过考级来验收学习效果，或者是别家孩子都在考级，自己也让孩子跟风考级，也可能是一些机构主动联系父母让孩子考级……不管是什么原因，考级成了很多孩子上兴趣班的最终目的。

然而，考级需要投入大量的时间和精力，这就会导致留言家长描述的问题，即平时作业多，没时间学习兴趣班的课程，如果要考级，又必须腾出足够多的时间学习和练习。如果放弃兴趣班，感觉之前投入的时间和金钱就白费了，如果不放弃，又会影响学校各学科的学习。真的是太难了！到底要不要放弃考级呢？要得到答案，一定要问自己三个问题：上兴趣班的初衷是什么？兴趣学习和考级的关系是什么？孩子是否愿意考级？接下来，我将对这三个问题展开探讨。

上兴趣班的初衷是什么？

父母给孩子报兴趣班的目的是多种多样的。有些家长因为孩子瘦弱，担心他被欺负，所以给他报了跆拳道班；有些家长因为孩子专注力不够，想提升孩子的专注力，于是给他报了围棋班；还有一些家长是看到其他家长都在给孩子报兴趣班，于是跟风报班；当然，也有家长是出于孩子真心喜欢某项活动而给他报班学习。不论何种原因，许多机构为了让孩子续课，都会推动孩子报名考级。

家长利用考级的方式来激励孩子学习，这种方法本身是无可厚非的，对孩子的学习也是有益处的。然而，不断参加考级可能导致兴趣学习变得极具功利性。以学习围棋为例，有的孩子最初是因为对围棋感兴趣，这种纯粹的学习带给孩子的是单纯的快乐。但是，一旦将围棋学习、考级和升学紧密联系，学习的目的就转向了考级和升学。考级需要孩子机械地不断练习，可能还需要记忆大量规则，孩子需要花费很多时间来完成这些枯燥的任务。这种机械的练习和记忆过程并不会给孩子带来快乐，兴趣也在这样的行为中逐渐被消磨殆尽。这也是许多孩子最初对某项活动充满兴趣，但最终变得对其十分厌恶的原因。

因此，对于是否要参加考级，首先要看孩子参加这个兴趣班的初衷是什么，是为了往专业方向发展，还是仅仅培养孩子的一个兴趣爱好。搞清楚了这一点，父母才能够放下功利心态，避免盲目跟风。如果孩子确实想要在这个方面有所发展，那就需要平衡好学校学习和兴趣发展，贪多嚼不烂，应该有所取舍。

兴趣学习和考级的关系是什么？

我在上文提到，考级对于兴趣学习并不是一无是处，它也具有积极作用。

首先，参加考级有助于深化孩子的学习。为了通过考级，孩子需要去深入学习和练习与该领域相关的知识和技能。他们需要投入更多的时间和精力，所谓熟能生巧，这使他们对兴趣领域的专业知识和技能更为熟练和精通。此外，考级系统设计的有序学习路径为孩子提供了明确的发展方向。孩子在这一系统化的学习过程中，逐渐掌握该领域完整的知识体系，不仅是单一技能，还包括综合运用各方面的知识。最重要的是，通过挑战和考核，孩子在解决问题的过程中培养了综合能力。因此，考级既是一个提高专业水平的途径，也是培养孩子多方面学习能力的有效手段。

其次，考级有激发兴趣和引导方向的作用。考级作为一种外在的激励机制，可以帮助孩子在兴趣学习中找到目标。长时间的兴趣学习，可能会让孩子感到无聊，而阶段性的考级，就是一个个的阶段目标，当孩子通过考级的时候，感受到激励，以此不断维持学习兴趣和学习动力。有些孩子在参与考级的过程中获得了成就感，可能还会逐渐培养出对某一领域的浓厚兴趣。此外，考级系统提供了一种有序的学习路径，为孩子提供了一个明确的发展方向。这就让孩子在学习过程中，拥有更加清晰的目标，从而不断超越自己。

尽管考级在促进学习兴趣方面具有积极作用，但家长需要警惕考级可能带来的负面影响。过度追求考级可能导致孩子只关注成绩，而忽视对学科本身的热爱和理解。因此，在引导孩子参与考级活动时，需要保持平衡。家长应该鼓励孩子将考级看作是学习的一部分，而非唯一的动机。家长要强调知识的实际运用和对学科内涵的深刻理解，培养孩子对知识的内在热情。这样的平衡方法有助于防止兴趣学习的过度功利化，确保孩子在学习的过程中既能够获取实际技能，又能够培养对学科的持久兴趣。

孩子是否愿意考级？

孩子是兴趣班的参与者，因此在给孩子选择兴趣班的时候，一定要征得孩子的同意。同理，在是否决定考级的时候，也一定要和孩子达成共识，否则，会引起孩子的负面情绪，导致达不到应有的学习效果。

家长利用考级来验收孩子的学习效果，激励孩子进一步学习，这是无可厚非的。不同的孩子对考级的认知是不一样的，有的孩子会把这种打怪升级视为一种乐趣。如果孩子能够在考级中找到成就感，并将其作为自己深入学习的动力，那考级是有积极作用的。

但是，在考级的过程中，会出现两个问题。首先，考级可能会消磨孩子的兴趣。在考级的初级阶段，孩子可能会尝到胜利的喜悦，因为一级、二级比较容易。然而，随着级数的升高，难度也会相应增加，在越来越难的任务面前，孩子可能或多或少会有畏难的情绪。再加上孩子学业压力比较重，没有足够多的时间练习，学习效果可能会大打折扣，这就会给孩子造成一定的心理冲击或心理负担，导致孩子失去对某个学习项目的兴趣。

其次，有些孩子是为了考级而考级，比如钢琴考级，他们就只练习考级曲目，虽然在考级中过了关，但是这样的证书并不能体现出孩子的真实水平。有的孩子学了很多年的钢琴，却只会弹奏不多的几首曲子，其他的曲子都不会弹，或者老是弹错音和节奏，这样的过级有什么意义呢？将过级当作一种任务，孩子既没有练就扎实的基本功，又不能很好地维持兴趣，这就是为什么很多孩子在考完级后就不愿碰钢琴的原因。

回到留言家长的问题，要不要让孩子参加围棋考级？在决定是否让孩子参加围棋考级时，我们必须深入思考这一决策的动机和影响。在做出决定之前，家长需审视自己给孩子报班的初衷、学习和考级的关系，以及孩子是否真心愿意参与考级。一定要和孩子充分沟通，给孩子分析考级需要投入的时间、精力，让孩子有一个心理预期，并让孩子明白考级的目的和意义，引导孩子综合考量，从而选择出一条明智的路径。

07

性格养成：

平衡双商，让孩子适应未来社会

孩子情商低，以后会吃亏吗？

老师，我家孩子上二年级，是个学霸，可是她比较内向，话少，我担心她情商低。她心里什么都明白，就是不爱表达，老师说她静，安心学习，还说她专注力好。学霸的情商都这么低吗？以后会不会吃亏？

——家长留言

做自媒体以来，我收到了成千上万条家长的私信，从私信中，我读到了满满的焦虑。成绩不好的孩子，父母焦虑他们的成绩如何提升；成绩好的孩子，父母焦虑他们的成绩会不会下滑，焦虑他们能不能和他人很好地相处。比如这位家长描述的孩子，成绩很优秀，但是内向不爱表达，家长担心孩子情商低，以后会吃亏。

其实，孩子的情商与学业表现并不总是直接相关。在这位家长描述的情况中，孩子在学业上表现出色，静心学习，具有良好的专注力，这是很好的学业特质。然而，她在社交方面可能表现得比较内向，话语较少，但这并不代表她的情商低。

在判断这个孩子是否情商低之前，我们先来看一下什么是情商。情商，就是情绪智力，是情绪管控的能力。研究者认为，情商是由五种基本特征组成的，包括自我意识、控制情绪、自我激励、认知他人情绪和处理人际关系。情商的具体内容涵盖了勤奋、自信、同情心、责任心、独立性、自律能力、抗挫能力、情绪控制能力以及人际交往能力等方面。

可见，决定情商高低的因素不是单一的。很多父母简单地把情商等同于性格的外向程度，觉得外向的孩子情商就高，内向的孩子情商就低，这是不科学的，会给孩子打上错误的标签。只要孩子能够与同学、老师建立积极的关系，愿意分享和合作，那么，她的社交表现就是正常的。因此，这位留言家长不应该简单认定自己的孩子为低情商。

如何判断孩子的情商高低？

那么，我们如何判断孩子情商的高低？看看孩子有没有这六个方面的表现。

动不动就发脾气

低情商的孩子常常在面对问题或不如意的情况下，没有耐心和应对能力，容易陷入情绪激动的状态，表现为脾气暴躁。比如，小明在家里玩一款难度较高的游戏，碰到一个难关，他很快就感到沮丧了。因为无法解决问题，他暴躁地摔掉手中的游戏手柄，大声抱怨游戏设计得太难，甚至责怪父母为什么给他买了这样一款游戏。在学校里，当老师在课堂上提问他无法回答的问题时，小明也常常感到受挫，他无法应对这种挫折，便表现为情绪激动，甚至在同学面前发火。小明在解决问题和面对压力时，明显缺乏冷静思考的能力，他习惯用发脾气的方式来应对困难，这显然是低情商的表现。

不守规则，不听劝告

这类孩子可能缺乏对规则的尊重和遵守，对于他人的建议或劝告反应迟钝，不容易接受外部的引导。比如，老师在课堂上，明确规定学生需要按时交作业，但小张总是忽略这个规定，经常拖延交作业的时间，甚至有时根本不完成作业。对于老师的规则，他显得漠不关心，似乎对遵循规则缺乏基本的尊重。此外，小张对同学们的劝告也表现得反应迟钝。小张喜欢在课上玩玩具，同学们友好地提醒他注意上课不要分心，但小张并没有引起足够的注意，继续我行我素。尽管同学们反复劝告，他仍然对此置之不理，缺乏对他人建议的积极响应。这种行为可能缘于小张情商较低，对规则和他人的建议缺乏足够的敏感性。他可能难以理解规则的重要性，也可能因为情绪控制能力不足而难以接受他人的建议。

只关注自己的感受

这种孩子倾向于过度关注自己的情感和需求，缺乏对他人感受的关注，难以建立有效的情感连接。举个例子，小李在与同学互动时，更多地表达自己的情感和需求，而忽视了他人的感受。在一个小组合作的项目中，小李在提出自己的意见时，很少考虑其他同学的看法，只关注自己的观点和感受。在团队活动中，如果有同学提出了建议或意见，小李常常会对此表现出不耐烦或漠不关心的态度，因为她更关注自己的感受，很难体会和理解他人的立场。这使得她在团队中难以建立良好的合作关系，因为其他同学感觉很难与她建立有效的情感连接。

老是抱怨和指责

低情商的孩子常常通过抱怨和指责来表达自己的不满，缺乏积极解决问题的能力，容易陷入消极的情绪循环。在一次小组作业中，小明在团队合作中遇到了一点问题，他没有试图寻找解决办法，而是选择了抱怨其他同学不合作，指责他们没有尽力。此外，在学习上遇到困难时，他会选择责怪教师讲解不清楚或同学不愿意帮助。这种抱怨和指责的行为使得小明很难积极主动地解决问题，而是陷入了一种消极的情绪循环。

经受不了批评和挫折

这种孩子对于批评和挫折反应过度，缺乏适应能力，容易因为困难而沮丧，影响学习和成长。小梅是一个成绩较好的学生，但是一旦遇到老师或同学的批评，她就会感到非常受伤，甚至哭泣。在一次考试中，小梅由于疏忽大意导致失分，老师批评了她的粗心。面对这一批评，小梅没有冷静思考自己的错误，而是陷入了情绪低谷，对自己过度负面评价。她缺乏应对挫折的能力，导致这次批评对她的影响较大，影响了她接下来的学习状态。

缺少共情力

低情商的孩子可能在人际关系中表现出攻击性，倾向于挑战他人底线，制造矛盾，他们这么做可能是为了减轻自己的不安或寻求注意。以小杰为例，他在班级里经常寻找同学们的弱点，然后故意挑起话题，揭露他们的隐私或不足之处。一天，小红因为考试没考好，心情已经很低落了，而小杰却在班上公开评论她的成绩不理想，让小红感到更加难过和尴尬。这种戳痛别人的行为，表明小杰缺乏共情能力，这使得小杰在班级中形成了一种负面的形象，同学们与他保持距离，而他也因此陷入了孤立。

有这六种表现的孩子，情商不会高。低情商的孩子可能面临与同龄人的交往困难，简单说来就是不会为人处世，这会让低情商的孩子失去很多机会，以后在工作上或者事业上也不会如鱼得水。

如何提升孩子的情商？

哈佛大学心理学博士戈尔曼曾说："一个人成功与否，智商只占了20%，而情商的比例却高达80%。"可见，对于正常智商的我们来说，情商显得十分重要。那么，有没有方法提升孩子的情商呢？从这八个方面着手，让孩子成为高情商的人。

提供榜样示范

家长是孩子最重要的榜样，可以通过良好的情商表现来影响孩子。

家长在日常生活中，应该展示对情感的积极管理和表达。这包括面对困难时保持冷静、处理压力时不过度焦虑，以及学会通过健康途径来宣泄负面情绪。通过观察家长，孩子能够学到面对生活挑战时的积极态度和情感调控能力。

再者，家长在与孩子和其他人的交往中，应展示良好的沟通技巧。这包括倾听他人的观点，表达自己的意见时使用明确而尊重的语言，以及善于解决沟通障碍。通过这些示范，孩子能够学到与他人更有效地交流的方法，有助于他们形成良好的人际关系。

此外，家长应该向孩子展示对他人的关心和尊重。这可以通过在家庭中对家庭成员的关切、理解和支持来体现。家长还可以通过参与慈善活动、志愿服务等方式，向孩子展示对社会的责任感和对他人的关心。通过这些行为，孩子将体会到团队协作、关心社会的重要性，养成尊重他人差异的态度。

家长还可以通过有针对性的情商教育活动，例如阅读情商教育的图书、观看相关教育视频等，来向孩子传递情商方面的知识。通过这些方式，家长能够与孩子共同学习情商的重要性，讨论如何更好地理解自己和他人的情感，以及有效应对生活中的各种情境。

通过以上方式，家长能够成为孩子情商发展的引导者和榜样，为孩子奠定健康情商的基础，使其在成长过程中更好地应对情感和人际关系挑战。

倾听和理解

鼓励孩子表达情感，倾听他们的想法和感受。通过理解和接纳孩子的情感，帮助他们学会更好地表达自己，提高沟通能力。

首先，**家长应该主动鼓励孩子表达情感，无论是喜悦、悲伤、愤怒，还是其他情感。**通过鼓励孩子表达情感，家长为孩子提供了一个安全的环境，让他们感到自己的情感是被接受和尊重的。这有助于孩子建立积极的情感认知，避免将情感压抑在心底。

家长还应该积极倾听孩子的想法和感受，关注他们内心的声音。在与孩子交流时，要给予他们足够的时间和空间，让他们能够充分表达自己的想法。这种倾听方式有助于培养孩子的自信心，让他们感受到自己的声音是被认真关注的。

家长在倾听的过程中，应该努力理解和接纳孩子的情感。无论孩子的情感是积极的还是消极的，家长都应当表达对孩子的理解和支持。这种积极的回应有助于建立亲子之间的信任和情感纽带，让孩子感受到自己在家庭中是被重视的。

通过倾听和理解，孩子逐渐学会表达自己的感受，并在情感上更加敏感。这有助于提高孩子的沟通能力，使其能够更有效地与他人交流。良好的沟通技巧是情商的一部分，有助于孩子在人际交往中更加自信。

通过这样的倾听和理解过程，家长能够为孩子提供一个情感支持的环境，培养他们的情商，帮助他们更好地应对生活中的情感挑战。

进行情绪认知训练

教导孩子认识和理解自己的情绪，意味着帮助他们认识到不同情感的起因，了解自己在不同情绪状态下的表现，并明白情绪对行为和健康的影响。

阅读故事是一种有效的方式，因为故事中的角色和情节可以帮助孩子更好地理解不同情绪的产生和表达方式。例如，通过讲述某个角色在特定情境下感到快乐、愤怒或悲伤，孩子可以从中学到情感的多样性，以及每种情感对人的影响。

另一种方法是通过角色扮演进行情绪认知训练。在这个过程中，家长或教育者可以与孩子一起扮演不同的角色，模拟各种情境，让孩子亲身体验并表达相应的情感。通过这种互动方式，孩子可以更深入地理解情绪的多样性，并学会在适当的时候进行情感表达。

这样的训练不仅有助于孩子更好地理解和应对自己的情感，还为他们建立健康的人际关系和适应社会环境奠定了基础。

培养解决问题的能力

培养孩子解决问题的能力，是为了让他们在面对挑战和困难时，能够保持冷静思考。这意味着教育他们面对问题时不要被情绪所左右，而要学会理性思考，分析问题的根本原因，以找到最有效的解决方案。

培养孩子解决问题能力的最好方式，不是对孩子反复地说教，而是让孩子亲身参与解决实际问题， 可以是在日常生活中遇到的小问题，也可以是一些复杂的学科或社会问题。通过直接参与问题解决，孩子将更容易理解解决问题的流程和方法。

例如，孩子遇到学习上的困难，家长可以提出问题：如何提高学习效率？然后引导他们思考可能的解决方法，如更科学地管理时间、寻求帮助等。这样的训练有助于培养孩子在面对困难时不轻易崩溃，而是学会冷静思考并采取积极的行动。

要培养孩子解决问题的能力，重要的是培养孩子对挑战和困难的积极态度。教育他们将问题视为学习和成长的机会，而不是不可逾越的障碍。这种积极态度能够激发孩子面对问题时的动力和信心。

父母可以引导孩子进行案例分析，让他们学会从他人的经历中吸取教训。此外，团队合作也是锻炼解决问题技能的有效途径。与同伴一起合作解决问题，孩子可以体会到集思广益、协同努力的价值。

传授人际关系技能

家长往往希望孩子能维持良好的人际关系，掌握一定的团队合作技能，从而更好地融入社交环境。为实现这一目标，有几个关键点需要详细讨论：

首先，家长可以通过示范和引导，向孩子展示良好的人际交往方式，比如尊重他人、分享、关心他人的感受等。家长的积极示范可以培养孩子的同理心，让他们在实践中学到与他人和谐相处的技巧。

其次，组织小组活动是培养团队合作能力的有效手段。这些活动可以是学校内外的团队项目、小组任务等，要求孩子与他人协同工作，共同达到某个目标。通过这样的活动，孩子能够学会与不同性格和能力的人合作，增强团队意识，培养团队协作的技能。

此外，针对孩子的合作能力进行培训也是至关重要的。这可以通过专门的培训课程或课外活动来实现。培训内容可以包括沟通技巧、解决冲突的方法、团队协作策略等。这样的培训有助于提高孩子的人际交往能力，使他们更好地适应社交环境。

最后，建议在实践中注重鼓励。通过及时的正面反馈，孩子将更有动力展现积极的人际行为。鼓励可以是口头表扬、奖励小礼物，或提供一些特殊的活动机会，以激发孩子对积极的人际关系的兴趣和热情。

引入情绪管理策略

锻炼情绪管理能力，是孩子健康发展中至关重要的一环。

首先，教导孩子采用深呼吸、冥想和运动等手段。这有助于他们在面对负面情绪时，更好地掌握自己的情绪状态。深呼吸可以帮助孩子缓解紧张和焦虑，通过有意识地调整呼吸来平复情绪波动。冥想则为孩子提供了一种平静心灵的方法，使其能够更好地处理情感困扰。运动作为一种释放能量的方式，不仅有助于调整身体状态，还能通过运动中释放的内啡肽等化学物质改善心情。

　　其次，关注积极情绪和消极情绪。 帮助孩子认识和理解不同情绪的产生原因，引导他们积极面对生活中的挑战。通过与孩子分享情感、倾听他们的烦恼，教导他们如何应对不同的情感体验，培养情感智慧。

　　此外，着眼于孩子的日常生活，教导他们将情绪管理融入实际行动中。 例如，在学业压力较大时，可以引导他们学会制订学习计划，合理分配时间；在社交关系方面，鼓励他们通过积极的沟通、分享与合作，来疏解人际关系中的情绪波动。

　　总之，有效的情绪管理是孩子人生成长中的关键一环，不仅有助于他们更好地应对当下生活中的情感波动，还能为未来的人际关系、学业和职业生涯奠定坚实的基础。

培养自我激励能力

　　培养孩子的自我激励和目标设定能力，是帮助他们建立积极人生态度和取得成功的关键一步。

　　首先，我们可以引导孩子认识到努力学习和追求目标的重要性。向他们传达成功不是凭空而来，而是通过坚持不懈的努力和付出所获得的。通过分享一些成功人士的故事、经历和励志言论，激发孩子内在的潜能，让他们认识到：只有通过自己的努力，才能实现更好的未来。

　　其次，帮助孩子树立明确目标。目标的设定有助于引导孩子努力的方向，使他们在学业和生活中，能够更有计划地前进。可以和孩子一起制定短期和长期目标，这些目标涉及学业、兴趣爱好、个人发展等方面。**确保目标既具有挑战性，又是可实现的，只有这样，孩子在实现目标的过程中，才能够感受到成就感，增强自我激励的动力。**

　　同时，我们可以通过建立奖励机制来激励孩子。当孩子达到设定的小目标时，及时给予肯定和奖励，这有助于强化他们的积极行为和努力。**奖励不一定是物质上的，也可以是口头表扬、额外的活动时间等，目的是让孩子体会到付出努力是值得的。**

　　最后，鼓励孩子培养自我激励的习惯。帮助他们建立自我激励的语言、习惯和态度。当面对困难和挫折时，教导孩子使用积极的自我对话来鼓励自己，让他们明白，即便遇到困难，也能通过自己的努力加以克服。通过这样的方式，孩子会逐渐养成自我激励的意识和能力，避免在遇到困难和挫折时乱发脾气甚至失去理智。

鼓励孩子参与社交活动

鼓励孩子参与各种社交活动，是培养他们社交技能和拓展他们社交圈的有效途径。

积极参与学校组织的活动，可以帮助孩子更好地融入学校环境，结交更多同学和朋友。学校组织的活动通常包括文艺演出、运动赛事、志愿者活动等，这些活动提供了一个与同龄人互动的平台，让孩子学会合作、沟通，培养团队协作精神。

社区活动也是培养社交能力的重要途径。通过参与社区组织的各类活动，孩子可以结识更广泛的人群，与不同年龄层次、背景的人建立联系。这不仅有助于培养孩子的交往能力，还能拓展他们的社交圈，为未来建立良好的人际网络奠定基础。

在社交活动中，家长可以起到引导和支持作用。鼓励孩子主动参与，促使他们主动与他人互动，分享自己的观点和经验。同时，家长也可以提供一些建议和技巧，教导孩子如何与人交往、尊重他人的意见、表达自己的想法。通过这些经验，孩子将更好地适应不同社交场合，提高与他人沟通的自信心和能力。

总之，积极参与各种社交活动，是培养孩子社交技能的有益途径，这有助于促进他们社会适应能力的发展，使他们在未来能够建立起健康、积极的人际关系。

情商，是一项重要的品质。它不仅能让孩子在当下的人际关系中如鱼得水，还能为孩子以后的事业成功打下基础。孩子的情商是低还是高，很多家长并不知道如何判定，因此错误地给孩子打上了低情商的标签。基于本文提到的六方面特征，家长可以做一个大致的衡量。家长还可以采用我罗列出来的八个技巧，培养孩子的情商，帮助孩子打开通往更广阔世界的大门。

低年级孩子容易发脾气，为什么？

> 海北老师，我家孩子今年刚上一年级。从幼儿园大班下学期开始，他出现了在学校发脾气、哭闹的行为。上了一年级，上课经常哭闹，自己跑出教室，严重影响了课堂纪律。但是他在家又不会这样。最近班主任建议我们去看心理医生，我们是双职工家庭，也没办法一直请假。类似这种现象，究竟是孩子的心理问题，还是大脑发育问题？
>
> ——家长留言

在孩子的成长过程中，经常会出现一些让家长感到无所适从的情绪问题。孩子可能因为一些小事情就陷入情绪波动，上一秒还兴高采烈晴空万里，下一秒就情绪大变，仿佛一场狂风骤雨，让人措手不及。表现如大哭大闹、倒地打滚，甚至可能动手打人。这种情况不仅让家长感到困扰，也对孩子的心理健康产生了一定的负面影响。如何有效地处理孩子的情绪问题，成为许多家庭面临的难题。因为不同年龄段的孩子在情绪表达上存在差异，家长常常在应对中感到身心俱疲。本文将探讨如何理解和应对低年级孩子的情绪问题，为家长提供一些实用的建议。

这位留言家长所描述的情况，在低年级孩子中比较常见。这个一年级的孩子表现出了两面性，在学校脾气大，情绪很容易失控，但是在家里却很正常。如果把这种现象定义为心理问题或大脑发育问题，不免有些草率，这种标签一旦给孩子贴上，就很难再撕下来。我们要解决这样的问题，一定要明白造成这种现象的原因到底是什么，只有这样，我们才能对症下药，让孩子药到病除。

低年级孩子容易情绪失控发脾气，我想原因主要有三个，针对这三个原因导致的情绪失控发脾气，采取的措施也不尽相同。

第一个原因：孩子遇到了难题，需要帮助

在孩子成长的早期，他们的语言表达能力尚未充分发展，通常难以准确地表达自己的需求和感受，以至于他们无法用语言清晰地表达自己所陷入的困境。例如，孩子可能想上厕所，但由于无法通过语言有效传达自己的需求，孩子感到无助和委屈，只能通过哭闹等行为来表达内心的情绪。也可能是老师让孩子在课堂上讲一道题，孩子无法找到合适的语言讲解出来，在众目睽睽之下，孩子感到很无助，因此发脾气哭闹。

那么，遇到这种情况要怎么解决呢？

家长和老师要理解孩子的这种行为。家长和老师应该保持冷静，不要急于指责孩子，而要视其为一个可以帮助孩子的契机。这时候，家长和老师可以通过仔细观察孩子的行为和情绪表达，尝试理解他们可能面临的问题。通过倾听和观察，家长和老师可以更好地理解孩子的需求，进而提供适当的帮助。

在帮助孩子解决问题的过程中，家长或老师可以尝试引导孩子，用一些简单的表达方式，如手势、图示或简短的语言，来更有效地表达自己的需求。通过这样的互动，孩子逐渐学会了解决问题的方法，并且在未来能够更好地表达自己的情感和需求。家长和老师在孩子发脾气时的理解和引导，不仅有助于缓解当时的情绪冲突，而且在培养孩子解决问题和表达情感的能力上起到了积极的作用。

第二个原因：孩子无法忍受挫败感

孩子在情绪管理和应对挫折的能力上，通常较大人为弱。一些大人看来微不足道的小事，却可能成为孩子情绪崩溃的导火索。这是因为孩子的认知和情感处理能力尚未充分发展，他们面对困难时，可能会感到无助，尤其是当他们的能力无法解决当前的问题时，挫败感就会产生。同时，由于孩子还

未掌握有效的情绪表达方式，这些负面情绪就可能通过发脾气等方式释放出来。比如，孩子在学习上遇到了较多的难题，孩子不能解决，但是，父母或老师忽视了这一点，反而对孩子加以批评或指责。在持续的负面反馈中，孩子感到了挫败感，从而导致情绪失控，崩溃大哭。

对于低年级孩子，我们一定要具有足够的敏锐度，准确地把握他们的心理，引导他们用正确的方式表达内心的真实诉求。

当孩子有了挫败感，我们要怎样去解决呢？

在这种情况下，家长和老师不应该斥责孩子，而要帮助他们更好地理解内心的情感，并鼓励他们做出积极的应对。家长和老师应该引导孩子正视失败和挫折，寻找解决问题的方案。这种积极的互动有助于培养孩子解决问题的能力，让他们学会通过努力和思考来克服困难，而不是采取消极的情绪表达方式。

另外，**帮助孩子摆脱挫败感的有效途径之一，是发现他们的优点和长处，并给予真诚的赞美。**通过肯定孩子的努力和取得的进步，家长和老师能够激发孩子的自信心，让他们逐渐认识到自己的优势和实力。这样的正面鼓励有助于建立孩子积极面对挫折的信心，使他们更能够从失败中吸取经验教训，不断成长。

第三个原因：孩子通过这样的方式寻求关注

正如前文所述，很多孩子在表达自己的感受上存在困难，因此，经常通过发脾气等方式来吸引家长或老师的关注，以确认自己在他们心中的地位。在二胎家庭中，大宝可能因为感觉不被关注而表现出情绪问题，如黏着家长、捣乱、打弟弟妹妹等，这都是试图引起关注的表现。

另外，在学校中，一些孩子可能在课堂上表现得积极，举手回答问题，希望老师能够注意到自己。然而，如果老师未与孩子进行互动，孩子可能会感到被忽视或不受欢迎，从而导致情绪失控。这位留言家长说的情况，很有可能就是因为老师忽视了孩子，或者是孩子认为老师不关注自己，最终演变为情绪失控。在家中，这位小朋友并没有表现出不妥行为，因为在家里，他拥有父母的全部关注，各类需求可能都会得到父母的满足。而到了学校，老师的关注被分给了几十个孩子，至少不可能全都集中在这一个孩子身上，这样的落差让孩子感到失落，在找不到合适的表达方式的情况下，孩子就采取了发脾气或哭闹的方式来达到自己的目的。

这种情况其实很好解决，就是给予孩子足够的关注。家长和老师应该避免简单地责备孩子，也不能粗暴地将他们定义为问题儿童，而是要帮助他们提升情感表达的能力。家长和老师可以通过耐心的沟通，例如询问"宝贝，你怎么了？是什么事让你不舒服了呢？告诉我好吗？你希望我怎么帮你呢？"逐渐引导孩子表达清楚自己的需求。

此外，为了防止关注的不均衡，家长和老师应该给予每个孩子足够的关注和正向反馈。这有助于孩子感受到自己被重视，从而减少情绪失控的可能性。通过建立平等的关系和有效的沟通，家长和老师可以培养孩子更健康的情感表达方式，促进他们的身心健康发展。

当孩子因为一些小事就发脾气，或者是莫名地情绪失控时，不要简单地责骂或惩罚孩子，要看到现象背后的原因。是因为孩子遇到难题需要帮助，是因为孩子感到了挫败感，还是因为孩子在寻求关注呢？由于无法用语言很好地表达自己的情绪或感受，低年级孩子通常会采取发脾气、哭闹、在地上打滚、跑出教室等方式表达诉求。家长和老师一定要明白孩子的心理，理解孩子发泄情绪的行为，冷静耐心地处理，用积极正向的语言让孩子平静下来，学会正确表达自己情绪的方式。切忌给孩子贴上问题孩子的标签，一旦贴上，要撕下来就困难了。

孩子爱顶嘴，怎么教育？

海北老师，您好！关注您很久了。我家有两个男孩，大的 8 岁，小的 6 岁。大儿子特别犟，爱顶嘴，我该怎么应对？我本人性格急躁，情绪不稳定，这些是我的问题，我也有点强势，希望孩子更努力更优秀。我不知道哪个环节出了问题，很焦虑，求老师给个办法可以吗？

——家长留言

我经常收到家长的私信，说孩子不听话，爱顶嘴，打骂都没用。在和以前的学生家长聊天的过程中，我也常常听到这样的抱怨："老师，还是您厉害，孩子很听您的话。在家里，他天天和我顶嘴，我一说话他就爆炸，我不知道该怎么办了。"有的家长开玩笑说："我家孩子常常把'凭什么、关你屁事、我就不'挂在嘴边，我真想揍他一顿。"

在管教孩子这件事上，孩子顶嘴一定是家长们的一大痛点。就像这位留言妈妈说的，孩子很犟、爱顶嘴，偏偏自己又是一位强势的妈妈，这就像山岗上的两头老虎，争斗起来必有一伤，或者是两败俱伤。

在和家长交谈的过程中，我发现了一个很有趣的现象，家长经常会把解释和反驳当成是顶嘴。换句话说，只要听到的不是自己想要的回答，父母就将其看作顶嘴。比如，天冷了，妈妈叫孩子穿毛衣，但是孩子在和同伴玩耍，完全没有凉意，因此回复道："我为什么要穿呢？我不冷呀！"有的家长就受不了了，认为孩子在顶嘴，其实，这不是顶嘴，而是反驳。孩子说的其实是自己的真实感受，在不冷的情况下，他确实没必要增添毛衣，而家长认为孩子顶嘴，是因为他们的权威被挑战了，孩子没有按照他们的意志办事。

我还观察到我的一些教师同事，经常会说自己的学生爱顶嘴。比如两名学生打架了，一名学生头被打了一个包，老师严厉地批评另一名学生，这名学生委屈地说："是他先打我的呀，我为什么不能还手呢？"老师接着说："你为什么老是顶嘴？错了就错了，为什么不承认错误？"实际上，孩子是在解释原因，并不是在顶嘴。

可见，到底是解释和反驳，还是顶嘴，很多家长和老师并没有区分开来，他们只是觉得自己的权威被挑战了，感到生气或伤心，因此将一切不符合自己预期的回答统统当作了顶嘴。

如果孩子真的爱顶嘴，那么，这种行为背后的原因是什么呢？我们又该怎样解决顶嘴问题呢？在这篇文章中，我将对这两个问题分别展开论述。

孩子爱顶嘴的原因

首先，我们一起来探讨一下孩子爱顶嘴的原因，我为大家总结了以下六个常见原因。

表达独立心理

在儿童的成长过程中，表达独立心理是十分关键的发展阶段。这个阶段通常发生在孩子逐渐发展自我意识和独立性的时期，是他们个性和人格的基石。其中，顶嘴行为可能是孩子试图表达自己独立意愿和决定的一种方式。在孩子的成长过程中，主要会经历三个叛逆期：2～3岁时期，孩子第一次有了自我意识；7～9岁时期，孩子喜欢和大人唱反调，急于证明自己；12～15岁时期，孩子进入了青春期，这是孩子迈向成人的第一步。因此，孩子顶嘴主要是因为孩子自我意识的逐步觉醒，以及对独立性的追求。

语言表达能力未充分发展

在孩子的成长过程中，语言发展是一个重要方面，对孩子的整体发展和社交能力产生深远影响。在语言发展的早期，孩子可能还不具备较强的语言表达能力，无法有效地表达自己的需求或感受。顶嘴往往是他们在这一时期的表达方式。

测试边界

这是孩子成长过程中常见的行为之一。这种行为通常表现为孩子试图了解家长或其他成年人在规定和限制方面的立场，并尝试确定自己在家庭和社会中的影响力。在这个背景下，**顶嘴可能是一种尝试控制和影响周围环境的方式，**比如通过顶嘴，他们试图测试边界，看是否能够在表达不同意见的同时得到自己想要的东西，或者是影响周围环境，使其更符合他们的期望。

模仿他人

孩子在成长过程中，往往会观察身边的家庭成员、同龄人或其他人在社交环境中的行为，并试图模仿这些行为，以便更好地适应社会、学习新技能，以及建立自身的行为模式。在顶嘴这一行为上，模仿也可能是孩子表现出这种行为的原因之一。他们在家庭中观察到成年人或同龄人顶嘴的情况，可能会认为这是一种可以接受或有效的表达方式，从而产生模仿的欲望；他们在学校或社交场合中观察到同龄人在顶嘴，可能会尝试模仿这种行为，以适应社会环境，并建立与同龄人的关系。

表达情绪

孩子通过顶嘴来表达情绪，是一个与情感发展紧密相关的现象。在成长的早期，孩子还不能熟练运用语言和情感表达技巧，因此，当他们面对沮丧、愤怒或无助等强烈情感时，顶嘴成为一种常见的、初级的情绪表达方式。

需要更多关注

孩子通过顶嘴来寻求更多关注，可能缘于他们感到被忽视，渴望更多陪伴，想要在家庭中获得更多的关注和关心。顶嘴是一种即时、明显的行为，能够立即吸引到成人的关注，满足孩子内心对关爱的渴望。孩子可能在顶嘴的过程中发现，这种行为能够引起成人的反应，即使是负面的反应，也比被忽视更值得期待。

可见，顶嘴现象的发生，有可能是孩子阶段发展的特征，有可能是孩子在测试成人的边界，有可能是孩子在模仿身边的行为，还有可能是孩子在寻求父母的关注。从这位留言妈妈的文字中，我大概能够推断出两点原因：其一，妈妈比较暴躁，孩子是在模仿妈妈的行为；其二，妈妈比较强势，在孩子学业上给予了太多关注和太高的预期，让孩子有了沮丧或无助等强烈情感，然而，孩子并不能找到合适的方式表达自己的情绪，因此通过顶嘴来反抗妈妈的权威。

如何应对孩子顶嘴

我想，很多家长在遇到孩子爱顶嘴这种情况的时候，也是和这位留言妈妈一样束手无策。如果孩子爱顶嘴，我们应该怎么引导孩子呢？我给大家四点建议。

建议一：放平心态

在教育孩子的过程中，父母首先要学会放平心态。父母和孩子的矛盾，很多都是因为孩子的学习。正如这位留言妈妈所说，自己是一位强势的妈妈，又对孩子的学业要求过高，因此过度干预了孩子的学业，忽略了孩子个体的需求和兴趣。这种不合理的期望可能会导致孩子产生反叛心理，和妈妈顶嘴。

父母的高要求究竟是为了孩子好，还是出于自己的期望和面子考虑？这是一个关键问题。有的父母害怕孩子考不上大学，找不到好的工作，不能够光宗耀祖，但这是几年、十几年，甚至几十年后的事了，现在担心有什么意义呢？有的父母害怕孩子未来的发展会受到限制，但是否真的有必要让孩子在过度的压力下成长，而忽略了他们个体的情感需求呢？

要教育好孩子，一定要放平心态。但放平心态绝不是放弃、躺平或放手。这就意味着父母不是完全摒弃对孩子学业的关心，而是要换一种态度，通过理性而温和的沟通方式，了解孩子的需求和困扰。这种转变可以营造积极、健康的家庭沟通氛围，从而更好地支持孩子的成长。

建议二：营造积极的家庭氛围

所谓环境造人，我们不难发现，温暖和睦的家庭培育出的孩子也会更加平和。因此，家长在放平心态后，一定要营造一个积极的家庭环境。

首先，父母要以身作则。我们所说的上行下效，说的就是父母的榜样作用。通过展示积极的情感表达方式，父母可以向孩子传递处理情绪的正确方法。在家里，父母可以积极地与家人交流，用乐观态度面对问题，通过自己的行动，告诉孩子应该怎样做。通过榜样效应，父母可以帮助孩子学会积极地表达情感，掌握一定的沟通技巧。

其次，父母要建立畅通的沟通渠道。这是为了在家庭中创造一个开放的氛围，让孩子感到可以自由表达。这意味着创造一个安全的环境，使孩子感到他们可以毫无担忧地分享内心的感受和需求。这种沟通渠道的建立需要父母积极参与，主动倾听孩子的讲述，不打断、不批评。父母应该表现出对孩子观点的尊重，即使与自己的看法不同，也能给予理解。

再次，给孩子提供替代行为。提供替代行为是为了帮助孩子学会更合适的表达方式，以替代顶嘴这种不良行为。父母可以引导孩子用言语表达他们的感受，让他们学会用语言清晰传达内心的真实想法。如果孩子不善于用语言表达自己，可以选择多种方式，如画画、写日记等，这不仅培养了孩子的创造力，也为他们提供了更灵活的选择。通过这些替代行为，孩子可以更具体地表达情感，找到更健康、积极的方式来应对内心的真实感受。

最后，要给予孩子积极的关注，通过正面反馈来强化他们的良好表现。在日常生活中，父母要留意孩子的努力、成就和良好的行为，而不仅仅关注孩子的问题或错误。当孩子表现出良好行为时，父母要及时表达赞赏和鼓励，让孩子感受到他们的付出是被看到和重视的。这种积极反馈有助于建立孩子对积极行为的正面联想，使他们更倾向于重复这些良好的行为。

建议三：设定清晰的规矩和界限

设定规矩和界限是培养孩子良好行为的关键，尤其是在应对顶嘴等不当行为的时候。

首先，设定清晰的规矩和界限是必要的，让孩子明白什么是可以接受的，什么是不可接受的。有很多家长教育孩子的方式，主要来自自己的父母或老师，又或者是自己过往的生活经验告诉他们应该这样管，他们主要是从自己的立场出发，运用自己的权威让孩子服从，这些方式不一定是合理的。父母要有一个合理的规矩和界限，并与孩子进行明确的沟通，让他们了解家庭对于尊重行为的期望。

其次，规矩的设定应该考虑到孩子的年龄和理解能力。规矩需要简明易懂，不仅符合家庭价值观，还要反映社会基本规范。例如，规定尊重他人意见、用语言有礼有节地表达情绪等，而不是采取顶嘴或其他不尊重他人的行为。

同时，也要规定合理的、适度的惩罚或纠正方法。过度惩罚可能产生反效果，让孩子感到沮丧或愤怒，却不能促使他们改正错误。因此，父母应该选择恰当的纠正方式，如给予适度惩罚、开展反思讨论或者制定合理的奖励机制。这有助于营造开明的家庭环境，让孩子明白，定规矩是为了维护家庭秩序和促进良好行为。

总之，设定规矩和界限需要家长耐心地使用明确的沟通方式，兼顾理性和情感，建立起合理的规矩，让孩子明白良好行为的重要性，并在家庭中形成积极的表达模式。

建议四：寻求专业支持

当孩子持续存在顶嘴行为，乃至愈演愈烈时，这可能已经发展成一个儿童心理问题，需要专业人士的深入了解和评估。儿童心理医生或心理学家具备专业知识和经验，能够对孩子的心理状况进行全面的评估，帮助家长深入辨析问题的根本原因。

专业支持不仅有助于识别问题，还能提供切实有效的干预和治疗方案。心理健康专业人士会根据孩子的年龄、性格和家庭背景制订个性化的干预计划，帮助孩子逐渐摆脱顶嘴等不适当行为。

同时，专业支持还能够为家长提供有效的育儿建议和心理支持。面对孩子的行为问题，家长可能会感到困惑和沮丧，专业人士的指导可以帮助家长更好地理解孩子的需求，并学会与孩子有效沟通和互动。

在寻求专业支持的过程中，家长和专业人士形成了同盟关系。通过共同努力，家长可以更好地理解孩子的心理状况，获得科学的干预方法，使孩子逐渐克服顶嘴等问题，实现健康的心理成长。

孩子出现顶嘴现象，一定是在释放某种信号。这可能是孩子自我意识形成的表现，可能是他们在测试成人的边界和权威，也可能是他们在模仿身边人的行为，还有可能是他们在寻求父母的关注。面对孩子这样的行为，父母一定要放平心态，找到背后的原因，再对症下药。为了从根本上解决这个问题，父母一定要营造一个积极的家庭环境，让孩子充分明白规矩和边界，明白什么可为、什么不可为。在这样的规约下，孩子将慢慢内化这些规则，从而养成良好的行为习惯，从根本上摆脱顶嘴等问题。

聪明和勤奋，到底哪个更重要？

海北老师，你好。我很喜欢看你的视频，你说得非常有道理。我儿子现在读小学四年级，每次都考第一或第二名。我儿子是靠大量做题才取得这样的成绩的，可是他们班还有一个孩子，智商很高，学什么都显得很轻松，每次和我儿子都考差不多的名次。但是，老师经常夸那个小孩思维灵活，是学霸，导致我儿子有点觉得自己不如他，随时都会被他打败，我应该怎么劝解他呢？

——家长留言

看到这位家长的留言，我首先想到的是《伤仲永》那篇文章。我曾经和同事激烈争论过，天赋和努力到底哪个更重要，很多同事选择了前者，他们常常引用爱迪生说过的一句话："天才就是 1% 的灵感加上 99% 的汗水，但有时 1% 的灵感是最重要的，甚至比 99% 的汗水都要重要。"相信很多家长朋友对前面半句话非常熟悉，但鲜有人知道后面半句。在爱迪生的眼里，有时只占 1% 的灵感才是最重要的。因此，很多同事特别喜欢反应敏捷的学生，在班上重点表扬的也往往是这些学生。

从这位家长的留言中，也不难看出这位老师对聪明学生的偏爱，因为他不断地表扬这个孩子思维敏捷，而忽视另一个孩子的勤奋努力，让这个努力的孩子很受伤。我们在自媒体上，也经常听到专家说不能夸孩子聪明，会给孩子带来负面影响。为什么夸孩子聪明是不可取的呢？努力是不是真的不如天赋重要呢？天赋和努力之间又有什么关系呢？在这篇文章中，我将对这些问题展开探讨。

夸孩子聪明不可取

在我的后台留言中，也不乏家长向我夸耀说孩子多聪明。有的孩子在幼儿园时，就会背一百多首古诗，记忆力十分了得；有的一年级孩子自己看懂了大数乘除法的运算规则，还能够快速算出大数乘除法的计算题，天赋确实不错；有的孩子极具参加国际奥林匹克数学竞赛的潜质。从他们的话语中，我看出了大家对天赋或者聪明的推崇。

但我发现了一个有趣的现象，很少有三、四年级的家长给我留言夸奖孩子了。这个现象很有意思，原因也值得深入探讨。但是有一点，我认为是很多父母把聪明的孩子捧杀了，换句话说就是夸错了。为什么不要夸孩子聪明？夸孩子聪明有什么危害？斯坦福大学行为心理学教授卡罗尔·德韦克做过一项著名的实验，这项实验涉及 20 所学校的 400 名五年级学生，通过四轮拼图实验，揭示了赞美方式对孩子学习态度的深远影响。

在第一轮实验中，学生分成两组，一组被赞美为"聪明"，另一组被赞美为"努力"。这两组孩子完成拼图后，实验者用不同方式赞美，强调他们的智商或努力程度。

在第二轮拼图中，难度增加了，结果显示被夸努力的孩子更愿意挑战更难的拼图，而被夸聪明的孩子则更趋向选择相对简单的拼图。这展示了不同赞美方式对孩子面对挑战时的选择和态度产生了显著影响。

在第三轮拼图中，难度进一步提升，几乎是不可能完成的水平。被夸努力的孩子表现出更强的毅力，尝试各种方法，并没有沮丧情绪。相反，被夸聪明的孩子则表现出情绪上的沮丧，甚至放弃了尝试。这揭示了不同赞美方式下孩子面对困难时情绪和应对策略的显著差异。

最引人注目的是第四轮，难度回归最初水平，被夸努力的孩子的表现优于被夸聪明的孩子。这表明，被强调努力和付出的孩子在学习的过程中，保持了积极态度和学习动力，而被强调聪明的孩子，可能因为面临困难而失去信心，从而影响了后续表现。

从这项实验可以看出，被夸努力的孩子更愿意接受挑战，也具有更强的毅力去迎接挑战，他们的态度更加积极，也更有学习动力，因此，他们的表现优于被夸聪明的孩子。

卡罗尔·德韦克从实验中得出了"固定型思维"和"成长型思维"这两个概念，指出不同方式的赞美会对学生的学习态度和表现产生深远的影响。

"固定型思维"模式是指个体认为自己的能力和智商是一成不变的，无法改变的。在实验中，孩子们被夸"聪明"时，他们可能会将这个赞美视为对自己固有才智的肯定。然而，这种赞美强调了一种静态的观点，可能导致孩子回避努力和挑战，因为他们认为自己的智商已经固定，不需要付出额外努力。

与之相对的是"成长型思维"，其认为个体的能力和智商是可以通过努力、学习和挑战不断发展和提高的。当孩子被夸"努力"时，他们更容易将努力与成功联系起来。这强调了一个动态的观点，鼓励孩子在面对困难时努力奋斗，相信通过不懈努力可以不断提升自己的能力。

很多家长在和老师交流的过程中，会听到这样的评价："你家孩子很聪明，就是不努力。如果再用功一点，一定能取得好成绩。"孩子聪明，但不愿努力，不就是这项实验中被夸"聪明"的那一组孩子的状态吗？不断地表扬孩子聪明，会让孩子逐渐形成"固定型思维"，他们会主动逃避挑战，而不是积极应对。有的孩子在课上反应很快，仿佛一点就通，但是作业不会做，也取得不了好的成绩，大概就是这个原因了。

天赋和努力，孰轻孰重

回到爱迪生所说的"天才就是1%的灵感加上99%的汗水，但有时1%的灵感是最重要的，甚至比99%的汗水都要重要"，他的重点无疑是在后半句，天赋与努力孰轻孰重，爱迪生似乎更加倾向于前者。

但是智力研究专家罗伯特·斯滕伯格却倾向于后者，他认为人类的某项专长并不是固定由先天能力决定的，而是通过有针对性的锻炼获得的。美国宾夕法尼亚大学心理学副教授安吉拉·达克沃斯也认为：天赋不是命运，努力产生回报。拥有类似观点的还有中国科学院院士李曙光，他也曾说过：只要努力，每个人都有自己的花期，迟早都会开出属于自己的鲜艳。可见，包括智者在内的很多人都给予了努力极其重要的地位。

在世界上，代表最聪明群体的无疑是为人类做出极大贡献的科学家，而诺贝尔奖就是对他们最好的褒奖。我们可能会认为，获得诺贝尔奖的科学家一定是智商超高的、极具天赋的人，但事实上，诺贝尔奖得主的平均智商仅仅是120左右。相信很多家长在心里暗暗窃喜，因为很多孩子测出来的智商高达130，甚至140及以上，但为什么最后都泯然众人了呢？

原因很简单，想要获得成功，天赋固然重要，但坚持和努力更为重要。天赋影响着一个人能跑多快，而努力决定了一个人能跑多远。

让孩子聪明地努力

回到第一个问题：夸孩子不夸聪明，那夸什么？这是一个涉及教育心理学的重要问题。过去的研究表明，过度夸奖孩子聪明可能导致他们形成"固定型思维"或"固定型心态"，即认为才智是一成不变的，不可改变的。相反，我们想要培养的是"成长型思维"或"成长型心态"，即相信通过努力和学习，能力是可以不断提高的。

因而，夸奖孩子的努力和进步是至关重要的，因为这种方式不仅增强了孩子对自己能力的信心，还激发了他们的积极性。孩子们在面对挑战和困难时，如果接受的是"你真聪明"的夸奖，可能会因为害怕失去这种标签而回避新的、可能失败的任务。相反，当夸奖侧重于努力和进步时，孩子更可能愿意接受新的挑战，因为他们知道，成功不仅仅依赖于天赋，更与个人的努力和学习态度相关。

主讲走心家族课程的李波老师的一个观点我很认同，他指出，一些孩子虽然在小学时看起来成绩并不拔尖，但通过培养良好的学习习惯和积极的态度，通过不断努力，最终会实现认知上的"开窍"。所以家长或老师在引导孩子时，不能过度强调天赋，因为这是孩子与生俱来的东西，是无法改变的。我们一定要看到努力的作用，要肯定孩子的努力和进步。然而，仅仅夸奖努力还不够，关键在于让孩子学会"聪明地努力"。那么，父母要怎样做，才能让孩子学会"聪明地努力"呢？

家长陪伴，让孩子学会不放弃

在孩子努力的过程中，家长的陪伴让孩子学会不放弃。这种陪伴不仅是为了提供学业上的支持，更涉及在心理层面对孩子的鼓励和支持。

家长的陪伴在帮助孩子克服困难和挫折方面具有积极的作用。当孩子在学习中遇到难题时，他们可能感到沮丧、迷茫甚至想要放弃。这时，父母就是他们重要的支持者。通过理解孩子所面临的问题，父母可以提供适当的指导和帮助，使孩子能够更好地应对挑战。家长的支持可以是知识上的辅导，也可以是鼓励孩子用积极的态度面对问题，从而帮助他们通过努力取得更好的成绩。

陪伴不仅仅涉及学业上的帮助，还包括心理上的支持。孩子在成长过程中，可能会面临来自学业、社交等多方面的压力，这时，家长的理解和安慰显得十分重要。通过耐心倾听，了解孩子的感受，父母能够给予孩子心理上的支持，让他们知道，他们并不是孤军奋战。这种心理上的陪伴可以帮助孩子更好地处理负面情绪，迅速从挫折中走出来，重新投入学习和成长中。

这种陪伴的作用在于，帮助孩子形成积极的学习态度。有了父母的理解和支持，孩子可以感受到家庭是一个安全的港湾，即使面对失败和挫折，也能够找到依靠。这有助于培养孩子的自信心和学习动力，让他们在学习上能够更加坚韧、积极地前行。

因此，为了让孩子聪明地努力，父母不仅需要给予学业上的指导，更应提供全方位的陪伴。这种陪伴能够在困难时给予及时的支持，帮助孩子勇敢面对挫折，同时在心理上给予关怀，让孩子在努力的过程中感受到家人的陪伴，更有信心地迎接学习和生活中的各种挑战。

家长引导，为孩子设定合理目标

明确努力方向和设定清晰的学习目标，对于孩子努力学习有着重要的促进作用。家长可以与孩子一同探讨他们未来的兴趣和职业方向，帮助他们明确自己的目标。这可以通过与孩子交流、观察孩子的兴趣、挖掘其特长来实现。一旦明确了方向，家长就可以帮助孩子设定具体、切实可行的学习目标，这有助于孩子更有针对性地努力，不至于在学习中感到迷茫。

然而，大目标的实现通常需要较长时间的积累和努力，这容易让孩子感到懈怠。为了解决这个问题，家长可以采取将大目标拆解为小目标的策略。这样，孩子就能逐步完成每个小目标，最终实现大目标。这种分阶段的学习过程不仅有利于孩子的进步，还有助于维持他们的学习动力。通过小目标的实现，孩子能够不断获得成就感，这会激发他们更大的动力。

给孩子及时的正向反馈，也是激发其学习动力的有效手段。当孩子完成一个小目标时，家长可以表达赞赏和鼓励，让孩子感受到付出努力的价值。这种反馈有助于培养孩子对学习的积极态度，使他们愿意朝着更高的学业目标不断努力。

因此，明确方向、设定目标、将大目标分解为小目标，以及给予及时的正向反馈，都是帮助孩子实现聪明地努力的重要策略。家长在这个过程中的引导和陪伴，能够让孩子更有智慧地投入努力，不仅提高学业水平，更培养出在学习中持之以恒的品质。

家长未雨绸缪，培养孩子"成长型思维"

为了培养孩子的"成长型思维"，家长需要着力营造一种积极、乐观的学习氛围，让孩子形成对学习和成长的积极态度。这一过程需要家长有意识地传递一系列的教育理念和价值观。

首先，家长可以鼓励孩子将学习看作一个不断进步和发展的过程，强调学习任何技能技巧都不是一蹴而就的，而是需要经过一步步的努力和积累，这有助于培养孩子的耐心和毅力。通过引导孩子从改善小事情中体会到进步的乐趣，让他们意识到成长是渐进的，而非短期就能实现的。

其次，家长可以鼓励孩子，遇到挑战时，保持积极的态度。这包括理解挫折是学习过程中的一部分，而非失败的终点。在孩子面临难题或困难时，家长要给予理解和支持，引导他们从挑战中寻找学习的机会，而不是因为失败而感到沮丧。这有助于孩子在面对困难时，更积极主动地去解决问题。

此外，家长还可以分享一些成功人士或者学者在成长过程中应对挑战和困难的故事，让孩子了解到成功背后往往有着坚韧不拔的毅力和积极的学习态度。这样的分享可以激发孩子的学习兴趣，让他们更愿意为自己的成长而努力。

　　总的来说，培养"成长型思维"需要家长在教育孩子的过程中，注重传递积极的教育理念，引导孩子从学习中找到乐趣，同时在面对挑战时，能够保持积极的态度。这有助于孩子更好地面对未来学习和生活的挑战，成为一个有进取心和成长意识的个体。

　　在孩子成长的过程中，天赋只是成功的部分因素，努力才是更为关键的因素。仅有天赋，无法让孩子在人生道路上走得长远，因此，家长的责任之一是引导孩子学会聪明地努力。家长应当激发孩子对努力的理解和热情，让他们明白，每一次的付出都是成长的催化剂。正如飞翔的鸟儿需要强健的翅膀，孩子在人生的舞台上，也需要努力作为支撑，使他们能够持续不断地向前迈进，实现自身的梦想和目标。通过努力，孩子将在成长的过程中收获自信、坚韧和成功的果实，成为拥有内在动力和积极心态的个体。

孩子总撒谎，揍一顿有用吗？

　　老师，最近我家孩子出现了说谎、捡到小朋友东西不归还这些问题，我要怎么改正他的这些坏毛病？刚知道这事的时候，我发了脾气，打了他一顿。我是单亲妈妈，他爸爸从没来看过他。我一个人带着他，现在读一年级。

——家长留言

　　不少家长留言告诉我，说孩子有撒谎的习惯，打也打了，骂也骂了，还是不起作用，不知道该怎么解决。从大家的语气中，我可以感觉到家长们的迷茫和焦虑。很多家长都认为，"孩子这么小就学会了撒谎，以后可能会危害社会"，有的父母甚至给孩子打上了品行不端的标签，对其大失所望。

　　很多家长对此决不容忍，要么批评孩子，要么打孩子，可是效果并不明显，这到底是为什么？我们可以回想一下，自己以前有没有撒过谎，骗老师、骗家长、骗朋友？如果答案是肯定的，大家有没有分析过自己撒谎的原因？

　　其实，孩子撒谎并不是那么恐怖的事情。父母不应该谈虎色变，也不能采用暴力的手段进行解决，因为这只是治标不治本的手段。正确的方法是抽丝剥茧，找到孩子爱撒谎的原因，这样才能对症下药，从根本上解决这个问题。那么，孩子爱撒谎，背后的原因到底是什么呢？

　　首先，我们要知道，6岁这个时间点对于我们理解撒谎行为具有重要意义。撒谎行为分为两类，一类是无意识的行为，另一类是有意识、有目的性的行为，6岁这个时间点，正是这两种撒谎行为的分水岭。无意识的撒谎行为是指 6 岁以前的孩子，因为认知能力发展的不足，分不清现实和虚拟世界，他们对时间、空间、数量、人物关系等概念比较模糊，他们经常是说了"假话"而不自知。比如，有的孩子把以前的时间统称为"昨天"，实际上，孩子说的事情是发生在三天以前。这样的"谎言"，是孩子在无意识的情况下说出的，是因为认知发展不足所致，这会随着孩子的成长而逐渐改变。

加拿大多伦多大学儿童研究所进行的一项测试发现，2 岁的孩子，20%都会说谎；3 岁的孩子，有这样行为的多达 50%；到了 4 岁，这一数字接近 90%。所以，6 岁以前的孩子出现了撒谎的行为，家长一定不要批评责备孩子，甚至打孩子，这是孩子发展过程中的阶段特征，慢慢就会得到改善。

而在 6 岁之后，孩子开始表现出有意识、有目的性的撒谎行为。这是因为，随着年龄的增长，孩子的自我意识逐渐加强，思维方式日益成熟，心理活动也变得更为丰富。在这个阶段，孩子的撒谎行为不能被忽视，因为这些谎言反映了他们内心的某种需求或愿望。如果父母不能理解孩子内心的真实诉求，就难以找到有效方法，解决孩子的撒谎问题，这让许多父母感到困惑和焦虑。

孩子撒谎的原因

孩子有意识、有目的的撒谎行为，主要有两个原因，一个是趋利，一个是避害。孩子到底想要什么？他又害怕什么？我将从这两个方面进行论述。

孩子撒谎，多数情况下是为了避害。哲学家罗素曾说："孩子不诚实，几乎总是恐惧的结果。"那么，孩子到底恐惧什么呢？一是害怕被惩罚，二是害怕别人对自己失望。首先，孩子说谎，往往是为了规避可能的惩罚，这种现象普遍存在。比如，孩子干了坏事，就说是他人做的，考试没考好，就虚报分数。由于家长对成绩过分看重，考试成绩成了一个触发点。孩子因为害怕家长的批评或惩罚，选择夸大自己的成绩，期待通过虚构的成功来避免可能的不良后果。做了 10 年班主任的我，见过不少这种现象。很多孩子在学校取得了不理想的成绩，要么选择不告诉家长，要么虚报一个分数，以为这样就可以逃避家长的责罚。不过，很多家长会向我求证，并询问孩子在学校的学习情况，因此，孩子的谎言会被无情地戳破。

其次，孩子撒谎还可能是害怕让在乎自己的人失望。以前有家长问我："孩子考差了，回家我不会批评他，也不会惩罚他，为什么他会向我撒谎呢？"这位妈妈是一位高级知识分子，也是一位成功的女商人。她平时举止大方得体，对孩子的期望非常高。她告诉我，自己从小就送孩子上各种培训班，孩子各方面表现也都不错，但是，在一次期中考试中，孩子的成绩下滑了50多分，名次也从第二名下滑到了第十几名。因为害怕让妈妈失望，孩子回家撒了谎。我们多数父母都会望子成龙、望女成凤，因此通常希望孩子在学业上表现优异，但是，如果这种期望变得过于苛刻，过分强调成绩，孩子可能会因为害怕无法满足父母的期望而说谎。父母的过高期望，可能使孩子在一次次未能达到期望的情况下，选择说谎作为应对手段，以缓解由此引发的心理压力。

另外，孩子撒谎，或许是出于想要得到自己渴望的东西。有些父母为了激励孩子学习，会设定明确的考试目标，如取得满分或考第一名，承诺给予孩子心仪的奖品作为奖励。当孩子没有实现这些目标时，由于渴望得到奖品，他们可能会以撒谎的方式欺骗父母，例如篡改考试分数、虚报成绩等。

此外，孩子撒谎也可能是为了满足自己的虚荣心，实现精神上的满足，比如，有的孩子在同学面前炫耀自己家住多大的房子、自己的爸爸开什么豪车、自己曾经出国旅行等。当孩子们进入"物质敏感期"后，他们对金钱和财富有了初步的认识，并把它们与社会地位关联起来。因此，为了在同学面前显摆，或者是更好地融入同伴之中，他们会以夸大事实的方式达到目的。

可见，孩子撒谎行为的背后，隐藏着孩子的某种心声和诉求。家长在知道孩子撒谎之后，一定不要采取不恰当的方式来处理，而是要审视自己的教育方式，深入了解孩子的内心需求，从而对症下药，帮助孩子改掉撒谎的行为。基于这些原因，我想给大家提三点建议。

如何应对孩子撒谎?

智慧纠错,维护孩子自尊心

在孩子撒谎的时候,很多家长直接挑明,逼着孩子承认自己撒了谎,或者不问缘由地批评孩子,甚至对孩子大打出手,试图通过这样直接粗暴的方式,让孩子不敢再次撒谎。更有甚者,有的父母不分场合地处理孩子的撒谎问题,在外人面前对孩子大加指责,让孩子十分难堪。

我曾经遇到过这样一位不顾忌孩子情面的家长,只要孩子没说真话或者不遂她意,就会不分场合地对孩子一顿责备,让孩子十分反感,他们的亲子关系也变得十分紧张。因此,孩子遇到任何事情,要么不告诉家长,要么就对她撒谎,敷衍了事。这位家长无法和孩子交流,就在每次周五放学接孩子的时候,拉着孩子到办公室找我裁断。办公室老师很多,也有来来往往的学生,这位家长在众人面前,埋怨孩子老是撒谎,还毫不客气地戳破孩子的谎言,并大加指责,埋怨孩子太不听话,太让人头痛。这个孩子的脸色相当难看,时不时地反驳家长。我猜想,如果在家里,孩子肯定会摔门而出,或者冲进房间反锁房门。但碍于是在老师办公室,孩子只能一直忍着。

我相信这样的父母不在少数。用这样的处理方式解决孩子的撒谎问题并不可取,这会产生两种结果。其一,碍于颜面或为了维护自尊心,孩子会负隅顽抗,拒不承认;其二,害怕丢脸,想要赶快摆脱现状,孩子或许承认了错误,但是自尊心却因此受到了极大伤害。这两种结果都不利于孩子认识到自己的错误,也不能很好地纠正孩子的撒谎行为。

当孩子撒了谎,家长一定不要失去理智,而是应该运用智慧手段,帮助孩子认识到自己的错误,并心甘情愿地改变自己的行为。我曾读过这样一句话:让撒谎的孩子变得诚实,鼓励的态度比批评的态度更有效。父母不妨蹲下身子,告诉孩子,爸爸妈妈不会因为这一次撒谎就不爱他,鼓励孩子说出实情,并认真倾听孩子的心声。让孩子知道,不管遇到什么问题和挫折,父母都可以陪着孩子一起解决,父母永远是孩子的支持者,是孩子最坚实的后盾。当孩子感受到父母的宽容和善意时,他们会更愿意敞开心扉,为了不让父母失望,他们也更愿意改变自己的行为,以后不再撒谎。

抽丝剥茧，反思教育方式

要纠正孩子的撒谎行为，比打骂更有效的方法是冷静下来，探寻孩子撒谎的原因，并对症下药。

我在上文讲到，导致撒谎行为的两个主要原因是趋利和避害。害怕父母的失望或惩罚，或者是想要得到奖励，孩子都可能用谎言达到目的。因此，如果孩子撒谎了，一定是因为父母的教育方式出了问题。

在孩子表达感受和需求的时候，有的父母常常否定或责骂孩子，甚至对孩子实施打压教育，长此以往，孩子不敢再对父母展示真实的一面。比如，孩子想要一件漂亮的衣服，但是价格并不便宜，很多家长因为不舍得给孩子买，就批评孩子："你现在还在上学，不要这么爱慕虚荣，好好搞你的学习比什么都重要。"孩子的合理诉求，被家长打上了"爱慕虚荣"的标签，孩子听了，心里可能很不是滋味。再比如，当孩子取得好成绩之后，有的父母心里乐开了花，把孩子捧上了天，要什么买什么，见人就吹嘘孩子的优秀。但是，当孩子取得了不理想的成绩，父母就会责骂孩子，甚至不准孩子看电视，取消孩子的玩耍时间，让孩子把这些时间用来刷题做试卷。试想，如果孩子下次依然没有考出好成绩，他回家还敢说真话吗？

因此，要解决孩子撒谎的问题，父母应当审视自己的教育方式，营造一种开放、包容和理解的沟通氛围。父母应该耐心聆听孩子的感受和需求，抱着理解和鼓励的态度，而非过于严厉或过度赞美。通过建立起信任和理解，孩子会更倾向于坦诚地与父母分享真实的想法和感受，而不是试图通过撒谎来达到目的。

以身作则，为孩子树立榜样

英国著名教育家洛克曾说："说谎在形形色色的人群里很盛行，要使儿童不看到、不听到别人说谎非常困难。孩子经常看到、听到别人说谎，又怎么会不学？"孩子是天生的模仿高手，他们会不自觉地模仿身边大人的一言一行，无论是积极的还是消极的行为，都有可能成为孩子学习的对象。在培养良好的品德和价值观方面，父母的言谈举止起到了至关重要的作用。

首先，父母在教育孩子时，应当特别注意自己的言行。孩子天生具有模仿的本能，他们会通过观察父母的言谈举止来建构自己的行为模式。因此，父母在待人接物时，应尽量保持真诚，不要通过欺骗来达到所谓的教育效果。如果父母表现出撒谎、欺骗等行为，孩子可能会误解这种行为是可以接受的，从而养成说谎的习惯。父母要成为孩子的榜样，树立积极向上的行为标杆，让孩子从小就学会正直和诚实。

其次，父母应努力对孩子信守承诺，许诺之前要慎之又慎，一旦许下承诺，就要全力以赴。如果父母轻易答应孩子的请求，却经常无法兑现，孩子就会对父母失去信任，产生对承诺的怀疑。这会影响孩子对父母的信任感，也可能导致孩子模仿父母不负责任的态度。相反，如果父母能够信守承诺，不仅会增强孩子对父母的信任感，也为孩子树立了积极的行为榜样，让孩子体会到信守承诺的重要性。

在孩子的成长过程中，父母的榜样作用不可忽视。通过自身的言谈举止，父母可以为孩子示范正确的行为，引导孩子树立正确的价值观，培养孩子积极向上的品德。通过言传身教，父母不仅能够在孩子心中树立榜样形象，还能够引导他们形成正确的道德观念，帮助他们养成诚实、守信的品质。

撒谎在孩子的成长过程中并不少见，重要的是家长如何正确处理这种行为。错误的处理方式可能会对孩子产生负面影响，导致他们封闭自己的内心世界，不敢表达真实感受和需求。为了孩子的健康成长，家长一定要深入了解撒谎背后的动机，耐心倾听孩子的心声，通过亲子互动和榜样效应，帮助他们树立正确的价值观，从而从根本上杜绝撒谎行为，让孩子成为一个诚实的人。

08

家校合作：

好的校园生活，让孩子的学业更顺利

因为不喜欢老师，
导致成绩下降，怎么办？

海北老师，您好，我家女儿今年六年级，自从换了数学老师后，数学学得越来越不好，已经有多次考试不及格。请问现在怎么提升她的分数？

——家长留言

新学期的开始，常常伴随着一些变化，包括班级成员的变动和老师的更替。转进或转出一两名学生对多数孩子来说影响并不大，但是换老师需要孩子和家长有一个适应的过程。家长们普遍关心的是：更换的老师有没有教学经验，能不能管住孩子？以前的老师走后，孩子很思念他怎么办？孩子因为不喜欢现在的老师，成绩下降怎么办？毕竟已经适应了一个老师，现在要再去适应另一个老师，是需要付出时间和精力的。

中途失去自己喜欢的老师，对孩子的心理冲击是非常大的。孩子和以前的老师朝夕相处，建立了深厚的感情，对以前的老师产生了依恋心理。一旦失去，孩子会很失落，甚至产生分离焦虑，进而影响到成绩。留言家长所讲述的情况，明显就是孩子不能适应现在的老师，或是不喜欢现任老师，导致数学成绩明显下降。这个问题的解决，不在于给孩子做多少题，也不在于给孩子补多少次课，而是要从孩子的思想层面入手。

接下来，我将从五个方面加以论述，为面临这个问题的家长朋友提供思路，帮助孩子在稳定成绩的同时，提高适应能力。

家长保持积极的态度

心理学上有这样一个观点：人们在关注消极方面时，消极情绪会被放大，而积极情绪会被忽略。相应地，如果注意力集中在积极方面，消极情绪就会减弱。这一原理对于家长处理孩子面对新老师时的态度和行为，能起到重要的指导作用。

首先，家长应该明白，放大消极情绪会对孩子产生不良影响，而积极的态度则有助于孩子更好地适应新环境。这种理解也能帮助家长调整自己的情绪和行为。

其次，家长应该以积极的态度迎接换老师的变化。不论个人对新老师的看法如何，都应该在孩子面前展现出乐观的一面。通过积极的表达，家长可以传递给孩子更加正面的情感，提高他们应对变化的积极性。

此外，关于新老师的评价和讨论，也应当以正面的方式展开。家长要避免在孩子面前传递负面言论，尽量避免过多揣测和议论新老师的是非。这样可以避免孩子产生不必要的焦虑和担忧，帮助他们更加平静地面对新学期的变化。

最重要的是，家长要时刻提醒自己，用鼓励和支持的言行来引导孩子，通过给予新老师建设性的评价，让孩子以更加开放和乐观的态度面对新老师。这种积极的引导将有助于孩子更好地适应新环境，提高他们的情绪稳定性和心理韧性。

观察孩子的情绪变化

面对新老师，孩子需要一段适应期，在这个过程中，家长的观察和引导十分关键。首先，家长应当细心观察孩子的情绪变化，特别是那些不善于表达情感的孩子。这种观察不仅包括观察孩子的语言表达，还包括观察他们的面部表情、肢体语言等。通过观察，家长可以更全面地了解孩子在适应新老师过程中的感受。

亲子沟通在这个过程中显得十分关键，家长要主动与孩子深入沟通，了解他们对新老师的看法和感受。尤其是那些不太愿意主动表达的孩子，家长可以采用引导式的提问，让孩子在轻松自然的氛围中，逐渐表达出内心真实的想法。通过这样的交流，家长可以更准确地捕捉到孩子的情绪变化，及时发现并解决问题。

如果孩子在谈到新老师时，表现得喜笑颜开，言辞中充满了对老师的赞美，这就意味着孩子具有较强的适应能力。这时，家长应当给予鼓励和肯定，让孩子感受到自己的积极态度是受到认可的。这有助于强化孩子适应外部环境变化的信心，使他们更轻松地面对新的学习环境。

然而，如果孩子在提到新老师时，表现出抱怨、忧愁的情绪，这可能就意味着孩子正在经历一种分离焦虑。这种情况下，家长应该立即警觉，并采取相应的措施来帮助孩子调整和适应。这可能包括与孩子深入交流，具体了解他们的困扰所在，并为他们提供心理支持。家长也可以向学校老师请教，以便更全面地了解孩子在校时的表现和情感状态。

保持与老师的密切沟通

与老师保持密切沟通，是促进学校、家庭和孩子之间协同合作的关键一环。尤其面对新老师时，通过良好的沟通，双方可以形成合力，更好地共同关注和支持孩子的学习和成长。

首先，家长要主动与新老师建立联系，了解老师的教育理念和教学风格。这有助于家长更好地理解老师对学生的期望，以及学校的教学方针。通过了解老师的教学理念，家长可以更好地配合老师的教学方式，使学校和家庭之间的关系更加紧密，有助于提高孩子在学校的适应性。

同时，家长在与老师沟通的过程中，可以主动介绍孩子的近况和个性化需求。这种信息的及时传递，可以使老师更全面地了解孩子的个性、兴趣和潜在问题。通过这种方式，老师能够更有针对性地进行教学安排，提供个性化的辅导和帮助。

家校建立起良好的信任关系，对于学生、家长和老师之间的互动至关重要。家长与新老师建立信任关系，有助于孩子对新老师产生认同感和信任感。

孩子往往会模仿家长的态度，如果家长信任新老师，孩子也更容易接纳新老师。这种良好的示范作用，对于孩子的学习态度和学业表现具有积极的影响。

引导孩子发现新老师的优点

家长的角色在于为孩子和老师搭起一架桥梁，或是作为一种关系润滑剂，促使孩子在学习中更加主动和积极。

首先，家长应该调整自己的观念，将关注点从"给孩子选择怎样的老师"转移到"怎样引导孩子喜欢新老师"上。家长要树立对新老师的正面认知，家长可以通过多方途径了解新老师的专业素养、教学风格以及对学生的关爱程度。在此基础上，家长要善于发现新老师的长处，肯定新老师的专业知识和教学方面的优点，通过积极的言传和身教，让孩子感受到新老师的积极影响，激发孩子对新老师的认同感。

其次，家长应当通过与孩子深入沟通，引导孩子主动寻找新老师身上的优点。这不仅有助于孩子树立积极的学习态度，还能够提升他们的观察和评价能力。例如，鼓励孩子描述新老师在课堂上的精彩讲解和对学生的良好态度，引导孩子从正面角度看待新老师。

同时，家长还可以通过分享自己与老师的互动，让孩子感受到父母与新老师的积极关系。可以在家长会上与新老师交流互动，表现出对新老师的尊重和欣赏。这样的行为能够对孩子产生潜移默化的影响，让他们在学校更加认可和尊重新老师。

最后，家长应该鼓励孩子通过主动参与学校班级活动等方式，与新老师建立更深层次的联系。通过积极参与学校生活，孩子和老师的交集会无限地扩大，这有助于孩子更全面地认识新老师，加深他们对新老师的了解和信任，从而建立良好的师生关系。

鼓励孩子多交朋友

对于年纪较小的孩子，换老师更容易引起负面情绪。这种情况下，家长起到了重要的引导作用。

首先，家长可以鼓励孩子在学校多交朋友，以此来帮助他们适应这一变化。年幼的孩子对老师有着特殊的依恋，因此，在老师变动时会感到不适应。通过鼓励孩子主动参与课外活动，与同学一起玩耍，可以帮助孩子建立起与同伴的良好关系。同伴交往在孩子成长过程中扮演着重要角色，它将逐渐取代对老师的依赖，成为孩子日常生活的重要组成部分。

另外，随着孩子年龄的增长，他们将会面对更多的离别和变动，老师的变动只是其中一种。家长可以通过引导孩子适应小范围的变动，培养他们对不同环境的适应能力。较早接触离别并逐渐习惯变动，对于孩子的成长是有益的。事实上，孩子的适应能力通常远远超过成人的设想。

在这个过程中，家长应该注意与孩子的沟通，理解他们的感受，并给予必要的支持和鼓励。通过与孩子的密切互动，家长可以渐进式地引导孩子认识到，与不同的老师相处、结交不同性格的朋友，是一种多元化的社交体验，这将有助于塑造积极的心态，提升他们在面对各种环境变化时的适应力。

在面对班级换老师的情况时，家长们无须如临大敌，更不能将焦虑传递给孩子。相反，我们应该怀抱信心，相信学校如此安排，必然有其合理的原因，同时也要充分信任孩子自身的适应能力。这个过程中，我们作为家长要积极引导孩子，鼓励他们从变化中汲取正能量。换老师可能让孩子感到陌生和不适应，但也为他们提供了面对新环境、结交新朋友、适应不同教学风格的机会。在这个成长的契机里，孩子们能够培养出更为坚韧和灵活的适应性，这对于未来的学业和生活，都是有帮助的。因此，亲爱的家长们，让我们放下担忧，欣然接受调换老师这个现实吧。

同桌太调皮，要不要换座位？

　　海北老师，您好！我关注你很久了，最近我对一件事很纠结。我儿子读三年级，老师安排他和一个上课非常爱说话、多动的同学坐在一起。该同学上课时，总是用各种小玩意儿转移我家孩子的注意力，其实我家孩子不想跟他说话，也不想跟他玩，但有时候也会控制不住。我孩子告诉老师好几次，老师也不管。前几天开家长会，我跟老师说了这个问题，提出让他们两个分开坐，可老师说，现在这样安排，便于她管理，拒绝了我的请求。所以，现在他俩还是坐在一起，我该怎么办？

——家长留言

　　对于很多家长来说，只要是影响到孩子学习的因素，他们都会想方设法为孩子铲除。正如这位留言家长所描述的那样，三年级男孩遇到一个上课爱说话、多动的同桌，这让家长尤为焦虑。孩子的同桌过于调皮，是否需要更换座位呢？

　　多数家长可能会担心，这个同桌是否会对孩子的学习产生不良影响。在这种情况下，有些家长可能会希望通过向老师提出调整座位的请求来解决问题。

　　然而，家长应该认识到一个事实：**孩子在学校中不仅需要面对课堂学习，还需要面对集体环境、班级社交以及同桌关系等问题。这种挑战在孩子未来融入社会时同样会存在**，例如团队协作、与同事相处等。如果我们父母从小就为孩子扫除了所有障碍，看似孩子的未来一片坦途，但他以后进入了社会，是否能够适应各种挑战呢？

我们要知道，并非所有事情都能按照我们的期望发展，孩子以后做什么工作，身边有怎样的同事，都不能预设。孩子是否喜欢这些同事，是否能与他们和睦相处，我们也不得而知。面对外部环境的变化，是选择逃避还是积极应对，都需要孩子去思考和处理。

在面对这些问题时，向老师"哭诉"并提出更换座位的请求，这是家长在帮助孩子处理这样的问题，这就剥夺了孩子适应环境、获得成长的机会。我们应该抓住这个机会，培养孩子处理人际关系和解决问题的能力。

面对这样的情况，我给大家分享四个做法，在不换同桌的前提下，解决同桌打扰孩子的问题。

让孩子认识到同桌调皮背后的原因

因为同桌的干扰而难以专心听讲，这使得孩子感到很困扰。在这种情况下，父母的首要任务是让孩子放下对同桌的成见，从更宽容的角度看待这个问题。

家长可以与孩子一同分析调皮同桌行为的成因。大多数调皮孩子可能在家中缺少父母的关爱和陪伴，在学校也长时间受到忽视和冷落。因此，他们会选择调皮捣蛋的方式来引起他人的关注，期望从中获得更多的关心。如果这种方式非但不能引起他人注意，反而被他人讨厌，那么，他们可能会变本加厉，或者采用其他方式继续吸引注意，这就使情况变得更加糟糕。

尽管他们的行为给我们带来了困扰，但我们不应该对他们怀有恶意。换位思考下，如果你在家中得不到父母的陪伴和关爱，在学校里也未能得到足够的重视，你会采取何种方式来面对这一切呢？

这样的思考将有助于孩子理解同桌的行为，培养同理心。同时，这也为父母提供了一个教育孩子如何处理人际关系、理解他人的机会。在这个过程中，父母可以教导孩子以宽容和理解的态度对待同桌，同时提醒孩子要保持专注学习，不受外部干扰。

让孩子摒弃成见，主动关心同桌

当孩子理解对方并消除成见后，父母可以引导孩子主动关心同桌，以缓解不和谐的局面。在学习方面，可以鼓励孩子主动了解有哪些问题在困扰同桌，然后耐心地给予帮助；在课堂上，如果同桌分心玩玩具而不认真听讲，可以友好地提醒他；如果发现同桌遗忘了学习用品，可以主动借给他；读到有趣或是有教育意义的书，也可以分享给他。苏联教育家苏霍姆林斯基说过："我坚定地相信，少年的自我教育是从读一本好书开始的。"当同桌感受到了同学的善意，收到足够多的关心和关注时，他会慢慢减少以调皮方式求得关注的行为，这是从根本上解决问题的方式。

通过这些积极行为，孩子将有机会建立更好的人际关系，同时培养起同情心和助人为乐的精神，这也是培养孩子社交技能和团队协作意识的好机会。父母在这个过程中要扮演引导者的角色，激发孩子的积极性，帮助他们认识到，友善和关心可以促进人与人之间的和谐相处，同时对同桌的积极改变起到促进作用。

让孩子看到同桌的闪光点

孩子讨厌调皮的同桌，主要因为孩子通常只看到了同桌调皮的一面。家长在听到孩子抱怨同桌调皮时，很可能会产生不满的情绪，这种情绪也会传递给孩子。如果这种情绪不能得到有效处理，就会加剧同桌之间的对立，不利于问题的解决。因此，建议家长不要过于强调同桌的缺点，而是要鼓励孩子认真发掘同桌的优点。

每个孩子身上都有值得发掘的亮点，即使同桌成绩不好，也可能在班级事务上有出色的表现；即使调皮捣蛋，也可能为人仗义；即使在上课时玩耍不听讲，也可能在体育运动中展现出色的能力。家长的角色就是引导孩子发现同桌的优点，并通过夸奖来表达对同桌的正面关注，这样的正面反馈可以减少同桌采取调皮方式获取关注的行为。

当同桌有进步时，孩子应该及时给予肯定和鼓励。例如，如果同桌不再玩玩具，听课更认真，或者在体育方面取得了进步，孩子可以通过表达敬佩来强化这种肯定。这不仅能够增强同桌的自信心，还能够促使他更多地展现积极的行为。这种正面引导和鼓励有助于改善同桌关系，营造更和谐的学习氛围。

让孩子忽略同桌的小动作

当调皮同桌在课上出现各种干扰行为时，要采取冷静、淡定的态度，学会视而不见是一种有效的应对方法。

对于调皮同桌的言语干扰，家长应该让孩子保持冷静，不要受其打扰，保持专心听讲。这也有助于培养孩子沉着冷静应对问题的能力。

对于同桌在旁边做小动作，或拿出玩具故意干扰的情况，同样建议孩子不要过于激动或急躁，而是选择视而不见。这种冷漠的反应可能会使同桌感到无趣，因为他期望引起别人的关注和反应。时间一长，同桌可能会逐渐失去兴趣，自行收敛行为。这种方法背后蕴含了一种心理学原理，即干扰行为如果得不到足够的关注和反应，其动力就会逐渐消失。总而言之，这种方法是以理智和冷静的态度来化解同桌的行为，使孩子在学校的学习环境更为宁静和有序。同时，培养孩子沉着冷静应对问题的能力，也有助于孩子更好地处理各种社交场合中的问题。

在面对调皮同桌的时候，我们不要摆出如临大敌的态度，要引导孩子分析产生这种现象背后的原因。如果动不动就去找老师换座位，并不能够从根本上解决这个问题，因为谁也不能保证下个同桌不会这样。聪明的家长朋友，你们说呢？

孩子在学校总是欺负同学，家长该怎么教育？

老师您好，我的孩子 4 岁，上幼儿园中班，他总是喜欢打人，班里一半的同学都被他打过。我问他原因，他说是因为不想和别的同学玩，但是别的同学又要来招惹他，他一生气就打了他们。我骂也骂了，打也打了，也认认真真地教育了他，他认错态度也很好，可是，过两天又故态复萌了。有位家长甚至打来电话，威胁我说再有下次就直接去幼儿园找我孩子算账，我真是又气又恨，请问我该怎么办呢？

——家长留言

很多家长给我留言，说孩子在学校常常被同学欺负，校园霸凌确实不容忽视。一直以来，媒体上播报的校园霸凌事件相当多，着实让人触目惊心。这样的新闻无一不牵动着万千父母的心，父母都害怕这样的事情发生在自家孩子身上。但是，很少有家长发私信寻求帮助，问孩子在学校欺负同学应该怎么办。

随着孩子们步入校园，他们踏上了一段远离家长视线的新旅程。学校环境给予了他们更多的独立性和自主性，然而，与此同时，很多孩子也面临着一些困惑，他们可能不太明白如何正确处理一些事情，比如如何分辨对错，他们需要家长和老师的及时干预和引导。因此，家长和老师的角色变得至关重要。那么，孩子在学校欺负同学，到底应该怎么教育他呢？我将从两个方面对这个问题进行探讨。首先分析产生这种现象的原因，其次给出解决问题的建议。

原因分析

要解决这个问题，我们首先要知道孩子为什么会在学校欺负同学。孩子喜欢欺负同学、打同学，主要有两个方面的原因，即外部原因和内部原因。

外部原因

孩子在学校喜欢欺负同学，尤其是年仅 4 岁的小朋友，这种行为很可能是受到外部环境因素的影响。

首先，家长做出错误示范。有些父母会急躁或冲动地处理事务，甚至存在一些暴力倾向。这样的家庭环境让孩子有样学样，他们在学校和同学相处时，也倾向于使用暴力手段来解决问题。

其次，家长纵容和默许孩子的行为。有些家长认为，欺负同学是男孩子成长的必经阶段，于是默许了这种行为。这种默认态度让孩子觉得，没有什么是自己不能做的，即使做了，家长也不会过多计较。家长的纵容和默许强化了孩子的错误认知。

最后，家长的管教方式以棍棒教育为主。有些家长虽然对孩子有严格的管教，但方法却显得过于僵化。棍棒教育使孩子在受到严惩的同时，缺乏沟通和理解。同时，父母的爱也表现得带有条件，只有在表现良好的情况下，孩子才能得到父母的爱。

在这样的外部环境下，孩子渐渐学会了用暴力方式来处理自己遇到的问题，这对孩子的成长和行为习惯都带来了不良的影响。因此，有必要关注并改善这样的家庭环境，为孩子提供更加积极和健康的成长氛围。

内部原因

孩子欺负同学的行为涉及多方面因素，除了外在环境的影响，还牵涉到孩子个体的内在原因。

第一，要考虑孩子的先天气质，即个体天生的性格特征。有些孩子天生可能带有一定的攻击性，这在早期就会表现出来，而有的孩子可能具有较为内敛或平和的性格，每个孩子表现出来的性格特征和先天气质是不一样的。

第二，孩子缺乏自我认可也是一个值得注意的方面，这可能与家长的教养方式和家庭环境有关。如果孩子在家庭中缺乏被肯定和认可的经历，他们就会试图通过欺负同学来获取他人的注意，从而强化自己在社交环境中的存在感。在这种情况下，孩子可能将欺负同学当作一种手段，用以填补内心的缺失感。

第三，缺乏同理心是另一个影响因素。在一些家庭中，父母可能没有注意培养孩子的同理心，使其难以理解他人的感受和需求。这可能导致孩子在与同学互动时，更倾向于以自我为中心，难以体会他人的情感。因此，在处理社交关系时，他们会采用较为粗暴的方式，如欺负同学。

第四，孩子可能以欺负同学为娱乐手段。对于一些缺乏足够娱乐方式的孩子而言，通过制造对方的痛苦来获得快感就成为他们的选择。这种情况下，欺负同学成为一种消遣和发泄情绪的方式，而非解决问题的手段。

第五，缺乏社交技巧也可能是原因之一。一些孩子由于沟通能力较弱，难以与同龄人建立良好的关系。这让他们感到被排斥或孤立，进而选择通过欺负同学来应对这种社交困境。

理解这些内在原因，对于采取有针对性的干预措施至关重要。通过深入了解每个孩子的特殊情况，我们能够更有效地帮助他们改善行为，促使其建立积极的社交关系。

当我们知晓了孩子爱欺负同学的原因之后，可以有针对性地采取措施，纠正孩子的这种行为，以避免孩子成为霸凌事件中的施暴者。

我们一起来分析一下这位爸爸的留言，看看这位小朋友爱欺负同学的具体原因是什么。

这位爸爸说，孩子不想和别的同学玩耍，但是别的同学又要来招惹他，孩子生气之下就打了他们。从这里可以看出，孩子是缺乏社交技巧的。他不知道如何拒绝同学，或者是如何告知同学不要打扰自己，也不知道向老师寻求帮助，结果采取了暴力方式。

我们再看看这位爸爸是怎样处理这件事情的。

他会对孩子进行说教。我不太清楚这位爸爸是如何说教的，可能是这样告诉孩子："你怎么老是欺负别人？你再这样做，小心我收拾你，知不知道？"这样的"威胁"附带着爸爸的棍棒，这显然是一种打压教育，让孩子屈服于自己的权威，从而阻止他欺负同学。这样的棍棒教育，给孩子做出了错误的示范，让孩子也学着用暴力手段来解决自己不能掌控的事情。

或许，孩子当时碍于爸爸的权威，承认了错误，但是，他依然不知道该如何与人相处，他也没有认识到，欺负同学的行为对别人造成了怎样的影响和伤害。这位爸爸还说，半个班的同学都被他欺负过，相信这位小朋友在同学们之中的地位并不高，更有甚者，会有遭到排斥和孤立的情况存在。

如何有效阻止孩子欺负同学？

那么，想要有效地阻止孩子继续欺负同学，我们应该做些什么呢？我给大家四点建议。

停止打压教育，建立有效沟通

有别于惩罚性的教育方法，父母应该与孩子进行平静而坚定的对话。在这个过程中，明确告诉孩子欺负别人是不对的，让孩子感受到这种行为不可容忍。同时，倾听孩子对自己行为的解释，但要保持冷静，不应急着责备孩子，而应帮助他理解这些行为对他人的影响。通过提问，比如"你想要别的同学欺负你吗？"或"如果别的同学欺负了你，你有什么感受呢？"，培养孩子的同理心，让他意识到，自己的行为给他人造成了痛苦和伤害。

教会孩子社交技巧

孩子欺负同学，可能缘于他们不知道如何有效地与同学沟通。使用棍棒教育只会适得其反，更应该教孩子积极的社交技巧。在家中，父母可以示范如何与他人相处，如何运用沟通技巧处理不同的问题。通过家庭环境中的示范，孩子能够更好地习得社交技巧，避免与同学产生冲突。这也有助于孩子建立积极的社交关系，减少欺负事件的发生。

让孩子找到存在感

孩子欺负同学可能是因为他们缺乏被肯定和认可的经历，通过欺负同学来获取关注。父母在家庭中起着至关重要的作用，要肯定和认可孩子的闪光点，用正向的语言表达对孩子的赞扬。这种正面的反馈能够引导孩子寻找自身优点，从而不再通过欺负同学来追求存在感。在学校，老师也可以通过给予孩子一些职责，让他们感受到自己在集体中的价值，进而减少欺负行为的发生。

父母与学校形成合力

在发生孩子欺负同学的事件时，父母要及时与老师沟通，了解孩子行为的原因，并共同制定解决方案。在老师对孩子进行惩罚时，家长要给予理解和支持，让孩子明白，欺负行为是不被社会和学校认可的。若问题得不到解决，孩子仍表现出较为严重的攻击性，可以建议学校提供专业的辅导，甚至寻求心理医生的帮助，以多元方式协助孩子克服问题。家庭和学校的共同努力，可以更有效地帮助孩子建立积极的行为模式。

校园霸凌，无疑是一个令千万父母深感担忧的问题。我们都希望自己的孩子不会遭受校园霸凌，也不希望看到他们成为欺凌他人的一方。因此，对孩子欺负人的行为，我们必须以积极的态度来处理，最好能在孩子还小的时候，就将这种行为扼杀在摇篮当中。要通过及时的干预和正确的教育，让孩子充分认识到欺负人是不道德的、有害的行为。只有在这样的教育氛围中，我们才能够在孩子身上培养出正确的价值观和良好的道德观念，从而营造出一个氛围和谐的校园，让每个孩子都能在这片净土上茁壮成长，远离校园霸凌的阴影。

孩子在学校被同学欺负，怎么解决？

> 海北老师您好！我孩子读一年级，被他同学欺负了好多次，今天我们这儿下大雪，我的孩子又被他同学欺负了，他的帽子、口罩都被他同学扔了。谁知那个孩子的家长也不道歉，老师也是和稀泥的态度。请问我该怎么办？
>
> ——家长留言

家长的私信反映出了一个社会普遍关切且十分紧迫的问题，即校园霸凌问题。在网络上充斥着各种关于校园霸凌事件的报道，这让千万家长都对自己孩子在学校的安全感到担忧。这也引发了一个更广泛的讨论，即家长在孩子面临校园霸凌时，应该采取怎样的态度和行动。

一位家长在私信中向我求助，她的孩子在学校遭到其他同学的欺负，这让她备感无助。在这个问题上，许多家长的第一反应是向老师求助，这是合理的，但若老师未能有效处理或采取"和稀泥"的态度，家长应该如何应对呢？

得知孩子在学校被同学欺负了，很多家长往往表现得情绪激动，要么焦急万分、不知所措，要么责备孩子太过懦弱，并要求孩子打回去。前不久我在网络上看到一则这样的视频，一个小男孩被同学欺负了，爸爸得知后情绪非常激动，找到欺负孩子的同学，爸爸要求孩子打回去，嘴巴里还不断吼着："如果你不打回去，今天就不要回家。"孩子站在那里手足无措，号啕大哭。而旁边的同学更是放开了胆，继续推搡这个小男生。爸爸吼得越厉害，孩子越害怕，同学越起劲。评论区的父母对这位爸爸的行为纷纷叫好，觉得就是应该让孩子打回去。如果仅仅是要求孩子打回去，可能并不是最优解。我们想一想，如果孩子内心足够强大，敢于反抗，别人还敢欺负他吗？孩子之所以会被人欺负，不正是因为他内心胆怯吗？

遇到这样的事情，我们应该怎么做，才能让孩子免受伤害，学会正确应对呢？我给家长朋友们五点建议。

冷静应对，疏导孩子的情绪

孩子遭受欺负是一种极具痛苦和卑微感的经历，由于一些家长一开始没有妥善处理这类事件，导致孩子后来并不愿意将之告知家长。但是，如果孩子选择向家长倾诉这样的事情，这不仅表明这一经历对他产生了较大影响，而且也意味着孩子对家长抱有信任，希望获得支持和安全感。在这种时候，家长一定要以明智的态度来处理，以便疏导孩子的情绪，使其能够释放负面情绪而不留下心理阴影。

家长应该保持冷静，避免过度着急或生气。对孩子的遭遇要表现出关切和理解，让孩子感受到家长的支持。只要孩子获得了足够的安全感，他会将所经历的遭遇吐露给家长。让孩子仔细回忆并重新讲述事件经过，在心理学上，这被认为是一种有助于情绪疏通的方式，通过言语的表达，孩子能够更好地理解和处理自己的感受，这有助于减轻事件对他们的心理冲击。

在孩子叙述的过程中，家长可以运用共情的方式，理解他们的感受，家长可以说"你一定感到非常生气""他经常这样对你，一定给你造成了很大的困扰""我相信你肯定想要别人帮帮你"。这些话语可以让孩子感到被理解，同时也为他们提供了一个宣泄情感的出口。通过帮助孩子表达感受和释放情绪，他们更有可能感到家人的支持和理解，从而缓解情绪压力，更冷静和理智地应对与同学相处的问题。

提供支持，做孩子坚强的后盾

缓解了孩子的情绪，家长就可以进入第二步，让孩子明白，父母是他们最强大的后盾。在这一阶段，父母需要传达的信息是：无论发生了什么，家长始终会支持孩子、保护孩子。父母应明确告诉孩子，被同学欺负并不是他个人的过错，责任应由欺负孩子的同学承担。如果孩子不能解决问题，一定要告诉父母，因为父母会采取合理的方式，帮助孩子讨回公道。当孩子反映受到同学欺负的情况时，父母应该迅速介入，与老师取得联系，家校共同努力解决这个问题。

这样做的目的是让孩子感受到家长的理解和支持，从而建立起对家庭的信任。同时，强调被欺负并非孩子个人的过错，可以帮助孩子摆脱因被欺负而产生的畏惧感。这种积极的支持体验，有助于激发孩子积极解决冲突的勇气。这个过程，不仅有助于孩子摆脱负面情绪，还能够培养其更为坚韧的心理素质，增强解决矛盾的能力。

情景模拟，培养孩子说"不"的勇气

当孩子被同学欺负之后，家长不管是让孩子打回去，还是给孩子讲一通大道理，都很难从根本上解决问题，关键还是培养孩子对欺负说"不"的勇气。这种勇气很难在说教中培养出来，而是需要在一次次的情景演练中慢慢培养。

在家中，父母和孩子可以进行角色扮演，以达到更加具体的教育效果。父母扮演被欺负者的角色，而孩子则反过来扮演欺负者。当父母面临欺负时，要表现出斗士的姿态，挺直自己的身板，坚定地看着对方的眼睛，用坚定而洪亮的声音告诉欺负者："我不喜欢你这样做，请停止你的行为！"通过这样的演练，父母就是在向孩子示范：如何在自己不舒服的情况下，有气势地表达自己的观点。

偶尔的示范或许不能让孩子快速习得，父母与孩子可以多演练几次。经过多次演练后，再与孩子互换角色，让孩子学着父母刚才的样子，掷地有声地说出父母说过的话，以此培养出孩子自己的气场。最开始，孩子可能还是会唯唯诺诺，父母不要着急，多给孩子一些细节提示，比如："挺直身板，我就不扔你的东西了。""大声斥责我，我就把口罩还给你。"通过反复练习，直至孩子完全掌握，能够自如地表达出自己的态度。

我们知道，欺负者通常会选择那些看起来很柔弱的孩子，只要孩子在第一次受欺负的时候表现出了怯懦，那一定会有第二次、第三次……当孩子展现出自信的气场时，欺负者会感到自己踢到了钢板，从而不再把孩子当作"软柿子"随便拿捏。

通过这样的实际演练，孩子不仅能够学会拒绝，还能够树立自信心，防止欺负行为的再次发生。

教会孩子，建立自己的边界

观察那些在同龄人中更受欢迎的孩子，我们会发现，他们通常不是那些一味忍让、委曲求全的孩子，而是具备建立边界能力的孩子。

有些家长不知如何教育孩子，只是要求孩子一味地顺从，并打压孩子的自尊。当孩子在生活中或学校里遭受了不公平的待遇，很多家长会将责任归咎于孩子，以一种"一个巴掌拍不响"的说教方式，让孩子少给自己惹麻烦。相信很多人对这样的教育方式并不陌生，因为在视频的评论区，我看到很多家长对这种教育方式深有感受，并控诉它对自己造成的影响。这样的教育方式培养出的孩子通常缺乏自尊心，不知道如何维护自身权益，因此更容易在学校成为被欺负的对象。

要改变这一状况，家长在教育孩子时，需要教会他们如何建立自身边界。这不仅是要求孩子不要一味忍让，更需要引导他们学会拒绝那些不合理的要求。这涉及培养孩子独立思考的能力，使其在面对不合理的要求时，能够明辨是非，从而做出正确的选择。

另外，孩子还需要学会用坚定的声音进行回击，特别是在遭受到令自己感到不舒服的行为时。这种能力既包括语言表达，也包括非语言沟通，孩子要能够适时表达自己的不满，并让周围人明白自己的底线。

在与同学交往的过程中，协同合作的能力同样重要。家长可以鼓励孩子参与小组活动、团队游戏，培养他们与同龄人协同工作的技能。这不仅可以锻炼孩子的团队协作能力，还能让他们更好地理解社交中的相互依存和互惠关系。

这种全方位的培养，可以让孩子逐渐形成健康的边界意识。这不仅使孩子能够保护好自己，还为他们建立起积极、自信的人际关系打下了基础。在不同场合下，孩子将更具有主动性和独立性，更能收获同龄人的认可，进而减少在社交环境中受到欺凌的可能性。

鼓励孩子，扩大交际圈子

不知大家有没有发现，学校篮球队或者足球队的孩子很少受到欺负，原因何在？除了他们通常拥有强健的体魄外，还有一个显著特征，那就是他们通常有着较多的朋友。这不仅是因为他们在体育活动中结识了同好，更是因为这类团队能培养孩子的社交能力。

当篮球队或足球队中的某个成员受到欺负时，其他队友往往会迅速提供帮助，共同解决问题，至少会及时向老师求助。这种集体协作和互相支持的氛围不仅有助于解决问题，更在团队中培养了协作精神，使整个团队充满凝聚力。

相比之下，经常被欺负的孩子往往具有一些共同的特征，例如身体瘦弱、孤僻不合群、人际交往能力差且朋友较少。这样的孩子更容易成为被欺凌的对象。因此，家长朋友们一定要鼓励孩子积极参与社交活动，主动结交朋友，扩大自己的社交圈。这不仅有助于提高他们的社交信心，还能够在同伴中建立起相互支持的关系，使孩子在面对困难时更有底气，更容易找到解决问题的方法。

总之，社交能力的培养是预防霸凌行为的有效途径之一。通过参与团队活动培养友谊，孩子们不仅能够在同伴中建立支持关系，也能够提高自身的社交能力，降低自己成为被欺负对象的可能性。

当孩子遭受欺负时，家长的应对方式对孩子的影响非常深远。恰当的处理方式能够有效帮助孩子妥善应对欺负，降低受欺负的风险；相反，不当的处理方式不仅无法减少欺负情况，还可能给孩子的心理健康带来负面影响。因此，当孩子被欺负时，家长的引导和支持是至关重要的。家长也要注意自己的教育方式，只有帮助孩子建立清晰的自我认知，才能更有效地规避被欺负和霸凌的风险。

老师说："学校的事，不准告诉家长！"

海北老师，你好，我想咨询一下，我家孩子是今年刚上的一年级，小朋友是挺乖的，最近回家总是跟我们提起有个小朋友老是拉着他要决斗什么的，他也挺烦的，我们就问他："你能解决好吗？"他说他跟那个小朋友说过不要这样了，可是那个小朋友还是这样，现在他解决不了了。我们就说："爸爸妈妈帮你问问老师吧。"就在前两天，我们问了老师，老师说有这样的情况，也说会处理的。第二天，那个小朋友也道歉了，他们达成了谅解。但是，晚上我和孩子聊天的时候，他透露出老师后来对他说的话，大致意思就是他回来跟我们告状了，老师也会跟我们告他的状。我听了后觉得老师是不是有点威胁的意思，小朋友回来跟家长聊学校的事情不是很正常吗？为什么要称之为告状？这样不会对胆子本来就小的孩子有影响吗？希望海北老师能够给我一些建议，谢谢！

——家长留言

随着孩子踏入学校，父母面对孩子日渐独立的学习生活，常常感到不适应。这一时期，父母关心孩子在学校的点点滴滴，这成了他们日常生活中的一项"重要任务"，这种关心源于对孩子深切的爱。

父母通过多种途径获取孩子在学校的信息，比如与孩子直接交流，通过发信息或打电话与老师建立联系，旨在全面了解孩子包括饮食、学业、人际关系等各方面的情况。这种关注是对孩子全面发展的一种积极支持，也是保护孩子免受伤害的一种方式。

很多家长告诉我，接孩子回家是很开心的时刻。听着孩子眉飞色舞地讲着学校里发生的各种趣事，父母也跟着喜笑颜开，忘却了忙碌工作后的一身疲劳。和孩子聊学校发生的事本来是很开心的事情，但是，有的老师不让孩子把学校发生的事情告诉家长，比如上面这位家长就留言说，孩子如果回家给家长告状，老师也会给家长打小报告，家长听出了老师话中的威胁语气。这种情况应该如何处理？如果处理不好，可能会破坏老师在孩子心目中的形象，从而让孩子产生对老师的不信任感，增加抵触情绪，或者让老师有意针对孩子，让孩子陷入两难境地，这让很多家长犯了难。

我们来看一看，为何会有留言家长所说的情况发生？原因在于孩子将学校的事情直接告知了家长，家长就以咨询的态度询问了老师，虽然事情解决了，但引起了老师的反感。

老师为何会反感？我认为主要有五点原因。

第一，老师管理水平有限，不想让自己的无能被家长知道。当家长知道老师在管理班级上的无能后，可能会对老师失去信任，从而导致班级事务不能积极地开展和推动。

第二，老师能力很强，不希望家长插手班级事务。老师的教学能力和管理能力，可能比很多父母要好，因此，有些老师对家长是一种俯视的姿态。他们认为自己能力比家长强，能够把事情处理得很好，不希望家长插手班级事务，如果家长插手了，很可能会引起他们的不高兴甚至反感。

第三，有些老师把家长的参与看作干预，把家长的反馈看作挑刺。可见，从根本上而言，这样的老师将学校和家长看作两个对立的阵营，他们并不明白家校合作的重要性。

第四，有的老师不想和家长过多打交道，他们把和家长的沟通和交流当作一种负担。老师会花很多时间在备课和批改作业上，因此不愿花太多时间和家长交流。如果学生将学校的各种事情告知家长，会让家长找老师了解情况，并要求老师处理某些问题，这当然会花费老师不少的时间和精力，故而一些老师反感家长的"打扰"。

第五，有的老师在处理学生的事情上，手段欠妥当，故而不愿让家长知道。老师也是人，也有情绪暴躁或失控的时候，因此在处理孩子的事情之时，有时候会手段欠佳，或是触碰了教师的十条红线。为了避免给自己带来麻烦，他们通常不允许孩子回家给家长讲学校发生的事情。

这些原因是我观察身边同事后总结出来的，可能并不全面。如果遇到老师对孩子说了"学校的事，不准告诉家长"这样的话，家长应该怎么说、怎么做，才能既不破坏老师在孩子心中的形象，也不让孩子感到为难？我从两个方面和大家聊聊如何应对这样的情况。

做孩子的"军师"

孩子上了小学后，生活就发生了巨大变化。父母不再围着他们转，不能事事都挡在他们的前面，帮他们解决所有问题。然而，孩子也不可能得到老师百分之百的关注，因为一个班有几十个同学，老师也有自己的事情需要处理，没办法留出太多时间关注孩子的一举一动。所以，很多事情都需要孩子自己面对。这对于一年级的孩子，尤其是那些内向胆小的孩子来说，无疑是一个很大的挑战。

很多家长想要掌握孩子在学校的方方面面，在孩子遇到困难时，也是冲在前面，第一时间找老师解决问题。其实，这可能并不是十分可取的做法。如果孩子遇到任何问题，父母都代为解决，这不利于孩子培养独立解决问题的能力，会让孩子对父母产生依赖。但是，父母不可能照顾孩子一辈子，孩子早晚得跨出这一步。除此之外，如果父母过多干预孩子的学校生活，可能会引起老师的反感，因为老师不仅要教书还要育人，他们看重的是孩子的成长，更强调孩子独立解决问题的能力，而不是让孩子成为家长的"提线木偶"。

因此，父母要做的不是代理人，而是"军师"，为孩子出谋划策。如果老师不让孩子告诉家长学校里发生的事情，家长就一定要反省自己是否过于着急和担心，把这件事看得太过严重。

要学会与孩子产生共情。当看到孩子不开心，但又不愿意讲发生了什么时，家长可以先从孩子的情绪入手，问孩子"你现在是不是很不开心呢？""你是不是受什么委屈啦？""你是遇到了困难想告诉妈妈，但又不敢

341

说吗？是因为老师不让说吗？”这样问是为了建立与孩子的情感连接，让孩子感觉到家长对自己的关心和理解，从而让孩子敞开心扉，愿意和父母交流。

当孩子把情绪表达出来后，可以进一步询问到底发生了什么，并和孩子保证会保守秘密。家长可以这样说：“宝贝，你愿意告诉爸爸妈妈发生了什么吗？如果你想要告诉我，我保证不告诉老师或其他任何人，我们拉钩，可以吗？”给孩子做好保证，并严格执行，如果承诺孩子不告诉他人，而转身就告诉了老师，那可能孩子以后就不愿意再告诉父母了。只有当孩子感受到了足够的安全感，他们才会敞开心扉告知父母自己的秘密。

当孩子告诉了父母学校发生的事情后，父母作为“军师”，要分析具体问题，并为孩子提供建议。如果孩子遇到的问题只是同学之间的小矛盾，并没有欺负或霸凌现象的存在，家长不必特意为孩子出头，也不用告诉老师。可以安抚孩子，并告诉孩子如何应对和处理这样的问题，教会孩子处理问题的方法，培养孩子解决问题的能力。比如，这位留言妈妈可以告诉孩子，当遇到这样的事情，可以自己先处理，处理不好，可以自己先告诉老师，如果老师帮忙处理好了，那事情就画上了圆满的句号。如果老师没有帮助孩子解决问题，并且还有类似情况发生，家长再联系老师也不迟。

如果孩子确实受到了伤害，或者是遭遇了不公，家长就一定要及时介入其中，和孩子一起应对这样的问题。在必要的时候，家长应与老师和学校取得联系，一起解决孩子遇到的问题。这时候，家长就不要再担心老师是否会不高兴、是否会给孩子穿小鞋，毕竟孩子的健康成长永远是第一位的。

做孩子最坚实的后盾

有些孩子出于各种原因，并不愿意将学校的事情告诉家长，这个时候怎么办？学校或者班集体，其实就是一个小社会，涉及的不仅是学习，还有人际交往。如果孩子把什么事情都告诉家长，很可能引起老师的不满，或者被其他同学孤立，这就会让孩子在分享学校事情之前多了很多顾虑。

在这种情况下，家长不要给孩子施压，而是要告诉孩子：“你现在不想分享也没关系，你想说的时候再告诉我吧。你一定要知道，爸爸妈妈永远是你坚实的后盾，不管遇到什么事情，都可以告诉我们。"家，是孩子最温暖的港湾。当孩子感受到了足够的安全感，他才会毫无忌讳地分享。如果孩子不愿意分享，家长不妨给予孩子足够的信任，相信他能够自己处理好学校的事情。

在这个过程中，家长一定要保持情绪的稳定，不要着急，生怕孩子受了委屈或遭到欺负。家长着急的情绪并不能帮助孩子解决问题，反而会让孩子无所适从，因为他们不仅要消化学校里的不开心，还要承受父母的负面情绪，这样的双重压力，让孩子更难应对面临的困境，更难走出来。

然而，这并不代表父母就应该对孩子不闻不问，父母要留意孩子接下来的情绪变化。如果孩子的情绪有所改善，那就证明此事得到了妥善处理，父母也就可以放下心来；如果孩子的情绪一直没有缓解和改善，这个时候就要及时与老师取得联系，了解具体情况，看看孩子是否与同学有什么矛盾，或是与老师发生了摩擦，以便找到事情的根源，帮孩子解决问题。但是，家长一定要注意自己的言语，比如可以这样说："老师您好，打扰您了，实在不好意思。最近我发现孩子情绪一直很低落，他又不愿意告诉我，我有点着急，不知道孩子在学校是不是遇到了什么困难不能解决呢？"这样说，既没有"出卖"孩子，又能向老师了解孩子的具体情况，更不会引起老师的反感，可谓一举多得。

孩子在学校里遇到了不开心的事情，家长一定要注意到孩子的情绪变化，引导孩子说出自己的困境，帮孩子分析问题，并给出自己的建议和意见，在帮助孩子解决问题的同时，也要培养孩子独立解决问题的能力。但是，当孩子不愿意和家长分享时，家长也要不急不躁，让孩子感受到来自父母的支持和理解。当然，在必要的时候，一定要及时和老师及学校取得联系，避免孩子的身心受到伤害。

老师经常体罚孩子，怎么处理？

老师，我们家孩子之前在农村小学上学，转学来到现在的学校，现在这个老师总打我儿子，几乎天天打。我也沟通过，这个老师就撒谎说她没打我儿子，还说是我儿子撒谎，甚至威胁我儿子："如果你回家告诉你妈，明天我就使劲打你。"似乎我和她沟通过后，她就变本加厉，天天找事。

——家长留言

针对老师打孩子这个话题，我一直不愿意过多谈论，但是从 2021 年做自媒体以来，我收到了相当多的私信，说老师体罚孩子，问我怎么解决。我曾经拍过一些视频回复家长，但是，很多家长遇到这样的情况时，还是不知道如何有效处理，感到十分迷茫。

说心里话，每当我看到这样的留言，都感到非常痛心。作为一名教育工作者，我为这些老师如此不理智的行为感到羞愧。体罚孩子是明文禁止的，这位老师明显踩了职业红线。我也为孩子的遭遇感到痛心，因为孩子作为弱势方，无法逃避老师的惩罚，正如这位家长留言说的那样，孩子回家告诉了家长，回学校老师会加倍打他，这使孩子受到了很大的伤害。或许在很多父母眼中，棍棒教育是有效的教育方式之一，因此，他们可能在心里并不认为这有什么不对，有的父母还会将责任归咎于孩子一方，认为是孩子不听话、违反了学校的规定而受到惩罚，因而无条件地站在老师一方，回到家中还对孩子进行一番教育。其实，孩子在学校受到如此对待，内心已经很受伤了，如果回到家后，还要再受到家长的说教，他们将多么无助，很多孩子做出极端行为，也就不难理解了。

　　遇到这样的情况时，如果处理不当，可能会产生我们不想看到的后果。有的家长一个电话打给教育局，结果问题没得到有效的解决，还让孩子受到了老师有针对性的报复。不过，也有家长在遇到这样的事情时，没有失去理智，而是向专业人士寻求建议和帮助，没有采取过激行为，这种应对方式是值得肯定的，冷静的态度是解决问题的必要条件。那么家长要怎样做，才是正确的应对和处理方式呢？在回答这个问题之前，我们先探讨一下出现老师"打"孩子这种现象的原因，我认为主要有以下四点。

老师"打"孩子的原因

　　第一，"打"孩子不是真的打，而是一种身体上的互动。尤其是男老师，他们习惯性地拍打孩子，这类动作有些类似于孩子之间的打闹，更多是表达一种亲密和互动，其中蕴含了老师对学生的情感投入。我刚开始工作的时候，和学生的年龄相差不大，因此我经常对他们"拳脚相向"。比如，某个孩子跑步不认真，我会一拳"打"在他的肩膀上，告诉他："如果再跑不好，下次就是两拳了。"

　　孩子通常不会在意这样的行为，因为它并不能算是真正的体罚，更像是一种身体上的互动和情感上的沟通。这包含了与孩子嬉戏的成分，表达了老师对学生的关爱和关心。在这种情况下，家长要更多地站在老师的角度去理解。

　　然而，有的孩子可能比较敏感，会认为这种互动是在"打"自己，回家告诉了家长。家长在处理这类问题时，要区分善意的"打"和恶意的"打"，切忌过度干预。过度关注一些小问题，容易导致孩子产生误解，认为只要老师碰到他们，就算是打他们。这可能对孩子的心理产生负面影响，甚至引发不必要的焦虑。因此，处理此类问题时，家长应该保持冷静，理性对待，适时与老师进行沟通，避免过分介入，以维护正常的教学秩序和孩子的心理健康。

　　第二，老师"打"孩子，是因为孩子不遵守纪律，还不接受老师的教育。更有甚者，有的孩子还会顶撞老师，老师因此采取了"打"孩子这一行为。这种情况下的"打"比较常见。当然，很多有经验的老师会循循善诱，用润物细无声的方式正面教育孩子，这是我一直倡导的。不过我也不反对"胡萝卜"和"大棒"相结合，只不过很多老师把握不好这个度，会将惩罚变成体罚，这是需要注意的。不能事无巨细都采用棍棒教育，这会导致适得其反，不利于后期的教育。这位留言家长所说的情况，就是老师过度使用这种手段，让孩子产生了反感，使教育效果大打折扣。

第三，老师缺乏教育经验，教育方法也不够灵活，因而采取了这种更为直接和暴力的方式。这样的行为更多发生在年轻老师身上，他们刚踏上工作岗位，通常是满腔热血，对孩子十分负责，投入的时间和精力也特别多。由于经验的缺乏，在投入极大的心力之后，新老师可能还是会面临很多问题，这时候，他们的内心会失去平衡，从而采取极端方式教导孩子。这种行为体现了老师缺少教育智慧，也缺乏耐心和爱心，当这些年轻的老师学到了更多的教育方法，慢慢成熟之后，这样的情况也就减少了。因此，家长可能需要理解和包容年轻老师，和老师保持沟通。年轻老师也需要和孩子们一起成长，他们会慢慢学会减少以及避免这样的行为。

第四，不得不提的一点就是，家长如果遇到了怀有恶意的老师，一定要及时采取应对措施。有的老师确实存在心理问题，恶意惩罚或"打"孩子。有些老师或许受原生家庭的影响，接受的主要是棍棒教育，因此，在潜移默化的影响下，他们也习惯性地采用这样的教育手段。有的老师自己过得不如意，当他们带着情绪来到学校时，就把孩子视为发泄情绪的对象，采取了不恰当的手段。这肯定是不能被接受的，因为这已经严重违背了教师的职业道德。家长一定要及时介入，否则很可能会对孩子的身心造成严重的伤害。

如何应对老师恶意"打"孩子

遇到老师恶意"打"孩子的情况，家长要怎么处理呢？

最重要的，是家长要及时联系老师，与其交流与沟通。如果老师能够意识到自己的错误，并及时调整自己的教育方式，那么，家长可以保留追究的权利。但是一定要告诉老师，如果孩子在学校犯了什么严重的错误，老师可以第一时间打电话告知家长，不管是在家里教育孩子还是到学校协助老师教育，家长都是支持的。这样的交流，不仅体现了家长积极配合的态度，也让老师知道孩子父母的底线所在。

但是，并不是所有老师都能够意识到自己的错误，他们可能还会固执己见，因此更加针对孩子。遇到这样的老师，家长一定不要碍于老师的权威而忍气吞声，应该向学校反映这样的情况，要求校方解决这样的问题。如果家长忍耐纵容，老师可能会变本加厉，最后受伤的一定是孩子。根据这位家长的留言，我们不难看出，这位老师并没有认识到自己的问题，也没有及时调整教育方法，甚至变本加厉地针对孩子，这种行为应该制止。家长必须及时向学校反映这一情况，杜绝类似情况的发生。在和老师交流的过程中，家长要保留好各种记录，以便后续作为维权的证据。

这里我友情提醒一下，在处理这件事时，一定要避开孩子，不要当着孩子的面说老师的不是。因为这件事情很可能让老师在孩子心目中的形象一落千丈，让孩子失去对老师的信任，甚至产生抵触情绪，这对孩子的学习和成长会产生消极的影响。在教育孩子的过程中，一定要让孩子看到自己的问题，让他知道老师为什么会采取这样的行为。虽然老师的教育手段欠妥，但是出发点是好的，是希望孩子取得进步，取得更好的成绩。所以，要避免这样的情况再次发生，孩子首先要纠正自己的不良行为，端正自己的态度，在学习上取得进步，积极融入班级，为班级做贡献。

作为一位教育工作者，我坚决反对各种形式的体罚。老师的职责是教书育人，而不是带给孩子身心伤害。我建议家长们也可以了解一下教师的职业道德规范，明白作为老师什么可以做，什么不可以做，这样可以更合理地维护自己孩子的权益。作为一位正面教育的倡导者，我希望每位老师都能拥有耐心和爱心，用积极正向的语言和方法教育孩子，让孩子在温暖的阳光中茁壮成长。我相信，绝大多数老师是值得尊敬的，为了孩子的成长和成才，他们奉献了自己的时间甚至是健康，却不求回报，在自己的岗位上默默耕耘。

附图